북한의 군사·국가 지도기관

: 당중앙군사위원회, 국방위원회, 국무위원회

북한의 군사·국가 지도기관

: 당중앙군사위원회, 국방위원회, 국무위원회

이수원 지음

경진출판

일 러 두 기

1. 이 책은 필자의 박사학위논문인 「북한 당중앙군사위원회와 국무위원회 연구」를 기반으로 관련 주제 연구들인 「북한 국방위원회의 위상, 역할 변화 분석」, 「북한 당중앙군사위원회의 위상·역할 연구」, 「북한의 국가 주권 최고 지도기관에 대한 비교 분석」 등의 주요 내용들을 더한 후 수정·보완하여 작성하였다.

2. 이 책은 북한 문헌들을 인용할 때 그 문구들을 수정 없이 옮겨놓으려 하였다. 그래서 우리의 맞춤법, 어법 등과 다른 부분들이 많고 이에 대해 독자들은 약간의 불편함을 느끼실 수도 있을 것이다. 이러한 점을 알면서도 북한 문헌들의 문구를 수정하지 않은 것은 북한이 전달하고자 하는 내용을 독자들이 있는 그대로 이해할 수 있도록 돕기 위해서다. 그래야 필자도 독자들도 본질에 가까운 분석이 가능할 것이기 때문이다.

감사의 글

먼저, 이 책을 허락하여 주신 하나님께 감사를 드립니다.

그리고 어머니와 가족들, 지금 이 순간도 나를 응원하고 있는 모든 분들께 감사를 드립니다.

차 례

제1장 북한 군사·국가 지도기관 연구의 필요성

1. 연구 목적

북한은 건국 직후부터 현재에 이르기까지 군(軍)에 대한 의존도가 상당히 높은 국가이다. 북한은 건국 직후인 1950년, 한국전쟁을 일으켰고 정전협정이 체결된 이후부터 현재까지 한국, 미국과 대결하고 있다. 그리고 사회주의 진영이 무너지며 국제질서가 재편되는 과정 속에서 체제를 유지하기 위한 방안으로 선군정치를 선택했었다.[1]

1) 북한은 선군정치를 전면적으로 실현 시킨 이유에 대해 사회주의 진영이 무너지면서 미국을 비롯한 자유 진영의 북한에 대한 군사적 압력과 경제봉쇄정책이 강화되었고 김일성의 사망과 자연재해가 겹치면서 심각하게 도래된 위기를 극복하기 위해 펼치게 되었다고 이야기하고 있다. 또한 김정일은 선군정치에 대해 군사 선행의 원칙에서 모든 문제를 풀어나가고 군대를 기둥으로 하여 사회주의 위업 전반을 밀고 나가는 정치방식이라고 설명하였다. 조선로동당 중앙위원회 당력사연구소(2006), 『우리당의 선군정치』, 평양: 조선로동당 출판사, 8, 95쪽.

이러한 북한에게 군이라는 존재는 아주 특별한 것이라고 할 수 있다.

북한군의 특별함은 한국에도 해당된다. 한반도 분단 이후 계속되고 있는 북한과의 무력 충돌은 항상 한국 사회의 커다란 근심거리이다. 그리고 북한군의 남침도 여전히 실현 가능한 일로 여겨지고 있다.[2] 또한 매일같이 뉴스에 오르내리고 있는 북한의 핵과 미사일 문제, 끊임없이 반복되는 군사적 위협, 국가적 어려움에도 불구하고 지나치게 비대한 군대를 유지하며 이를 중심으로 체제를 지키려는 모습은 한국 사람들이 북한군에 대해 관심을 가지게 하는 중요한 요인이다.

그래서 우리는 북한군에 대한 정보에 많은 관심을 가지고 있다. 북한군의 전력과 지휘자들, 군사기관, 군의 역할, 그리고 북한군이 체제 유지에 끼치고 있는 영향 등, 우리는 북한의 군사문제와 연관된 소식들을 접하기 위한 노력을 매일같이 기울이고 있다.

그런데 우리는 여기서 한 가지 의문점을 가지게 된다. 그것은 "우리가 접하는 북한군에 대한 정보들이 과연 그들의 진정한 모습을 다 담고 있는가?"라는 것이다. 북한군의 외양적인 모습을 나타내는 무기 수량이나 병력수, 그들의 전투 능력 등에 관한 것은 국방백서나 정부의 정보공개 등을 통해 상당히 정확한 정보를 접할 수가 있다. 하지만 북한군의 부대들과 장비들을 실제로 움직이게 하는 북한 군사기관들의 역할과 관계, 위상 등으로 범위를 넓히면 이야기는 달라진다.

일반적으로 알려졌던 것처럼 국방위원회가 실제로 북한군의 최고

---

2) 북한이 한반도에서 전쟁 일으킨 후 7일 안에 끝내는 작전계획을 새롭게 수립했다는 보도가 있었다. 『중앙일보』, 2015년 1월 8일.

정점에 있었던 기관이었는지?[3] 이를 개편하여 대체한 국무위원회는 어떤 기관인지? 당에서 군사 분야를 담당하는 당중앙군사위원회는 어떤 역할을 수행하고 있는지? 그리고 당-국가체제의 북한에서 당중앙군사위원회가 과연 국가기관인 국방위원회와 국무위원회보다 위상이 낮은 기관인지? 그리고 관계는 어떠한지? 이러한 의문들에 대해 여러 논의들이 이루어져 왔고 언론 등을 통해 위의 기관들에 대한 정보가 꾸준히 제공되고 있지만 이들에 대해 명확히 아는 것은 여전히 적다.

위와 같은 여러 의문점에 대해 답을 찾는 것이 중요한 이유는 북한이라는 국가의 지속에 군대가 중요한 역할을 담당하고 있기 때문이다. 북한에서 군대는 기본 임무인 안보 위기 극복은 물론이고 최고지도자들의 후계승계에도 중요한 역할을 수행하였다. 일반적으로 민주주의 국가에서 군대는 국가에 의해서 유지된다. 하지만 북한에서 군대는 '국가의 군대'가 아니라 '수령의 군대,' '당의 군대'로서 체제 유지를 위해 매우 중요한 역할을 수행하고 있다.

북한군은 '당의 로선과 정책관철의 선구자'[4]로서 국가적인 건설사업들[5]에 지속적으로 동원되고 있고 자체적으로 농장이나, 양어장, 공장 등을 운영해[6] 군인들의 먹는 문제를 해결하며 부대의 운영비용

---

3) 2014년 국방백서에는 국방위원회가 북한의 최고 국방지도기관이라고 나와 있다. 국방부(2014), 『2014 국방백서』, 국방부, 24~25쪽.

4) 『로동신문』, 2015년 4월 25일.

5) 북한은 1월 8일 수산사업소, 위성과학자주택지구, 5월 1일 경기장, 김정숙평양방직공장 로동자합숙, 10월 8일 공장 등을 선군시대의 기념비적창조물이라고 하며 이러한 건설공사에 이바지한 군인들과 김정은이 기념사진을 촬영해 주었고 2014년도 건설정형총화를 위한 군정간부회의도 개최하였다. 또한 마식령 스키장, 세포지구 축산기지 건설 등에도 군인들이 동원되었다. 『로동신문』, 2014년 8월 29일; 2014년 12월 29일; 2015년 2월 2일; 2015년 2월 3일.

을 조달하고 있다. 군의 이러한 활동들은 국가의 군대 운영을 위한 비용 부담을 덜어주고 국가 경제에도 도움을 주고 있는 것으로 생각된다. 또한 군대는 국민들을 동원하여 최고 지도자를 향한 충성심을 고취 시키거나 단결을 강화하는 데도 이용되고 있다.[7] 즉, 북한군은 단순히 국가방위에만 임무가 한정되어 있는 것이 아니라 북한이라는 국가가 유지되는 데 있어 다양한 역할을 담당하고 있는 것이다. 이러한 점이 우리가 북한군에 대해 커다란 관심을 가져야 하는 이유이다.

그런데 이 글에서 주목하는 것은 일반적인 군부대들이 아니고 북한의 군사 지도기관들이다. 그리고 국방위원회를 개편하여 대체한 새로운 국가 주권 최고 지도기관인 국무위원회이다. 이들이 실제적으로 군을 움직이며 국정 운영에도 깊게 관여하고 있기 때문이다. 이 기관들을 연구하면 북한의 군사지도 체계는 물론이고 어떻게 해서 북한군이 국가방위 이외의 일에도 나서게 되었고 어떻게 나서는지, 구체적으로 어떤 역할을 수행했으며 하고 있는지, 그리고 그것이 북한체제 유지에 어떤 영향을 미쳤고 미치고 있는지 알 수 있을 것이다. 이것은 북한이라는 체제가 유지되는 동력을 밝히는데 많은 도움

---

6) 조선중앙통신 인터넷 홈페이지에서 확인한 결과 김정은은 군부대에서 운영하는 산업시설을 2014년 10회, 2015년 12회, 2016년 8월까지는 4회 현지 지도 하였다. www.kcna.kp(검색일: 2016년 9월 19일).

7) 2012년 3월, 북한은 인천의 한 군부대서 김정일과 김정은을 공격하자는 포스터를 게시하자 국방위원회 등 여러 기관을 통해 대남 비난을 쏟아낸다. 그리고 전국적으로 한국 정부를 비난하는 군중대회들을 개최한다. 또한 민간 보수단체 구성원들이 광명성 3호 발사를 비난하며 김정은 인형을 불태우자 이를 규탄하는 최고사령부 대변인 성명을 발표하였고 이후로 군중대회들이 지속된다. 거기에 2013년 3월엔 한미 연합훈련을 비난하는 북한 최고사령부 대변인 성명과 최고사령부 성명이 발표되었고 정부·정당·단체는 공동명의로 전쟁을 위협하는 특별성명을 발표하였다. 『조선중앙통신』, 2012년 3월 2일; 2012년 4월 18일; 2013년 3월 5일; 2013년 3월 26일; 2013년 3월 30일; 『연합뉴스』, 2012년 3월 4일; 2012년 4월 18일; 한승호·이수원(2012), 「김정은 시대의 대남비방분석」, 『북한학보』 37(2), 북한연구소, 135~139쪽; 정성장(2015), 『북한군 최고사령관의 위상과 역할 연구』, 세종연구소, 51~60쪽.

을 줄 수 있을 것이다. 따라서 이 글은 앞서 던진 질문들을 중심으로 북한 군사 지도기관들의 위상과 역할 변화와 국방위원회를 대신하고 있는 국무위원회에 대해서도 살펴보고자 한다. 이는 북한군을 움직이는 원리를 밝히는 작업이며 북한이라는 체제가 유지되고 있는 여러 이유 중 하나를 밝히는 작업이다.

그래서 본 연구는 다음 부분들에 대한 규명을 목적으로 한다. 첫째, 당중앙군사위원회와 국방위원회, 국무위원회 분석을 통해 북한군과 국정을 운영하는 당과 국가기관들의 관계, 역할, 위상 등의 변화와 작동원리를 확인할 것이다. 둘째, 북한 군사기관들이 국가방위 이외에 어떠한 부분에 기여해 왔고 하고 있는지 살필 것이다. 셋째, 북한의 위기 극복과 후계승계와 관련하여 이 기관들이 어떻게 활용되었는지 살펴볼 것이다.

2. 연구 범위 및 방법

1) 연구 범위

북한의 군사를 이끄는 주요 군사 지도기관으로는 당중앙위원회, 당중앙군사위원회, 국무위원회(전 국방위원회), 최고사령부, 총정치국, 총참모부, 국방성(전 인민무력부)이 있다.[8] 북한은 '지도'에 대해

8) 정성장은 당중앙위원회, 당중앙군사위원회, 국방위원회, 최고사령부는 최고 지도자가 직접 지도·지휘하는 기관이어서 '최고군사국방지도기관'으로 명명했고 총정치국, 총참모부, 인민무력부는 군 엘리트들이 북한군을 정치적·군사적·행정적으로 지도·지휘하는 기관이서 '군사국방실무기관'이라고 명명하였다. 그리고 이 기관들을 포함하는 전체 체계를 '군사국방지도체계라고' 명명하였다. 그런데 정성장이 언급한 국방위원회는 2016년 국무위원회

"혁명과 건설을 위한 모든 활동과 사업에서 가장 올바른 길로 이끌어주는 것"이라고 설명하고 있는데[9] 이 기관들이 군을 혁명과 건설을 위해 유기적으로 움직이게 하고 올바른 길로 이끌어주는 역할을 하고 있는 것이다. 이 글에서는 이 기관들 중 당중앙군사위원회, 국방위원회, 그리고 국방위원회를 대신하고 있는 국무위원회를[10] 논의 대상으로 할 것이다.

당중앙위원회는 예하 조직지도부, 군사부 등의 전문부서들을 통해 군을 장악하고 있으나[11] 이 기관은 군 전문기관이 아니고 전문부서들의 군 관련 업무에 대한 자료가 한정되어 있어 논의를 진행하기엔 한계가 있다고 판단하여 그 대상에서 제외하였다.

북한이 최고사령부에 대해 정의한 것은 '조선말대사전'의 단어 뜻풀이밖에 없으며[12] 이를 직접적으로 설명한 법령 또는 최고 지도자들의 언급이 없다. 또한 최고사령부가 어떠한 임무를 수행하는지를 직접적으로 보여주는 자료나 근거가 상당히 부족하다. 평시에도 이 기관이 독립된 부처로 존재한다는 근거도 부족하여[13] 논의 대상에

로 개편되었고 인민무력부는 2020년 국방성으로 명칭이 변경되었다. 정성장(2013), 『북한군 총정치국의 위상 및 역할과 권력승계 문제』, 세종연구소, 5쪽.

9) 사회과학원 언어학연구소(1992ㄴ), 『조선말대사전(2)』, 평양: 사회과학출판사, 349쪽.

10) 이 글에서 다루어지는 국방위원회와 국무위원회 관련 내용들은 이수원(2016), 「북한 국방위원회의 위상, 역할 변화 분석」, 『통일과 평화』 8(2), 서울대학교 통일평화연구원, 149~180쪽과 이수원(2022), 「북한의 국가 주권 최고 지도기관에 대한 비교 분석」, 『한국동북아논총』 27(1), 한국동북아학회, 71~98쪽을 바탕으로 작성한 것이다.

11) 김동엽(2013), 「선군시대 북한의 군사지도·지휘체계: 당·국가·군 관계를 중심으로」, 북한대학원대학교 박사논문, 152~153쪽.

12) 북한의 조선말대사전에는 최고사령부에 대해 "최고사령관이 직무를 보는 부서"라고 정의 되어 있고 최고사령관에 대해서는 "한 나라의 전체 무력을 총지휘하고 통솔하는 직무 또는 그 직무에 있는 사람", "조선인민군을 총책임지시고 령도하시는 분 또는 직위"라고 정의 하고 있다. 즉, 최고사령부는 "조선인민군을 총책임지는 최고 지도자가 북한 전체 무력을 지휘하는 직무를 보는 부서"인 것이다. 사회과학원 언어학연구소(1992ㄴ), 648쪽.

서는 제외하였다.[14]

총정치국, 총참모부, 국방성(전 인민무력부)은 최고 지도자가 임명한 군부 인사가 지휘하는 군사 업무에 대한 실무형 기관들로 당중앙위원회, 당중앙군사위원회, 국무위원회(전 국방위원회), 최고사령부의 지도·지휘를 받으며 임무를 수행하고 있다. 따라서 이 기관들의 영향력은 당중앙위원회, 당중앙군사위원회, 국무위원회(전 국방위원회), 최고사령부에 종속되어 나오는 것이라고 볼 수 있다.[15] 그리고 이 기관들은 보안을 중시해야 하는 군사의 실무기관들답게 접근할 수 있는 자료가 부족하여 연구를 진행하기에는 한계가 있는 것이 사실이다. 그래서 총정치국, 총참모부, 국방성(전 인민무력부)도 이번 논의에서 제외할 것이다.

반면에 당중앙군사위원회는 당의 군사노선과 정책을 결정, 지도하는 당의 최고 군사 지도기관이고 국방위원회는 당의 군사 분야 결정

13) 고재홍(2006), 『북한군 최고사령관 위상연구』, 통일연구원, 37쪽.

14) 최고사령부가 평시에도 존재한다는 근거가 아예 없는 것은 아니다. 김일성 시기부터 전군에 전투태세를 명령하는 최고사령부 명의의 보도가 있었으며 김정일이 '최고사령부 군악단'의 창립 50주년 공연 등을 관람하였다는 보도와 '최고사령부 군악단'을 탐방한 보도도 있었다. 김정은 시대에 들어서는 최고사령부 대변인 성명이나 최고사령부 명의의 성명이 여러 차례 발표되고 심지어는 최고사령부 대변인이 TV에 출연하여 성명을 발표하였다. 그리고 최고사령부에서 긴급회의를 김정은이 직접 주재하는 모습이 공개되기도 하였으며 2015년 8월 25일에 있었던 황병서의 남북고위급 접촉 결과 보고는 '최고사령부' 마크가 새겨진 장소에서 진행되었다. 또한 최근에는 남북 간에 갈등이 고조 되었을 때 최고사령부의 명령과 작전구상실현을 강조하는 사례가 종종 등장하고 있다. 그리고 김정일과 김정은은 최고사령부 작전지휘조 성원들과 같이 금수산태양궁전에 참배하고 있다. 이는 최고사령부가 평시에도 기능하고 있음을 추정하게 해주는 사례들이다. 『로동신문』, 1976년 8월 20일; 1977년 8월 1일; 1996년 3월 6일; 1996년 3월 15일; 1997년 12월 8일; 2012년 3월 3일; 2012년 4월 19일; 2013년 3월 26일; 2013년 3월 29일; 『조선중앙TV』, 2013년 3월 5일; 2015년 8월 25일; 『한국일보』, 2013년 3월 30일; 『서울신문』, 2013년 3월 30일; 정성장(2015), 58~60쪽.

15) 총정치국, 총참모부, 인민무력부의 임무와 역할 등에 대해서는 이영훈(2012), 『북한의 군부: 북한을 움직이는 힘, 군부의 패권경쟁』, 살림출판사; 김동엽(2013), 183~204쪽 참조.

을 집행했던 국가의 최고 군사 지도기관이었으며 국무위원회는 국방위원회를 대신하고 있는 기관이다. 그래서 이 기관들을 연구하는 것만으로도 북한의 군사정책 결정과 집행체계를 충분히 파악할 수 있으며 다른 기관들보다 접근할 수 있는 정보들도 상대적으로 많다.

하지만 당중앙군사위원회와 국방위원회·국무위원회를 동일한 기준으로 분석하는 것은 어려운 일이다. 당중앙군사위원회는 당의 군사 지도기관이지만 국방위원회와 국무위원회는 당의 지도를 집행해야 하는 국가기관이어서 위상과 역할이 근본적으로 다르다. 그리고 1998년 헌법이 개정된 후부터는 국방위원회의 역할 범위가 비군사 분야로까지 확대되었으며[16] 국무위원회는 처음부터 국정 전 분야를 지도하기 위해 만들어진 기관이다.

그러나 아무리 당중앙군사위원회와 국방위원회·국무위원회가 당 기관과 국가기관이라는 차이가 있고 국방위원회·국무위원회는 비군사 분야의 임무를 수행했으며 또 하고 있어도 세 기관은 '군사'라는 공통분모를 가지고 있으므로 군사 분야를 중심으로 그 외의 분야도 다룬다면 충분히 세 기관을 동시에 분석하는 것이 가능하다.

본 연구가 다루는 기간은 당중앙군사위원회, 국방위원회가 창설된 시기부터 국방위원회가 국무위원회로 개편되어 활동하고 있는 현재까지이다.[17] 이 기관들은 북한의 군사 운용은 물론이고 일반

---

16) 이기동(2010), 「제3차 노동당 대표자회 이후 북한 권력구조 확립의 쟁점 및 과제」, 『한국과 국제정치』 26(4), 경남대학교 극동문제연구소, 230~231쪽.

17) 북한은 국방위원회에 대해 '폐지'라는 표현은 사용하지 않고 "국방위원회를 국무위원회로 고치고"라는 표현을 사용했다. 그런데 북한은 '고치다'를 "헐거나 못쓰게 된것을 손질하여 제대로 되게 하다, 잘못이나 그릇된것을 바로잡다."라고 정의하였다. 그래서 본 논문에서는 국방위원회가 국무위원회로 '개편'되었다고 정의할 것이다. '개편'은 북한에서 "조직, 기관, 체계 같은것을 고쳐 짜는것"이라고 정의되고 있다. 『로동신문』, 2016년 6월 30일; 사회과학원 언어학연구소(1992ㄱ), 『조선말대사전(1)』, 평양: 사회과학출판사, 233, 467쪽.

국정 운영에서도 중심적인 역할을 했었고 또 하고 있기에 이들의 변화 내용을 처음부터 살피는 것은 북한의 군 통제와 군을 활용한 국정 운영이 어떻게 변화해 왔고 현재는 어떠한 모습인지 확인하는 데 중요한 역할을 할 것이다.

2) 연구 방법 및 구성

이 글은 연구 방법으로 역사적 접근과 비교사회주의적 접근을 택하였다. 이 글은 현재의 모습만 조명하려는 것이 아니다. 과거에서부터 북한이 체제 유지를 위해 군사 지도·지휘기관들과 국가 주권 최고 지도기관들을 어떻게 활용했고 지금은 어떻게 활용하고 있는지 살펴보려는 것이다. 그러므로 당중앙군사위원회와 국방위원회, 국무위원회에 대한 역사적 접근은 필수적이다. 이는 북한의 체제 유지를 위한 군 활용 방안의 변화 모습과 이 기관들의 변화과정, 지금의 모습을 살필 수 있게 해줄 것이다.

그리고 북한과 다른 사회주의권 국가들과의 비교를 통해 이루어지는 비교사회주의적 접근은 이러한 변화들 속에서 북한이 가지고 있는 사회주의 국가로서의 일반적 특징과 그들만이 가지게 되는 특수성을 동시에 알 수 있게 해줄 것이다.[18)]

이를 위해 소련, 중국의 군사 지도·지휘기관 및 최고 국가 권력기관의 변화를 살핀 후 북한 당중앙군사위원회, 국방위원회, 국무위원

18) 이종석(2000ㄱ), 『새로 쓴 현대북한의 이해』, 역사비평사, 28쪽; 조한범(2002), 「북한 사회주의체제의 성격연구: 비교사회주의론적 접근」, 『통일정책연구』 11(2), 통일연구원, 117~128쪽; 장윤미(2007), 「개혁 개방에 관한 비교사회주의 연구: 중국과 러시아의 체제전환」, 『한국과 국제정치』 23(4), 경남대학교 극동문제연구소, 140~142쪽.

회와의 비교를 시도할 것이다. 이는 북한 군사 지도체계의 기본 구조와 국정 운영에 군사기관을 어떻게 활용했는지 밝히는 작업이 될 것이다. 그리고 당중앙군사위원회와 국방위원회, 국무위원회도 비교해 보겠다. 이는 세 기관들 간의 관계와 위상, 역할을 분명히 해줄 것이다.

위의 방법들을 실현하기 중점적으로 확인해야 하는 것은 북한의 문헌들과 언론들이다. 이를 통해 사실 확인과 북한의 의도를 파악할 수 있을 것이다. 그래서 북한의 김일성, 김정일, 김정은의 노작들과 이를 설명하는 각종 해설서들, 그리고『로동신문』,『조선중앙통신』 등의 북한 언론매체들, 그 외에도 연구에 도움이 될 수 있는 북한의 자료들을 적극적으로 활용할 것이다. 그리고 북한을 대상으로 한 각종 연구들과 문헌자료들도 활용할 것이다. 이는 일어난 사건에 대해 북한의 시각에 일방적으로 휩쓸리지 않도록 해주어 객관성을 유지할 수 있도록 도와줄 것이다. 또한 북한이 명확히 하지 않는 부분들에 대해서도 그들의 문헌에서는 찾을 수 없는 내용들을 발견하거나 근거 있는 해답을 추론적으로나마 제시하고 사건의 본질을 살필 수 있게 해줄 것이다.

이 글은 위와 같은 방법을 활용하여 다음과 같이 진행할 것이다. 1장에서는 본 연구를 진행하게 된 이유와 연구 방법, 연구 범위와 구성, 관련된 기존 연구들을 살펴보고 본 연구를 진행하는 분석 틀을 설명할 것이다. 2장은 사회주의 체제의 군사 지도기관 및 최고 국가권력기관과 당중앙군사위원회, 국방위원회, 국무위원회의 창설과 발전과정을 살펴보면서 북한 군사 지도체계와 국가 주권 최고 지도기관의 기원과 정착되는 모습을 살펴볼 것이다. 3장은 당중앙군사위원회의 위상과 역할을 4장은 국방위원회의 위상과 역할을 살펴볼 것이고 5장에서는 국무위원회의 위상과 역할을 살펴볼 것이다. 6장은 앞선 과정을 통해 드러난 북한의 군사 지도·지휘기관 및 국무위원회의 역할과 위상의 변화 요인과 관계, 특징에 대해 정리할 것이다. 마지막으로 7장에서는 앞의 내용들을 종합하여 평가하고 김정은 시대 군사기관들과 국무위원회의 미래를 예측해 볼 것이다.

3. 기존 연구 검토

북한군에 대한 연구는 그들을 향한 관심만큼 활발하게 이루어져 왔다. 특히 당-군 관계에 대한 연구는 김정일이 선군정치를 실시한 후 군이 전면에 등장하여 역할이 증대되면서 북한군 연구에서 가장 큰 부분을 차지하고 있다.[19] 그리고 상대적으로 활발하지 못하지만

---

19) 당-군 관계에 대한 연구는 크게 김정일 시기에 군이 당에 대해 실질적인 우위에 있었다는 연구와 여전히 당이 우위에 있다는 연구로 나눌 수 있다. 그리고 상대적으로 소수이나 약해진 당의 역할을 당·정·군이 분할하여 감당하였다는 연구도 있다. 군의 우위를 주장하는 연구들에는 김성철, 서동만, 백학순 등의 연구가 있으며 당의 우위를 주장하는 연구에는 이종석, 이대근, 박형중 외 3명, 정성장 등의 연구가 있다. 또한 역할 분할에 대한 연구로는 김갑식의 연구가 있다. 당-군 관계에 대한 연구들은 어떤 주장을 하던 한쪽에 지나친 무게를 둔 주장들을 하고 있다. 당-군 관계의 변화에 무게를 둔 주장들과 당·정·군의 역할 분담에 대한 주장은 당시 일어났던 현상에 더욱 집중하여 북한체제의 특성과 사회주의 국가로서 쌓아온 전통의 비중을 줄여서 보았다. 그리고 당-군 관계에 변화가 없다는 주장들은 북한의 전통적인 당-군 관계 안에서만 김정일 시기의 현상들을 해석하려 하였다. 김성철(1997), 『북한 간부정책의 지속과 변화』, 민족통일연구원, 58~62쪽; 서동만(2010), 「북한 정치체제 변화에 관한 시론」, 『서동만 저작집: 북조선연구』, 창비, 196~198쪽; 백학순(2010), 『북한 권력의 역사: 사상·정체성·구조』, 한울아카데미, 671쪽; 이종석(2000ㄱ), 258, 544~545쪽; 이대근(2003), 『북한 군부는 왜 쿠데타를 하지 않나: 김정일 시대 선군정치와 군부의 정치적 역할』, 한울아카데미, 275~278쪽; 박형중·이교덕·정창현·이기동(2004), 『김정일 시대 북한의 정치체제: 통치이데올로기, 권력엘리트, 권력구조의 지속성과 변화』, 통일연구원, 121~143쪽, 224~225쪽; 정성장(2011ㄴ), 『현대 북한의 정치-역사·이념·권력체계』, 한울아카데미; 김갑식(2001), 「북한의 당·군·정 역할분담체제에 관한 연구: 1990년대를 중심으로」, 서울대학교 박사논문.

북한체제 유지에서 군이 담당하는 역할에 관한 연구들도 있다.[20]

최근에는 군사기관이나 군사지도·지휘체계를 전문적으로 살피면서 군의 기능이나 당-군 관계 등을 밝히려는 연구들이 진행되고 있다. 이들은 1개 기관을 전문적으로 다루거나 2개 기관을 비교하기도 하고 군사기관 여러 개를 종합적으로 분석하기도 한다.

1개 기관을 전문적으로 다루거나 기관들을 비교하는 연구들 중 당중앙군사위원회와 관련된 것으로는 정성장의 연구를 살펴볼 필요가 있다. 그는 북한과 중국의 당중앙군사위원회를 비교하면서 김일성 시대의 북한 당중앙군사위원회가 비상설기관으로서 당중앙위원회와 분리된 독립성을 가지고 있었다고 보았다. 그리고 국방위원회에 대한 우위, 군대에 대한 지휘권, 핵심 간부 인사 결정권, 중요 군사 결정권을 가지고 있었는데 김일성 사후 전반적으로 역할이 축소되었다고 판단하였다. 그러나 2010년 제3차 당대표자회 이후 상설기관화되면서 그 권한과 역할이 더욱 강화되어 김정은의 군대 장악과 지휘·지도에 핵심적인 역할을 수행하고 있다고 분석하였다.[21]

한편 당중앙군사위원회와 국방위원회 등을 비교하는 연구들이 있

20) 체제유지와 군의 연관성을 다룬 연구들은 김정일의 체제 유지를 위한 최고 핵심 도구로 군을 이용했다는 점에 중점을 두고 체제유지에서의 군의 역할과 이의 증명을 위한 실례들을 찾으려고 노력하였다. 이 연구들에는 정영태, 신광민, 두병영, 이성권, 이경화 등의 연구가 있다. 이 연구들은 대부분 '군(軍)'이라는 조직 자체에 초점을 맞추어 군의 역할에 대해 살펴본 것이다. 하지만 이러한 연구들은 군을 움직이는 근본적인 구조에 대해선 상대적으로 소홀하다. 정영태(1996), 「김정일 정권의 체제유지 전략: 군사부문」, 『통일연구논총』 5(2), 민족통일연구원, 83~113쪽; 신광민(2003), 「북한 정치사회화 과정에서의 군의 역할」, 동국대학교 박사논문; 두병영(2008), 「북한군 위상 및 역할의 지속성과 변화에 관한 연구: 김일성과 김정일체제의 당·군관계를 중심으로」, 명지대학교 박사논문; 이성권(2012), 「김정일의 리더십과 조선인민군」, 숭실대학교 박사논문; 이경화(2015), 「북한과 쿠바의 혁명군부에 대한 비교 연구: 체제유지에 있어서 군의 역할을 중심으로」, 고려대학교 박사논문.

21) 정성장(2011ㄱ), 『중국과 북한의 당중앙군사위원회 비교 연구: 위상·역할·후계문제를 중심으로』, 세종연구소.

다. 그중 이기동의 연구는 2009년 헌법 개정 이후 당중앙군사위원회와 국방위원회는 군사지도·지휘권에 대해 권능과 임무가 상충하고 있다고 보았다. 그리고 당중앙군사위원회는 2010년 9월 후반에 개최된 3차 당대표자회와 당중앙위원회 전원회의 이후 후계체제의 기반을 강화하는 역할을 수행하고 있으며 당중앙위원회와는 분리구조를 유지하고 있다고 주장하였다. 아울러 국방위원회는 당으로부터 자율성이 보장되었고 최고 지도자가 직할 통치했을 가능성이 있다는 의견을 제시했다.[22]

김일기는 김정일 시대에는 국방위원회 중심의 국가체계였는데 김정은이 등장하면서 권력의 중심이 군에서 당으로 이동하였고 이 과정에서 당중앙군사위원회의 존재가 부각되었다고 하면서 당중앙군사위원회와 국방위원회가 수평적 관계 속에서 역할 분담을 했으며 이는 유일영도체계의 상호 보완적이며 유기적인 관계로 이해할 수 있다고 주장하였다.[23]

선군정치가 시작되고 국방위원회가 전면에 등장하면서 이에 대한 연구도 상당히 진행되었다. 이 중 이대근의 연구는 소련, 중국, 북한의 국방위원회를 비교한 것으로 그는 북한이 사회주의 체제의 기본적 성격을 그대로 가지고 있다고 보았다. 그래서 북한의 당-국가기관체계도 본질적으로 다르지 않다고 하면서 북한 국방위원회는 사회주의 체제 일반에서 발견되는 '실권 없는 전형적인 국가기관'의 한계를 벗어나기 어렵다고 보았다.[24]

---

22) 이기동(2010), 215~242쪽; 이기동(2011), 「북한의 노동당 규약 개정과 권력구조」, 『국방연구』 54(1), 국방대학교 안보문제연구소, 77~93쪽.

23) 김일기(2012), 「김정은 시대 북한의 권력이동: 당 중앙군사위원회와 국방위원회를 중심으로」, 『한국동북아논총』 65, 한국동북아학회, 91~107쪽.

정성장의 연구는 이대근과 비슷하게 사회주의체제의 당-군 관계에 주목한다. 그는 북한의 군은 당의 군대이기에 북한의 국방위원회가 '국가 최고국방지도기관'이라도 군대를 직접 지휘하거나 작전을 수립할 수 없고 중요한 정책을 결정할 수 없다고 주장한다. 하지만 김정일과 당의 결정을 집행하는 기관으로서 군에 대한 후방지원, 정상외교, 경제건설, 국가기관들에 대한 검열 등을 담당하고 있어 '실권 없는 전형적인 국가기관'이라는 이대근의 의견과는 그 방향을 달리하고 있다.[25)]

북한의 군사기관 및 지휘체계에 대해 종합적으로 다룬 논문들은 그 시도 자체가 흔치 않았다. 하지만 오항균, 심영삼, 김동엽의 논문들은 주목할 만하다. 이들은 군사기관과 지도·지휘체계 자체에 더욱 관심을 가지고 분석하여 북한 정권의 군에 대한 통제와 지휘체계, 군의 기능과 역할, 당·국가·군의 관계를 밝히고자 하였다.

먼저, 심영삼의 논문은 김정일 시대에 들어서 변화된 군사기관의 모습과 역할, 군사정책의 특징, 군사정책 결정 요인과 군사정책의 수립·집행과정을 분석한 연구이다. 이 연구는 북한의 군사기관, 군사정책 결정, 집행과정의 정점에는 최고 지도자가 존재하여 그만이 모든 정책을 결정할 수 있다고 주장하였다. 그리고 그렇게 결정된 정책들은 그의 의견대로만 진행되는 특징을 가지고 있고 이러한 특징은 정책적인 오류가 발생해도 수정하는 것이 불가능하여 북한 군사력 강화에 마이너스로 작용하는 요인으로 작동하기도 한다고 설

24) 이대근(2004), 「북한 국방위원회의 기능: 소련, 중국과의 비교를 통한 시사」, 『국방연구』 47(2), 국방대학교 안보문제연구소, 149~172쪽.

25) 정성장(2010ㄱ), 「김정일 시대 북한 국방위원회의 위상·역할·엘리트」, 『세종정책연구』 6(1), 세종연구소, 223~280쪽; 정성장(2015), 65쪽.

명한다.[26]

오항균의 논문은 북한군 지휘체계 자체에 주목한 논문이다. 이 연구는 북한의 군사정책과 주요 군사 지도·지휘기관의 형성과 변화, 구조와 구성, 역할, 상호역학 관계, 특성을 연구하여 북한군의 지휘체계를 군사적으로는 '통합군제'에 가까운 구조를 가지고 있고 정치적으로는 수령 통치의 선두에 있는 '통치전위군대'로서 '정권안보 차원의 정치군대 지휘체계'를 가지고 있다고 주장 하였다. 즉, 군의 전통적 임무인 국가방위는 물론 정권 보위를 위한 구조를 갖추고 있다는 것이다.[27]

김동엽은 김일성 사망 이후 김정일이 군을 장악하고 활용하기 위해 시도한 북한의 군사 지도·지휘체계의 변화와 특징을 당·국가·군의 관계를 중심으로 살펴보았다. 그는 북한의 최고 지도자들이 정치적 상황에 따라 정권 유지를 위해 군사 지도·지휘체계를 변화시켜 왔으며 현재는 수령을 정점으로 당을 우위에 두고 당·국가·군으로 삼원화되어 있다고 이야기하였다.[28] 한편 이 논문은 드물게 당중앙위원회의 군사적 역할에도 관심을 가지고 연구를 진행했다는 점에서도 주목할 만하다.

위의 연구들은 1개의 기관을 가지고 집중적으로 분석하거나 특정한 시기와 특정한 주제에 초점을 맞추고 북한의 군사 문제를 단편적으로 살펴보았다. 그리고 이 논문에서 다루려고 하는 당중앙군사위원회와 국방위원회에 대해서도 개별적으로 다루었을 뿐이며 이마저도 상대적으로 활발하게 진행되었다고 보기는 어렵다. 또한 북한의

---

26) 심영삼(2011), 「김정일 정권의 군사기구 및 정책수립·집행과정」, 경남대학교 박사논문.
27) 오항균(2012), 「김정일시대 북한 군사지휘체계 연구」, 북한대학원대학교 박사논문.
28) 김동엽(2013).

전시기를 아우르며 당중앙군사위원회와 국방위원회를 복합적으로 다룬 논문은 드물다.

또한 국방위원회에서 개편되어 대신하고 있는 국가 주권 최고 지도기관인 국무위원회에 대한 연구도 활발하지 못하다.[29] 그것은 활동 기간이 상당히 짧고 북한 언론에서도 직전 기관인 국방위원회에 비해 적게 언급하고 있어 연구를 위해 획득할 수 있는 정보가 매우 제한될 수밖에 없기 때문이다.[30] 이러한 상황 가운데 진행된 국무위원회 관련 연구들은 김정은과 김정일 시대의 당·군 관계를 비교하기 위해 국무위원회를 활용했고 김정은 시대 국가기관의 특성 분석을 위한 주요 소재로 국무위원회를 사용하였다.[31] 아직은 국무위원회의 역할을 중점적으로 분석한 연구는 본격화되지 못하고 있는 것이다.

그나마 진행된 이전 연구들은 헌법 조문 분석, 정세분석 등을 중심으로 논의되었다. 이는 국무위원회와 당의 관계 및 위상을 밝히는

29) 북한의 국가 주권 최고 지도기관은 국무위원회가 최초가 아니다. 본문에서 본격적으로 논하겠지만 김일성 시대에는 중앙인민위원회가 있었고 국방위원회는 헌법상으로는 군사 지도기관이나 실제 수행했던 역할을 분석하면 국가 주권 최고 지도기관이었다. 중앙인민위원회 연구는 이 기관을 주로 행정 체제의 일부로 설명했고 유일지배체제 강화를 위해 정책 결정 과정의 전문성을 보강한 기관으로 본 연구도 있다. 백완기(1979), 「북한의 권력구조 분석: 중앙인민위원회를 중심으로」, 『북한법률행정논총』 3, 고려대학교 법률행정연구소, 81~101쪽; 이계만(1992), 「북한의 주권기관체계에 관한 연구」, 『호남정치학회보』 4, 호남정치학회, 171~224쪽; 양현모(2008), 「북한 중앙행정기관의 변화와 특징에 관한 연구」, 『한·독 사회과학논총』 18(1), 한·독 사회과학회, 103~136쪽.

30) 조선중앙통신에서 국방위원회 기사는 2013년 10월 4일부터 폐지 직전인 2016년 6월 28일까지 33개월간 260개가 검색되며 국무위원회 기사는 2021년 7월까지 33개월 전인 2018년 10월부터 23개가 검색된다. 또한 해당 기간 국무위원회 명의의 대외 성명이나 담화는 2건이며 국방위원회 명의의 그것들은 47건이다. 『조선중앙통신』(http://kcna.kp/kcna.user.home.retrieveHomeInfoList.kcmsf, 검색일: 2022년 1월 11일).

31) 이상숙(2018), 「김정일 시대와 김정은 시대의 당·군 관계 특성 비교: 국방위원회와 국무위원회를 중심으로」, 『북한학 연구』 14(2), 동국대학교 북한학연구소, 41~65쪽; 이상숙(2019), 「북한 김정은 시기 국가기구의 특징: 김일성·김정일 시기와의 비교를 중심으로」, 『북한연구학회보』 23(2), 북한연구학회, 85~103쪽.

데는 상당히 유용했으나 국무위원회가 실제 수행하고 있는 역할을 규명하는 데는 한계가 있었다. 이에 이 글은 기존 헌법 분석에 실제 활동과 이를 담당하는 소속 간부 분석을 더해 국무위원회와 당의 관계 및 위상은 물론 국무위원회가 국가기관으로서 실제 수행 중인 역할도 분석할 것이다.

거기에 지금 진행하려고 하는 연구는 당중앙군사위원회와 국방위원회, 국무위원회를 종합적으로 살피므로 현재의 당·군·정의 관계, 북한 군사 지도체계, 각 기관들의 위상과 역할 등을 기관들 간의 연관성을 가지고 분석할 수 있을 것이다. 그리고 이 기관들의 창설 시기부터 살펴볼 것이므로 국방위원회의 마지막 모습과 당중앙군사위원회와 국무위원회가 현재의 모습을 갖추게 된 과정과 원인도 알아볼 수 있을 것이다. 이는 당중앙군사위원회와 국무위원회의 미래도 예측해 볼 수 있는 근거를 제공해줄 수 있을 것이다.

4. 분석 틀

과거부터 사회주의 체제의 군에 대한 지도, 통제에 관한 논의는 많이 시도 되었다.[32] 군 지도, 통제방식 연구의 기본 틀을 제시했다고 할 수 있는 헌팅턴에서부터 본격적으로 시작된[33] 이 논의들은

32) 이러한 논의들에 대한 자세한 정리는 이대근(2003), 25~40쪽; 김동엽(2013), 42~49쪽; 김태구(2015), 「북한 정권의 군부 통제방식 연구」, 동국대학교 박사논문, 18~23쪽, 57~65쪽 등을 참조.

33) 헌팅턴은 군 통제방식을 군을 정치 도구화하는 '주관적 통제', 군의 전문성을 인정하고 중립화시키는 '객관적 통제'로 나누었다. Samuel P. Huntington(1990), 박두복·김영로 공역, 『군과 국가』, 탐구당.

독재자의 지도 아래 있는 당의 군 지도, 통제를 설명한 전체주의 모델,[34] 당과 군의 이해관계가 대립되어 서로 갈등을 가져갔다고 하는 갈등 모델,[35] 당과 군이 서로를 인정하는 상호보완적인 관계 속에서 군이 당의 한 부분으로 그 역할을 수행하고 있다는 참여모델[36]이 대표적이다.

이외에도 동유럽 국가들에 소련의 사회주의 체제가 주입되는 과정에서 군대의 역할 변화를 설명한 데일 허스프링과 이반 볼지에스의 연구,[37] 당-군 관계 형성의 변수들을 제시한 데이비드 올브라이트의 연구[38] 등도 사회주의 국가들의 군 통제연구의 중요한 성과들이다.

그런데 사회주의라는 하나의 체제에서 이루어지는 군에 대한 지도, 통제를 설명하는데 이렇게 다양한 의견들이 제기되고 하나의 틀로 통일되지 못하는 것은 모델들이 개별 국가들마다 가지고 있는 고유의 특성들과 그 국가들이 처한 여러상황들을 다 반영할 수 없기 때문이다.

하지만 이렇게 다양한 사회주의 체제의 군 통제에 대한 연구들에서 발견되는 공통점은 당-국가체제 하에서 군 통제가 이루어졌다는 것을 인정하고 있다는 것이다.[39] 당-국가체제는 모두 주지하다시피

---

34) Zbigniew K. Brzezinski & Carl J. Friedrich(1972), 최운지 역, 『전체주의독재정치론』, 정임사.

35) Roman Kolkowicz(1967), *The Soviet military and the Communist Party*, Princeton, N.J.: Princeton University Press.

36) Timothy J. Colton(1978), "The Party-Military Connection: A Participatory Model", Dale R. Herspring & Ivan Volgyes, eds., *Civil-Military Relations in Communist Systems*, Boulder: Westview Press, pp. 53~78.

37) Dale R. Herspring and Ivan Volgyes(1977), "The Military as an Agent of Political Socialization in Eastern Europe: A Comparative Framework", *Armed Forces and Society*, 3(2), pp. 249~269.

38) David E. Albright(1980), "Comparative Conceptualization of Civil-Military Relations", *World Politics*, 32(4), July, 1980, pp. 553~576.

39) 이대근(2003), 36~37쪽.

당이 국가의 최고정점에 있는 조직으로 다른 조직들은 당의 지도를 실현하는데 초점이 맞추어진 체제이다.[40] 이는 사회주의 체제의 군대는 각 국가의 특징이나 이론의 특성에 따라 위상이나 역할의 범위가 다를 수는 있으나 모두 당의 통제 아래 있다는 것을 의미하고 국가기관도 다르지 않다.

이것은 같은 사회주의 체제를 선택한 북한에도 해당된다. 당이 정점에서 다른 조직들을 이끄는 당-국가체제가 북한 정치체제의 근간을 이룬다. 이는 분명히 북한의 군사 지도기관과 국가 지도기관을 운영하는 근간이기도 하다. 그런데 북한은 국가 운영에서 당-국가체제에 북한만의 고유한 특성이라고 할 수 있는 '수령의 유일적영도체제'가 추가된다. 이는 수령의 명령, 지시에 따라 전당, 전 국가, 전군이 하나와 같이 움직이게 하는 것으로 모든 성원들이 수령의 의도와 명령, 지시를 무조건 접수하고 끝까지 관철해 나가는 영도체계이다.[41] 즉, 당과 군, 국가와 그에 소속되어 있는 각 기관들은 수령의 영도에 따라 각자 자신의 역할들을 수행하며 체제유지에 기여를 하고 있는 것이다. 한마디로 북한은 수령-당-국가체제인 것이다.[42]

북한의 이러한 국가 운영 특징은 그대로 군사기관 및 국가기관에 대한 역할과 위상에도 반영되었다. 당은 앞으로 본격적으로 다루겠

---

40) 박형중 외 3명(2004), 101쪽.

41) 김민·한봉서(1985), 『위대한 주체사상 총서 9: 령도체계』, 평양: 사회과학출판사, 79쪽.

42) 2012년 이후의 북한 헌법 서문에는 "조선민주주의인민공화국은 위대한 수령 김일성동지와 위대한 령도자 김정일동지의 사상과 령도를 구현한 주체의 사회주의조국이다."라고 규정하고, 2021년 1월 개정 당 규약 서문에는 "조선로동당은 위대한 김일성-김정일주의당이다.", 1장 1조에는 "조선로동당원은 수령의 혁명사상으로 철저히 무장하고 당 조직규률에 충직하여 당중앙의 령도따라 우리식 사회주의위업의 새로운 승리, 주체혁명위업의 종국적 승리를 위하여 한몸 다 바쳐 투쟁하는 주체형의 혁명가이다."라고 규정하여 사회주의 체제와 수령의 유일적영도체제가 결합되어 있음을 보여주었다.

지만 북한 군사 및 국정 운영의 중심에서 중요한 역할을 수행하고 있고 북한의 수령들인 김일성, 김정일, 김정은은 모두 당, 정, 군의 최고 군사기관인 당중앙군사위원회, 국방위원회, 국무위원회, 최고사령부의 수장으로서 이 기관들을 통해 북한군을 지도·지휘했고 국정 운영에도 관여했으며 지금도 하고 있다.

한편 당-국가체제에 '수령의 유일적영도체제'가 결합된 체제하에서 당중앙군사위원회와 국방위원회, 국무위원회로 대표되는 북한의 군사 및 국가 지도기관에 대한 위상과 역할에는 많은 변화가 있었다. 이러한 변화들은 북한을 둘러싼 환경, 그리고 그 환경에 대응하여 체제 유지를 위한 수령의 영도와 그 영도가 반영된 정책이 상호작용을 하며 일어난 것이다.[43] 여기서 이야기하는 환경은 북한 주변의 대외 상황과 이의 영향을 받은 북한 내부의 정치, 경제, 군사, 사회 등의 상황들을 말한다. 즉, 북한을 중심으로 일어나고 있는 현실의 일들이다.[44] 그리고 이러한 환경은 수령의 영도에 반영될 수밖에 없었을 것이다.

그런데 수령이 환경에 대응하는 영도 과정에서 주로 이용되는 기관은 분명 그 위상과 역할이 증대될 것이며 그렇지 못하는 기관은 그에 대한 반작용으로 위상과 역할이 상대적으로 위축된다. 이는 김정일 시대에 국방위원회의 상대적 부상과 함께 당의 역할과 위상에 대한 의문이 제기되었던 것과 김정은 시대에 들어서 당의 모습이

43) 정치체제와 정책 환경, 정책은 서로에게 영향을 미치며 순환한다. 박연호(2004), 『행정학신론』(신정3판), 박영사, 196쪽.

44) 박연호(2004), 194~195쪽; 박영민(2012), 「북한의 체제 유지 메커니즘에 관한 연구: 체제 내구력 요인 및 평가를 중심으로」, 한국외국어대학교 박사논문, 44쪽; Dell Gillette Hitchner, Carol Levine(1981), *Comparative Government and Politics*, New York: Haper & Row, pp. 16~38.

정상화된 것과도 연결된다. 〈그림 1〉은 이러한 북한 군사·국가 지도기관들의 변화 흐름을 나타낸 것이다.

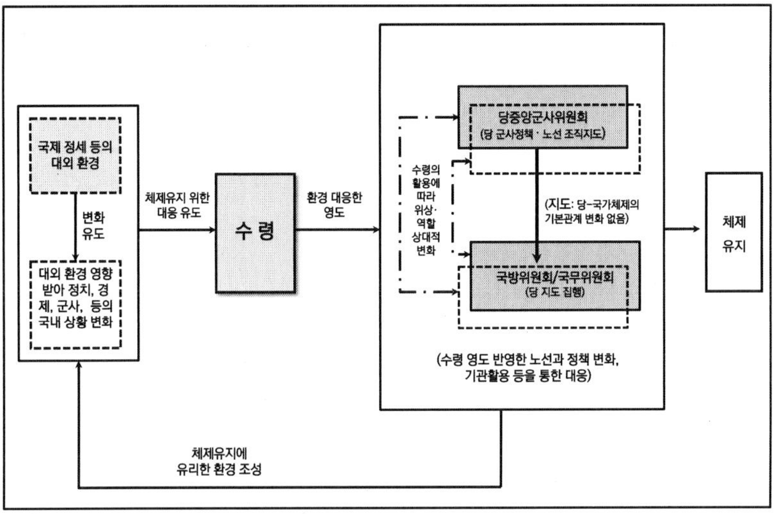

〈그림 1〉 북한 군사·국가 지도기관 변화 흐름도

이와 같은 흐름을 확인하고 설명하기 위해서는 당중앙군사위원회와 국방위원회, 국무위원회의 위상과 역할에 대한 분석이 필요하다. 위상은 이 기관들이 북한의 군사·국가 운용에서 차지하는 위치와 기관들 간의 관계를 확인해 주는 것이며 역할은 이 기관들의 실제 기능, 활동을 확인해 주는 것이기 때문이다.

먼저, 위상을 살피기 위해선 북한의 당중앙군사위원회와 국방위원회, 국무위원회에 대한 기본 인식, 정의를 살펴야 한다. 이는 최고 지도자들의 당과 국가, 군대에 대한 인식과 이에 대한 북한의 설명, 그리고 당과 국가기관에 대해 정의하고 있는 당 규약과 헌법의 관련 법규 등을 통해 확인할 수 있다.

역할에 대해선 이 기관들이 관련된 명령, 결정, 지시 등의 발표 내용과 회의 내용, 실제 활동 사항들, 최고 지도자들의 관련 발언 등을 분석하면 확인할 수 있다. 또한 엘리트 분석도 위상과 역할 분석에 도움이 될 것이며 북한만의 특징을 확인하기 위해서 다른 사회주의권 국가들의 군사·국가지도기관 운용에 대해서도 확인해야 할 것이다.

한편, 북한이 당중앙군사위원회와 국방위원회, 국무위원회를 창설하여 발전시키면서 일정한 위상과 역할을 부여한 것은 이 기관들을 통해 달성하고자 했던 목표가 있었기 때문이다. 이는 앞서 이야기했듯 북한을 둘러싼 환경 변화와 이에 대응하는 수령의 영도에 영향을 받았을 것이므로 이를 살피는 것은 두 기관의 변화 과정과 요인 등을 밝히는 데 도움이 될 것이다. 〈그림 2〉는 이러한 내용을 정리한 것이다.

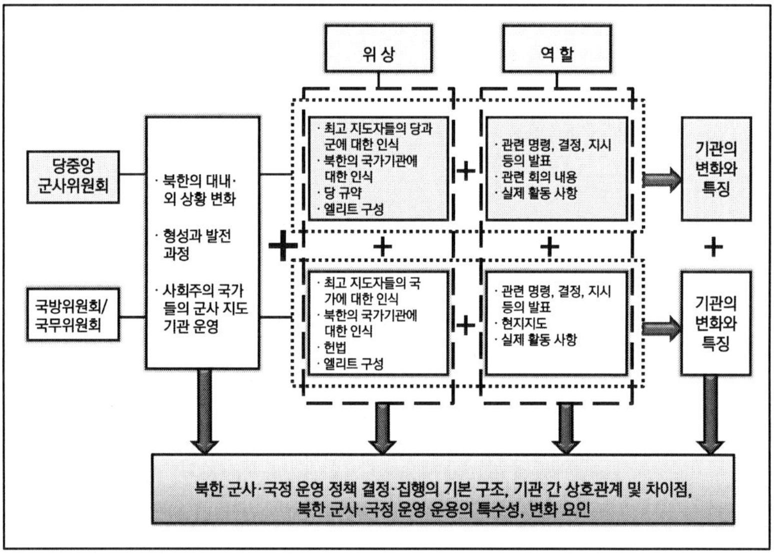

〈그림 2〉 북한 군사·국가 지도기관 변화 분석 틀

제2장 북한 군사 지도기관과 국가 주권 최고 지도기관의 기원·형성·발전

1. 사회주의 체제의 군사 지도기관과 최고 국가 권력기관

북한군과 정부는 소련의 지원으로 만들어졌고 중국과도 밀접한 관계를 맺어왔다. 그러므로 북한의 군사와 국가 지도체계의 기본 틀은 소련과 중국의 영향 아래 나왔다고 보는 것이 타당하다. 그래서 여기서는 소련과 중국의 군사와 국가지도기관들의 변화를 살펴볼 것이다.[45] 이는 북한의 군사 및 국가기관과 체계가 그들만의 특별한 것이 아님을 확인하게 해줄 것이다.

---

45) 북한은 헌법에서 국가기관들의 최고 지도기관에 '국가 주권의 최고정책적 지도기관'이라고 정의하고 있고 소련과 중국은 '최고 국가 권력기관'이라고 하고 있다. 이에 이 글에서는 정의를 통일하는 대신 각국의 정의를 그대로 사용할 것이다.

1) 소련의 군사 지도기관과 최고 국가 권력기관

10월 혁명 성공 후 볼셰비키 정권은 구 제정 러시아군대를 해체한다. 하지만 당시 독일의 평화 협정 파기, 영국과 프랑스의 볼셰비키 정권 타도 및 러시아 일부 영토 분할 점령을 위한 협정체결은 정규군의 창설을 고민하게 하였다. 그래서 볼셰비키 정권은 여러 차례 논의를 거친 후[46] 1918년 1월 23일 제3차 소비에트 러시아 전체 회의에서 정규군 창군을 결정하고 1918년 2월 23일 군대(노동자·농민의 붉은 군대)를 창군한다.[47]

하지만 창군 초에는 유능한 인력의 부족으로 공산주의 사상을 갖지 않은 구 제정 러시아군대의 장교들을 받아들일 수밖에 없어서 그들을 감시·통제하고 군 내부에서 당 업무를 수행하는 군사위원제(Military commissar system)를 실시한다.[48] 그리고 이를 통합적으로 지시, 통제하는 '전 러시아 군사위원국'을 설치하게 된다.[49] 군사력 강화를 위해 꼭 필요한 인력을 확보하고 그들을 당의 의도대로 통제하기 위한 방안이었다.

---

46) 이재훈(1997), 『소련군사정책 1917~1991』, 국방군사연구소, 40~49쪽.

47) 이재훈(2008), 「1917년 러시아혁명과 붉은군대의 창설: 유토피아적 민병대에서 '강철규율'의 정규군으로」, 『군사』 66, 국방부 군사편찬연구소, 176~179쪽; A. A. 코코쉰(2016), 한 설 역, 『군과 정치: 러시아 군사정치·군사전략 사상사(1918~1991)』, 육군군사연구소, 24쪽; 육군본부(1975), 『소련군사』, 육군본부, 30~31쪽.

48) Hariet Fast Scott & William F. Scott(1981), *The Armed Forces of the USSR*(Second Eedition), Colorado: Westview Press, pp. 3~4.

49) 군사위원제 외에 당의 군 통제를 위한 정치기관으로 정치국도 있었다. 이 기관은 군 창설 후 군의 규모가 갑자기 커지자 군사위원들이 과도한 임무에 시달리게 되고 전투시 부대에 대한 당적 통제가 어렵게 되자 군사위원들의 임무 부담을 덜고 군에 대한 당의 통제를 강화하기 위해 세워졌으며 당중앙위원회의 결정으로 공화국 혁명군사위원회가 통제하였다. 하지만 군내 정치기관들을 하나로 통합하기 위한 당중앙위원회의 정책으로 전 러시아 군사위원국으로 통합되게 된다. 이재훈(1997), 61~63쪽, 99~101쪽.

또한 볼셰비키 정권은 군의 지휘체계를 일원화한다. 붉은 군대가 창군 된 직후 러시아는 백군과의 내전과 외국군대와의 대립으로 여러 개의 전선을 형성하고 있었다.[50] 그래서 모든 전선의 부대를 통합적으로 지휘하기 위해 당에 공화국 혁명군사위원회(Revvoyensoviet of the republic, RVSR)를 설립하고 당과 정부의 지도 아래 군을 지휘하는 군 총사령관 직책을 도입하게 된다. 그리고 각 전선과 군 지휘부에도 지휘관과 2명의 정치위원으로 혁명군사위원회(Revvoyensoviet of fronts, RVS)를 구성하게 한다. RVSR → 총사령관 → RVS로 이어지는 일원화된 지휘라인을 구축한 것이다.[51]

한편, 볼셰비키 정권은 당과 국가의 모든 역량을 국방으로 집중시키고 동원령까지 선포할 수 있는 노동자·농민 국방위원회(The council of worker's and peasant's defense)를 설립하여 군의 역량 향상을 꾀하고 사회 역량을 전쟁승리를 위해 집중하게 한다.[52] 군에 대한 지휘권은 RVSR이 행사하였고 노동자·농민 국방위원회는 인력을 포함한 국가 자원을 총동원하여 군을 지원하는 역할을 수행하였다.[53]

그러다 외국의 위협이 사라지고 내전의 승리가 가까워지자 볼셰비키 정권은 군인들을 경제건설에 투입하게 한다. 이를 담당한 기관이 노동자·농민 국방위원회이며 이 기관은 역할이 점차 확대되면서 명칭이 노동국방위원회(Council of labor and defense, STO)로 변경된

50) 당시 독일군은 우크라이나와 발트해 연안지역까지 진격하였다. 제1차 세계대전말의 독일과 볼셰비키 정권의 연관 상황은 Peter Simkins & Geoffery Jukes & Michael Hickey(2008), 강민수 역, 『모든 전쟁을 끝내기 위한 전쟁: 제1차 세계대전 1914~1918』, 플래닛미디어, 498~509쪽 참조.

51) 이재훈(1997), 81~84쪽; A. A. 코코쉰(2016), 25~33쪽.

52) 황용남(1995), 『구 소련군 조직과 새로운 군 구조』, 한국군사문제연구원, 30쪽.

53) 이대근(2004), 151쪽.

다.[54] 이 기관은 종전 후에 전시 국방지원을 위한 전시 최고 기관 역할과 국가 경제계획 수립 및 시행에도 관여하게 되었다. 그리고 당, 정부, 군을 연결하는 역할도 더해지면서 그 임무의 범위가 더욱 커지게 된다. 그러나 종전 후 평화가 지속되면서 군 관련 업무의 비중부터 이 기관의 역할이 점차 줄어들다가 결국에는 1937년 폐지되었으며 국방위원회(Committee of Defense)가 대체하게 된다.[55] 전시와 종전 직후, 평시로 이어지는 상황에 맞게 기관의 역할을 자연스럽게 변화시킨 것이다.

한편 내전과 제1차 세계대전이 종전되자 볼셰비키 정권은 군조직과 지휘체계, 군 자체의 규모를 줄이며 군 구조를 정리하게 된다. RVSR는 여러 개였던 중앙 군사 지휘기관들을 적군참모부로 통폐합하고 인원을 감소시켰으며 각 전선과 군의 야전 지휘부와 병력들도 정리하였다.[56] 그리고 1924년에는 최고사령관제를 폐지하였고 적군참모부를 실무적 군 지휘기관인 적군참모부, 일상적인 군수소요를 담당하는 적군 총 지휘부, 군의 전투준비 등을 감독하는 적군감독부로 분리하였다. 이러한 개편은 당중앙위원회가 주도하였다. 또한 당은 군에 대한 통제를 더욱 강화하기 위해 군내 당정활동을 관장하는 기관들을 각급 부대에 만들어 운영하였다.[57] 당이 군을 군사적·정치적으로 모두 장악하고 구조 정리를 이끌어간 것이다.

이러한 구조 정리 후 1930년대 중반까지 소련군을 움직였던 최상위 기관들은 1923년부터 군을 직접적으로 지휘했던 육·해군인민위원

54) 오항균(2012), 26쪽.

55) 김동엽(2013), 51~52쪽; 정성장(2010ㄱ), 228쪽.

56) 이재훈(1997), 145~147쪽; 황용남(1995), 30~33쪽.

57) 황용남(1995), 18~22쪽.

회, 공화국 혁명군사위원회, 그리고 인민위원회 예하기관으로 STO를 보좌하여 국방건설에 대한 업무를 실제적으로 담당했던 국방위원회(Defense Commission)였다.[58]

그런데 소련은 1930년대 중반 다시 한번 군 지휘구조를 정리한다. 임무가 중첩되어 있던 공화국 혁명 군사위원회를 1934년 6월 20일 해체하고 육·해군인민위원회는 방위인민위원회(People's commissariat of defense)로 개편한다. 방위인민위원회 산하에는 군사 회의(Military council)를 신설하여 이 기관의 결정을 방위인민위원회가 최종 확정하는 체계를 구축했다.[59] 그리고 앞서 언급했듯 그 기능이 유명무실해진 STO를 해체하고 실무를 담당했던 국방위원회(Defense Commission)를 협의체인 국방위원회(Committee of Defense)로 개편하여 국방력 강화를 위한 당의 지시를 실질적으로 집행하게 하였다.[60] 이원화되어 있던 지휘체계를 통일하고 시대의 흐름에 따라 유명무실해졌던 기관을 새롭게 실제화하여 군사 지휘와 군사정책의 수립과 실현에 효율성을 높이려 한 것이다.

그런데 1941년 6월 22일 독일은 소련을 침공한다.[61] 이에 소련은 전시 비상 기관으로서 국정 운영과 군에 대한 지원을 총괄했던 국가방위위원회(State defense committee)를 설립한다.[62] 그리고 군 지휘체

58) Hariet Fast Scott & William F. Scott(1981), pp. 17~18.

59) 이재훈(1997), 207~208쪽.

60) 이대근(2004), 151쪽.

61) 제2차 세계대전 당시 독일과 소련 간 전쟁의 진행에 대해선 David M. Glantz & Jonathan M. Hause(2007), 권도승·남창수·윤시원 역, 『독소 전쟁사: 1941~1945』, 열린책들; Paul Collier 외 8명(2008), 강민수 역, 『제2차 세계대전: 탐욕의 끝, 사상 최악의 전쟁』, 플래닛미디어, 563~705쪽 참조.

62) 이 기관은 스탈린이 의장이었으며 당중앙위원회 의원, 후보위원들로 인원이 구성되었다. 전시 비상기관을 당이 통제한 것이다. 김종명(1989), 「소련 정치국의 변화와 전망」, 『중소연

계도 전시에 맞게 조정하게 된다.

그러나 전시 초기 계속되는 패전으로 인한 혼란상을 반영하듯 두 달이 되지 않는 기간 동안 군 지휘체계를 여러 차례 개편한다. 먼저 개전 다음날인 6월 23일에 총사령부(Glavnoye komandovaniye)를 조직하였다가 7월 10일에 최고사령부(Verkhovnoye komandovaniye)로 개칭하였고 8월 8일에는 최고총사령부(Verkhovnoye glavnokomandovaniye)로 개칭하였다. 그리고 스탈린이 최고사령관으로 부임하였다.[63] 이 기관의 중심은 총참모부(General staff)였다. 총참모부는 스탈린의 최고총사령부가 군을 올바로 지휘하도록 보좌하고 그들의 의도가 반영된 군사작전 계획을 수립하며 스탈린의 명령을 전선에 전달하는 역할을 수행하였다.[64] 아울러 당중앙위원회는 대규모로 당 일군들을 군부대들에 파견하게 되고 군인들에 대한 입당 문턱을 낮추어 군내에 당원들의 숫자를 높였으며 이로 인해 군내에 기초 당 조직의 숫자는 급속도로 많아지게 하는 등 군에 대한 당 통제를 강화하기 위한 조치들을 취하게 된다.[65]

이처럼 소련은 전시에 당과 국가의 역량을 하나로 모으고 이를 효과적으로 지휘할 수 있는 비상기관을 만들어 군을 지원하였고 최고 지도자를 정점으로 하는 최고 지휘기관을 만들어 군에 권위와 힘을 실어주었으며 지휘체계의 효율성을 추구하였다. 그리고 이것은 모두 당의 통제하에 진행되었다.

구』 13(3), 한양대학교 중소연구소, 26쪽; John Keegan(2007), 류한수 역, 『2차 세계대전사』, 청어람미디어, 283쪽.

63) David M. Glantz & Jonathan M. Hause(2007), pp. 94~95.

64) Hariet Fast Scott & William F. Scott(1981), pp. 103~108.

65) 이재훈(1997), 298~302쪽.

전쟁이 끝난 후 소련은 다시 평시에 맞게 군 지휘구조를 재편한다. 1945년 9월에 국가방위위원회와 최고총사령부를 해체하고 당의 역할을 정상화한다. 그리고 최고총사령부 대신 군사력부와 그 예하에 최고 군사회의를 만들어 대신하게 했으나 이 기관들은 국방성에 통합되었고 국방성은 최고군사회의(Glavnyy Voyennyy sovyet)를 운용했다. 이 기관은 평시 소련군의 전략 방향을 정하고 지휘를 담당했으며 전시에는 최고사령부가 되어 군을 지휘하게 되어 있었다. 그런데 최고총사령부는 해체되었지만 스탈린과 그 뒤를 잇는 소련의 당 서기장들은 최고사령관으로 군을 지휘하였다.[66]

이후 냉전 시기의 소련군은 당정치국(Politburo)의 지도 아래 국방회의(Sovyet oborony), 국방성 산하의 최고 군사회의(Glavnyy Voyennyy sovyet), 총참모부(General staff)가 이끌었다.[67] 한편, 국가방위위원회가 해체된 후 사라졌던 전시 동원과 군수지원, 무기 공급 등을 담당하는 기관은 1977년 헌법 개정 시 소련 국방위원회(The Council of Defense of the USSR)가 명문화되면서 재등장하게 되는데 이 기관은 당 정치국의 지도를 받아 임무를 수행하나 구성은 소련 최고 소비에트 상임간부회에서 하였다. 그리고 소련 최고 소비에트 상임간부회는 소련군 최고사령부도 구성하였다.[68]

그런데 당정치국은 군사에 관한 최종 결정권을 가지고 있었으나[69] 군사 문제만 다루기 위한 전문기관이 아니므로[70] 군사 문제를

---

66) 김동엽(2013), 50~54쪽; Hariet Fast Scott & William F. Scott(1981), pp. 97~103.

67) Coit D. Blacker(1983), "Military Forces", edited by Robert F. Byrnes, *After Brezhnev: sources of Soviet conduct in the 1980s*, Bloomington: Indiana University Press, p. 140.

68) 1977년 개정 소련 헌법은 헌법재판소 헌법재판연구원(2015), 『러시아 체제전환에 따른 헌법의 변화: 1977년 소련헌법과 1993년 러시아헌법의 비교연구』, 헌법재판소 헌법재판연구원, 109~140쪽; 정성장(2010ㄱ), 229~230쪽.

구체화하여 추진하는 데는 전문성이 부족했다. 그래서 당정치국은 예하에 국방회의를 두고 군사 분야를 보좌하게 하였다. 이 기관은 군의 규모, 무기의 개발 및 배치, 국방예산 규모 등의 주요 국방 현안들을 결정했고 심지어 전·평시 경제계획에도 영향을 미쳤던 것으로 추측된다.[71] 그리고 총참모부는[72] 군을 이끄는 기관 중 가장 전문적인 기관으로 정치국, 국방 회의의 집행기관이었다. 그래서 정치국, 국방 회의가 제기한 문제들에 대한 목표를 달성하고 해결을 위한 방법을 제시하고 실행을 위한 수단을 제공하여 집행하는 기능을 수행하였다. 전후 소련의 군사 통제는 당이 영도하고 이를 군사 전문기관들이 보좌하고 실현하는 형태로 진행된 것이다. 다음 쪽의 〈그림 3〉은 위의 내용을 반영한 냉전시대 구소련군의 지도·지휘체계이다.

한편 소련의 최고 국가 권력기관은 북한의 최고인민회의에 해당하는 소련 최고 소비에트이다. 하지만 이 기관은 1년에 2번, 2~3일 정도씩만 소집되어서 실제적인 역할을 수행했다고 보기 어렵다. 대신 소련 최고 소비에트의 휴회 기간에 이 기관의 상설기관으로 국가 권력 최고 기관의 직무를 수행했던 소련 최고 소비에트 상임간부회(이하 상임간부회)가 실질적인 최고 국가 권력기관이었다고 볼 수 있다.[73]

---

69) Coit D. Blacker(1983), 140쪽.

70) 당정치국은 당 중앙위원회 서기장과 부서기장, 각 연방구성공화국 당 중앙위원회 제1서기, 국방상, 내무상, 외무상 등 주요 당 직위자와 각료들로 구성되었다. 이한종(1983), 「소련 군부와 정책결정」, 『중소연구』 7(3), 한양대학교 중소연구소, 128쪽.

71) Coit D. Blacker(1983), pp. 140~141.

72) 이 기관에 대한 자세한 사항은 Kenneth M. Currie(1987), "The Soviet general staff: its impact on military professionalism and national security decisionmaking", Thesis(Ph.D.), George Washington Univ. 참조.

73) 정성장(2014), 『김정은 시대 북한 최고인민회의 상임위원회의 위상과 역할』, 세종연구소,

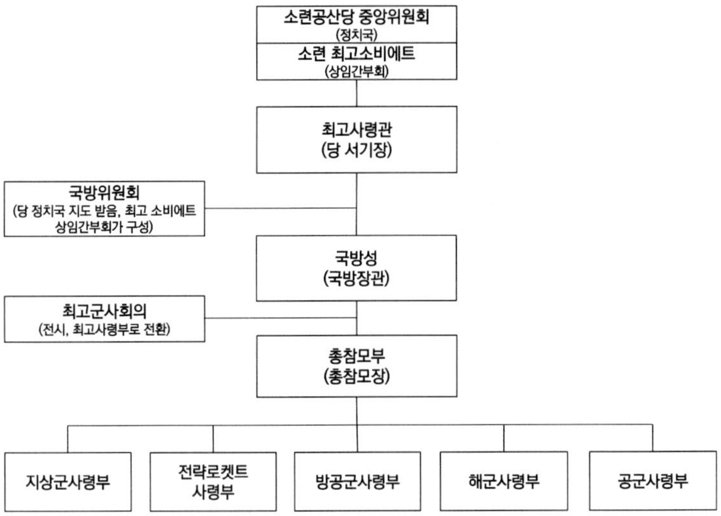

〈그림 3〉 냉전시대 구소련군 지도·지휘체계

*출처: 김동엽(2013), 50쪽의 그림 바탕으로 1977년 개정 소련 헌법 반영 작성

1977년 개정된 헌법에서 상임간부회는 외국과의 조약 비준 또는 폐기, 법과 불합치하는 내각의 법령과 결의안 폐지, 특별한 계급을 수립하고 수여, 사면 법률공표 및 사면, 외교관 임명 및 소환, 외국 외교관의 신임장 및 해임장 수락, 소련 국방회의 구성 및 군 최고사령부 지명하고 대체, 계엄령 선포, 총동원 또는 부분동원 선포, 전쟁상태 선포, 명령을 공포하고 결의안 채택 등의 역할을 수행할 수 있도록 규정되었다.[74]

그런데 1977년 헌법에는 국가원수에 대해 명확히 규정되지 않았다. 그래서 실질적인 최고 국가 권력기관이었던 상임간부회가 집단

11~12쪽; 임기영(2015), 『러시아의 체제전환에 따른 헌법의 변화: 1977년 소련헌법과 1993년 러시아 헌법의 비교연구』, 헌법재판소 헌법재판연구원, 56~59쪽.

74) 여기서 나열한 내용들은 북한 헌법에서 국무위원장과 국무위원회의 역할로 제시한 것들 중 겹치는 것들을 중심으로 정리한 것이다. 1977년 개정 소련헌법 119조~123조를 참조.

으로 국가원수 지위를 가지고 있었다는 분석이 있고 이 시기부터 당서기장이 상임간부회 의장을 맡았는데 그래서 의장이 사실상의 국가원수였다는 분석도 있다.[75] 어찌 됐든 상임간부회가 국정 운영에서 실질적인 최고 국가 권력기관이었던 것은 분명하다.

하지만 상임간부회의 위상과 역할은 점차 축소된다. 1988년 개정된 헌법에서 기존의 '소련 국가권력의 최고 기관'이라는 정의는 삭제되고 소련 최고 소비에트가 상설기관이 된다. 그리고 국가 원수 지위를 소련 최고 소비에트 의장에게 '소련 정부의 최고위 공무원이며 국내외적으로 소비에트사회주의공화국연방을 대표한다.'고 부여한다. 또한 상임간부회 의장직을 폐지하고 소련 최고 소비에트 의장이 상임간부회를 운영하게 한다.[76] 상임간부회가 소련 최고 소비에트를 대신하는 기관이 아닌 보조하는 기관으로 위상이 약화된 것이다. 거기에 상임간부회가 가지고 있던 군 최고사령부 임명 및 교체, 외국과의 조약 비준 및 폐기 등의 일부 역할을 소련 최고 소비에트가 가져가면서 역할도 축소된다.

1990년 개정된 헌법에서는 대통령직이 신설되어 국가 원수직과 소련 최고 소비에트, 상임간부회가 분리된다.[77] 그리고 소련 최고 소비에트 의장은 국가정책의 기본방향을 설정하고 안전보장 문제를 논의하는 소련 연방 대통령 평의회에 참석하여 대통령을 보좌하게

---

75) 도희근(1991), 「소련의 소비에트제의 개혁: 1988년 헌법개정을 중심으로」, 『울산대학교 사회과학 논집』 1(2), 울산대학교, 104~105쪽; 헌법재판소 헌법재판연구원(2015), 58쪽.

76) 1988년 개정 소련헌법에 대한 주요 내용은 김경순 역(1988), 「소련 개정헌법 관련자료: 개정헌법 수정 보완부분」, 『중소연구』 12(4), 한양대학교 아태지역연구센터, 271~285쪽 참조.

77) 1990년 개정 소련헌법은 법제처 홈페이지 https://han.gl/PyTdN; https://han.gl/hbYMG (검색일: 2022년 8월 29일) 참조.

된다. 국가 원수의 위상을 가졌던 기관이 국가 원수를 보좌하게 된 것이다.

또한 상임간부회에 그동안 부여되었던 주요한 임무들이 대부분 소련 최고 소비에트로 이전되고 소련 최고 소비에트의 원활한 업무 진행을 지원하기 위한 임무들만 남게 된다. 한때는 국가권력의 최고 기관이었던 최고상임간부회의 마지막은 소련 최고 소비에트의 업무를 지원하는 기관으로까지 위상과 역할이 축소된 것이다.

2) 중국의 군사 지도기관과 최고 국가 권력기관

1921년 중국공산당이 창당되고 1927년 홍군이 창군된 후 1949년 중화인민공화국이 건국되기까지 홍군의 조직은 지금처럼 체계적이었다고 볼 수는 없다.[78] 그렇다고 중국공산당이 군을 아무런 대책 없이 지휘한 것은 아니다. 공산당이 창당된 후 바로 군대를 창군한 것은 아니지만 앞으로 진행할 혁명을 위해선 군의 창군과 이를 지도할 기관은 필수적이었다.[79]

그래서 중국공산당은 현재 당의 최고 군사 지도기관인 중국공산당 중앙군사위원회(이하 당중앙군사위원회)의 시초인 '중국공산당 중앙군사운동위원회'를 1925년 10월 중국공산당 중앙집행위원회 제4기 제1차 확대회의[80]의 결정에 따라 설치한다. 이후 이 기관은 '중앙

---

78) 이진영(1998), 『중국인민해방군사』, 국방군사연구소, 233쪽.

79) 중국은 중국공산당의 군사 활동 시작이 국민당과 합작해 설립한 황푸군관학교에서의 정치사업과 학생교육에 참여한 것으로 이야기하고 있다. 중국공산당은 이때부터 군사의 중요성을 깨달았다고 하며 저우언라이는 학교의 정치부 주임을 맡는 등 상당수의 공산당원이 이 학교의 교관 등으로 활동하며 당원들을 선발했다. 중국공산당중앙당사연구실(2016), 홍순도·홍광훈 역, 『중국공산당역사』 제1권(상), 서교출판사, 211~214쪽.

군사부'로[81] 개칭되었다가 1930년 3월에 '중앙군사위원회'로 정착된다.[82] 그리고 1949년 정부 수립 전까지 홍군을 지휘했다.[83] 처음부터 당이 군사를 틀어쥐고 지휘한 것이다.

그런데 건국 초기 중국은 군을 당이 아닌 국가기관이 지휘했다. 신중국의 건국강령인 '중국인민정치협상회의 공동강령'을 제정하며 인민해방군과 인민공안부대의 창군을 선언했는데 이의 지휘권을 '중앙인민정부 인민혁명군사위원회'에 부여한 것이다.[84] 군의 지휘에 당이 전면에 나서지 않은 것은 중국인민정치협상회의와 중앙인민정부가 통일전선의 성격을 띠고 있었기 때문이다.[85] 어쨌든 인민혁명군사위원회는 1953년까지 계속된 국민당과의 내전과 잔여 세력 소탕, 군대 건설 문제, 한국전쟁에 참전하는 중국인민지원군의 구성과 전략 구상, 군내정치사업 등에 관여했다.[86]

그러다 공산당 중심으로 국가가 안정되고 한국전쟁이 종료되자 중국은 당의 군 영도를 강화하는 방향으로 군사 지도체계를 개편한다. 1954년 4월 15일에 '중국인민해방군 정치사업조례'를 반포하여

80) 중국공산당중앙당사연구실(2016), 326쪽.

81) 1927년 4월 27일부터 5월 9일까지 열린 중국공산당 제5차대표대회에서 저우언라이가 군사부 부장을 맡게 되었다. 중국공산당중앙당사연구실(2016), 367~370쪽.

82) 이도기(2008), 『현대 중국공산당의 이해』, 통일신문사, 506쪽.

83) 이계희(2004), 「중국 중앙군사위원회의 구조와 기능」, 『한국통일연구』 9(1), 충남대학교 통일문제연구소, 146쪽; 정성장(2011ㄱ), 10~12쪽.

84) 중국공산당중앙당사연구실(2014ㄱ), 홍순도·홍광훈 역, 『중국공산당역사』(상), 서교출판사, 33쪽.

85) 당시 중국인민정치협상회의에는 공산당이 가장 많은 인원을 차지했으나 공산당만으로 구성된 회의는 아니었다. 그리고 중앙인민정부도 당 이외의 인사들이 50% 가까이 참여하였고 인민혁명군사위원회에도 당 이외의 인사들이 참여하였다. 중국공산당중앙당사연구실(2014ㄱ), 18~20쪽, 38쪽; 이건일(2005), 「중국공산당의 중앙군사위원회」, 『대륙전략』 3, 대륙전략연구소, 101쪽.

86) 중국공산당중앙당사연구실(2014ㄱ), 65~141쪽.

군내 당정치사업을 강화하고[87] 1954년 9월 28일, 당정치국과 서기처 산하에 중앙군사위원회를 설립하여 당이 군을 본격적으로 통제하기 시작한다.[88] 그리고 중앙군사위원회를 설치하기 직전인 1954년 9월 20일에 전국인민대표대회 제1기 1차 회의에서 중앙인민정부 인민혁명군사위원회를 해체하고 국방위원회와 국방부를 설립한다. 국방위원회와 국방부는 명목상으로 군사력 건설을 영도하게 되어 있었으나 실제적인 영향력을 발휘하지 못하는 형식상의 기관들이었다.[89]

이후 중국은 대약진 운동, 문화혁명 등을 겪으며 격동의 시기를 거치게 되고 그 과정에서 보수 강경파들이 당중앙군사위원회를 장악하게 되었으며 이는 당의 군 장악 심화와 당중앙군사위원회의 확대로 이어진다. 1969년 4월에 열린 당의 제9차 전국대표대회에서 당중앙군사위원회 구성원이 42명으로 늘어나게 된 것이다.[90] 그리고 이후로도 이러한 흐름은 계속된다.

1975년 2월 5일 당중앙군사위원회를 실질적으로 움직이는 상무위원회가 구성되고 1977년 7월에 개최된 당중앙위원회 제10기 제3차 전원회의에서 당중앙군사위원회 구성원들은 63명으로 더욱 늘어난다.[91] 이전 당중앙군사위원회 구성원들이 30명이 채 되지 않았고 현재 후진타오와 시진핑 시기의 구성원 수가 11명으로 구성된 것에 비해 상당한 규모였다. 이렇게 당중앙군사위원회의 규모를 늘린 것

87) 중국공산당중앙당사연구실(2014ㄱ), 516쪽.

88) 중국공산당중앙당사연구실(2014ㄱ), 442쪽; 이진영(1998), 237쪽; 이건일(2005), 102쪽.

89) 국방위원회는 단순 자문 기관이었고 공개적으로 발표해야만 하는 명령과 지시는 국방부 등의 명의로 발표되었다. 이계희(2004), 146쪽.

90) 이계희(2004), 147~148쪽.

91) 정성장(2011ㄱ), 13쪽; 중국공산당중앙당사연구실(2014ㄴ), 홍순도·홍광훈 역, 『중국공산당역사』(하), 서교출판사, 456~459쪽.

은 군을 지도하는 기관을 보수 강경파가 자신들의 세력으로 채움으로 군을 장악하려고 한 것으로 추측된다.

그런데 1970년대 후반 당중앙군사위원회가 확대되는 과정과는 반대로 국가 군사기관인 국방위원회는 1975년 폐지되고 국방부만 국무원 산하에 남겨지게 된다.[92] 실권이 없는 기관을 2개씩이나 운영할 필요가 없었던 것이다. 그리고 1981년 덩샤오핑이 당중앙군사위원회 주석이 되면서 상무위원회가 폐지되고 인원수들을 줄이는 등 당중앙군사위원회의 규모도 축소되게 된다.[93]

한편 덩샤오핑은 1975년 1월 당중앙군사위원회 부주석이 되면서 군의 비대화, 비효율, 파벌 생성, 규율 문란 등을 비판하면서 군을 정돈하려 했다.[94] 하지만 1976년 1월 이른바 '4인방'[95]에 의해 밀려나 군의 정돈 문제는 잠시 중단된다. 그러나 1977년 복권되자 그는 군대 정돈 문제를 계속 제기하여 군을 개혁하고자 했고 이는 덩샤오핑의 권력이 더욱 단단해진 1980년대 들어서 그 속력이 붙게 된다.[96] 정쟁에 좌우되지 않고 본연의 임무에 충실한 정예화된 군을 목표로 군대 정리를 실시했으며 당중앙군사위원회의 구조 조정은 덩샤오핑의 군대 정리의 일환으로 볼 수 있다.

그런데 중국은 1982년 12월 4일 전국인민대표대회 제5기 제5차

---

92) 이건일(2005), 103쪽; 강우철(2012), 「중국과 북한의 군사사상과 당군 관계 비교 연구」, 명지대학교 박사논문, 63쪽.

93) 이계희(2004), 148쪽; 강우철(2012), 66~67쪽.

94) 중국공산당중앙당사연구실(2014ㄴ), 306~308쪽.

95) 문화대혁명을 주도했고 마오쩌뚱 사후 권력을 장악하려고 했던 마오쩌둥의 부인 장칭(江靑), 정치국 위원 야오원위안(姚文元), 부주석 왕훙원(王洪文), 국무원 부총리 장춘차오(張春橋)이다.

96) 덩샤오핑의 군대 정리에 대해서는 나영주(2000), 「중국인민해방군의 역할 변화: 개혁개방시기 군의 경제활동에 관한 정책 변화」, 고려대학교 박사논문, 146~162쪽 참조.

대회에서 통과된 헌법을 통해 당중앙군사위원회와는 별도로 국가 군사기관으로서 '중화인민공화국 중앙군사위원회'(이하 '국가중앙군사위원회')를 만든다. 이 기관은 중앙인민정부 인민혁명군사위원회, 국방위원회에 이어서 만들어진 국가의 군사 영도기관이다.

이후 중국의 군사는 당중앙군사위원회와 국가중앙군사위원회가 이끌고 있다. 사실 1980년대 후반 중국에서는 군사 개혁의 일환으로 국방 분야에서 당과 국가의 기능을 분리하면서 국가의 역할 증대를 고려하기도 하였다. 하지만 1989년 6월 천안문 사태가 발생하여 당의 통제를 강화할 수밖에 없었으므로 이는 없던 일이 되고 만다.[97]

중국 헌법에서 국가중앙군사위원회는 전국의 무장력을 영도하는 기관이다.[98] 이 기관의 역할은 중국이 1997년 3월 14일 제정된 국방법에 나와 있다.[99] 이 법에 의하면 국가중앙군사위원회는 중국의 무장력들을 지도·지휘하는 기관이다. 또한 당중앙군사위원회와 국가중앙군사위원회의 구성원이 같다. 이는 두 기관이 사실상 하나의 기관임을 의미한다.[100] 하지만 중국이 당-국가 체제임을 고려할 때 국가중앙군사위원회의 기능은 당중앙군사위원회의 지도 아래 발휘되고 있다고 보아야 할 것이다.

---

97) 이계희(2004), 149쪽.

98) 국회도서관 법률자료과(2013), 『세계의 헌법 II』, 국회도서관, 443쪽.

99) 이 법에 의하면 국가중앙군사위원회는 전국의 무장력을 지도하게 되어 있으며 이 기관의 구체적 임무는 1.전국의 무장 병력을 통일·지휘, 2.군사 전략과 무장병력의 작전과 방침을 결정, 3.인민해방군을 지도·관리하고 새로운 사업의 기획과 실시, 4.전국인민대표대회나 전국인민대표대회 상무위원회에 국방관련 의안 제출, 5.군사 법규를 제정하며 결정과 명령 발포, 6.인민해방군의 체제와 편제를 결정하고 각 단위의 임무와 직책 결정, 7.(군사관련) 결정과 명령 발포, 8.무기·장비관련 발전 계획수립과 국방 과학연구와 생산 지도와 관리, 9.국방비와 국방 자산 관리, 10.법률에서 정한 기타 직권 행사이다. 국회도서관 수서정리국(1997), 『중화인민공화국 국방법』, 국회도서관, 7쪽.

100) 이도기(2008), 507쪽.

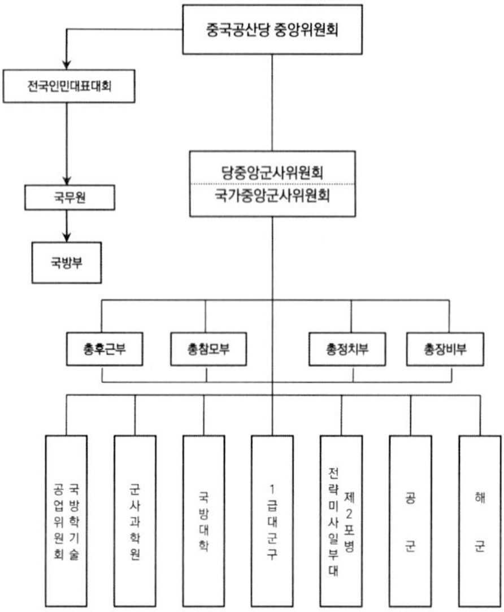

〈그림 4〉 중국의 군사지도·지휘체계

*출처: 나영주(2000), 195쪽; 강우철(2012), 155쪽; 정성장(2010ㄱ), 232쪽.

그런데 중국 당중앙군사위원회는 중국군을 총정치부, 총참모부, 총장비부, 총후근부를 통해 움직이고 있다. 그리고 이들을 지휘하기 위해 주석을 제외하면 대부분의 구성원들은 직업군인으로 이루어지고 그 직책들은 정치국 위원, 국방부장, 총참모장, 총정치부 주임, 총후근부장, 총장비부장 각군 사령원들로 구성된다. 최고 군사기관으로서 권위와 전문성을 두루 갖추고 있는 것이다. 위의 그림은 현재 중국의 군사지도·지휘체계이다.

한편 중국의 최고 국가 권력기관은 전국인민대표대회이다. 그러나 이 기관은 1년에 1회만 소집되므로 이 기관의 상설기관으로 전국인민대표대회의 실무를 담당하는 전국인민대표대회 상무위원회(이하 상무위원회)가 사실상의 최고 국가 권력기관이라고 볼 수 있다.

중국 헌법에 규정된 상무위원회의 주요 역할은 헌법의 해석 및 실시 감독, 법률의 제정 및 개정, 국무원 제정 법규·결정·명령 철회, 국무원 등의 주요 국가기관 인사 인선, 외국 주재 전권 대표의 임명 및 해임, 외국과 체결한 조약과 중요한 협정의 비준 및 폐지, 군인과 외교원의 직함·직급 제도 규정, 특별 사면 결정, 전시상태 선포, 전국 총동원 또는 지역 동원에 대한 결정, 비상사태 선포, 국무원·중앙군사위원회 등의 업무 감독 등이다.[101] 입법권과 인사권, 외교권, 국가 긴급 사태 대응 등 국가 운영에서 반드시 필요한 사안들을 지도할 수 있는 권한을 가지고 있다.

이러한 중국의 최고 국가 권력기관과 그 상설기관의 내용은 헌법상으로 큰 변화가 없다. 소련이 상설기관의 역할을 축소한 것과는 대조되는 부분이다. 이는 정권의 안정성과 연관된 것으로 보인다. 소련이 헌법에 변화를 준 시기인 1988년과 1990년은 공산권 전체의 위기가 점차 증대되고 있던 시기로 소련은 이의 극복을 위해 변화를 모색하는 과정 속에서 국가 지도체계에도 변화를 준 것으로 판단된다.

한편 중국의 국가 원수는 주석으로 위에서 살펴본 소련의 사례와는 다르게 전국인민대표대회와 상임위원회의 의장이 되어 이 기관들을 직접 운용하거나 하지는 않았다. 그래도 전국인민대표대회에서 선출되어 국가를 대표하고 국가기관들의 인사권을 행사하며 국가 비상사태 발생 시 중요 조치들을 취할 수 있는 등의 역할이 부여되었다. 우리가 일반적으로 생각할 수 있는 국가 원수의 기능을 수행할 수 있게 권한이 부여되었다.

101) 여기서 제시한 내용 들은 중국이 가장 최근에 개정한 2004년과 2018년 중국 헌법 규정을 정리한 것으로 북한 헌법에 규정된 국무위원회와 국무위원장의 역할과 성격이 유사한 것들을 주로 제시하였다. 중국의 2004년 개정헌법과 2018년 개정헌법에서 전국인민대표대회와 상무위원회 관련 내용에는 큰 변화가 없다. 중국의 개정헌법 전문들은 세계 법제정보 센터 홈페이지 https://han.gl/lndDOr(검색일: 2022년 9월 20일) 참조.

또한 소련과는 다르게 국가 원수 직위를 변경하지 않았다. 하지만 가장 최근인 2018년 헌법에서는 1회만 허용되던 연임 규정이 폐지되어 1명이 국가 원수직인 주석을 종신토록 수행할 수 있는 길을 열어 놓았다.[102] 이 모습은 앞으로 중국이 어떻게 변화될지 알 수는 없지만 잘못하면 개인 독재 국가로 변모될 수도 있다는 우려를 자아내는 것이다.

2. 김일성 시대 핵심 군사기관들과 국가 주권 최고 지도기관의 창설 및 변화

1) '공화국 군사위원회'의 창설과 국방위원회로의 개편

북한은 1950년 6월 25일 한국전쟁을 일으킨 후 전시 국가운영과 군에 대한 지원의 효율성을 위해 '국방위원회'의 전신이라고 할 수 있는 '조선민주주의인민공화국 군사위원회'(이하 '공화국 군사위원회')를 6월 26일에 창설한다.[103] 이 기관은 국가의 모든 권력을 통일적으로 장악하여 인적, 물적 자원을 조직, 동원하기 위한 것으로 '당중앙위원회 정치위원회'가 조직하였다.[104] 그리고 김일성은 최고인민회의 상임위원회의 추대로 위원장이 된다.[105] 이 기관이 창설되기 전

102) 강효백(2018), 「중국 2018년 개정 헌법의 특징」, 『한국동북아논총』 23(3), 한국동북아학회, 61쪽.

103) 정성장(2015), 9쪽.

104) 김일성(1995), 「모든 력량을 전쟁승리에로 총동원 할데 대하여」, 『김일성 전집 12』, 평양: 조선로동당출판사, 18~19쪽.

105) 조선로동당출판사(1999), 『위대한 수령 김일성동지의 불멸의 혁명업적 11: 사회주의정

까지 북한의 군사기관들은 전투 중심으로 이루어져 있었고 군의 전쟁 수행을 지원할 수 있는 기관은 없었다.[106] 그러나 전쟁은 국가의 모든 역량을 집중해야 하는 것이므로 조선로동당은 국가의 역량을 효율적으로 동원·관리할 수 있는 기관을 만든 것이다.

하지만 공화국 군사위원회는 군 지휘권을 가지지 못했다. 한국전쟁 시기 군 지휘권은 최고사령부에 있었다.[107] 그래서 북한은 공화국 군사위원회 창설보다 늦게 1950년 7월 4일 최고인민회의 상임위원회를 통해 최고사령부를 창설하고 김일성을 최고사령관에 임명한다.[108] 이미 김일성은 당중앙위원회 위원장, 내각 수상으로서 사실상의 군 통수권자로서 역할을 수행하고 있었고[109] 거기에 전쟁을 이용해 군 지휘권도 확보한 것이다.

이렇게 전시 군 지휘체계를 김일성 중심으로 정비한 북한은 예하부대들에 대한 지휘체계 정비에도 들어간다. 공화국 군사위원회는 전선사령부를 창설하고 예하에 군집단지휘부도 창설하여 최고사령

치방식의 확립』, 평양: 조선로동당출판사, 185~186쪽; 조선로동당출판사(1972), 『김일성동지략전』, 평양: 조선로동당출판사, 439쪽.

106) 인민군의 창군과 한국전쟁전의 군 지휘체계에 관해서는 서동만(2005), 『북조선 사회주의체제 성립사 1945~1961』, 선인, 250~259쪽; 김광운(2003), 『북한 정치사 연구 1』, 선인, 574~585쪽; 김광수(2006), 「조선인민군의 창설과 발전, 1945~1990」, 경남대학교 북한대학원 편, 『북한 군사문제의 재조명』, 한울, 79쪽; 김동엽(2013), 72~77쪽 등 참조.

107) 북한은 최고사령부에 대해 "전쟁의 전기간 공화국의 일체 무장력을 통일적으로 장악하고 지휘하는 최고군사지휘기관이였다."고 설명하였다. 조선로동당출판사(1999), 188쪽.

108) 최고사령부 창설도 공화국 군사위원회 창설을 결정했던 당중앙위원회 정치위원회의 결정에 따른 것으로 최고인민회의 상임위원회는 이를 자신의 이름을 통해 발표한 것뿐이다. 정성장(2015), 11~12쪽.

109) 한국전쟁 발발 당시 남강원도당 부위원장이었던 강상호는 1950년 6월 25일 새벽에 있었던 내각회의에서 김일성이 남조선군의 공세에 대해 "최고사령관으로서 반격을 명령하였다."고 증언하였는데 이는 최고사령관이라는 직책이 7월 4일 이전에 이미 존재하였다는 이야기가 될 수 있으며 최고사령관직은 존재하지 않았으나 김일성이 전쟁 전부터 실질적으로 군의 최고지휘관이었다는 의미도 될 수 있다. 서동만(2005), 383쪽; 고재홍(2006), 16쪽.

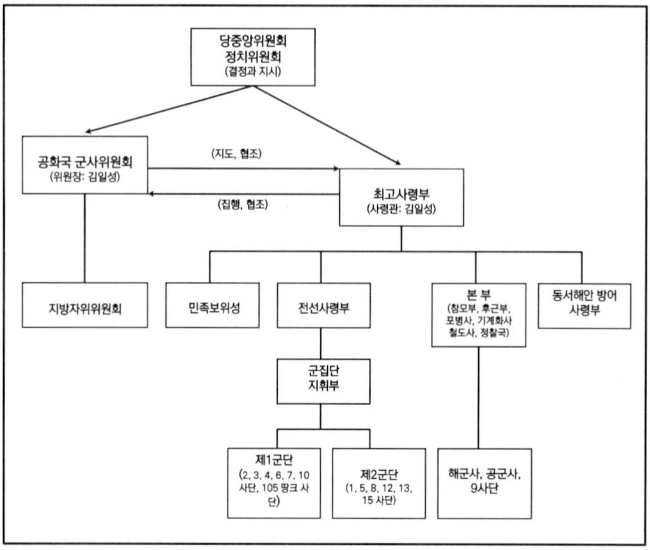

〈그림 5〉 한국전쟁 당시 북한군 지휘체계

*출처: 김동엽(2013), 83쪽; 고재홍(2006), 37쪽; 정성장(2015), 13쪽; 조선로동당출판사(1999), 188쪽; 조선로동당출판사, 『조선로동당력사』(평양: 조선로동당출판사, 1991), 271쪽; 조선로동당출판사(1972), 447쪽; 김일성(1980), 「전시인민생활안정을 위한 몇가지 과업」, 『김일성 저작집 6』, 평양: 조선로동당출판사, 275쪽의 내용을 반영하여 작성.

부 예하에서 전선의 군단과 사단들을 지휘하게 하였다. 전선사령부와 군집단지휘부의 창설은 김일성의 지도를 전선에서 효율적으로 보장하기 위한 것이었으며[110] 최고사령부→전선사령부→군집단지휘부→군단→사단으로 이어지는 군 지휘체계를 완성한 것이다.[111] 그리고 공화국 군사위원회는 미군의 상륙과 후방공격에 대비해 해안방어부대들과 예비부대들을 새로 편성하였으며 각도에 방어지역군사위원회를 거쳐 지방자위위원회를 설립하여 전국적인 방위체계를 수립하였다.[112]

110) 조선로동당출판사(1999), 188쪽.

111) 김동엽(2013), 84쪽.

여기서 주목할 것은 전선사령부와 군집단지휘부 설립을 공화국 군사위원회가 결정한 것이며[113] 후방지역을 방위하기 위한 조직인 지방자위위원회의 조직도 공화국 군사위원회가 결정했다는 것이다.[114] 또한 공화국 군사위원회는 후방지역 노동자들의 군사훈련을 명령하고 이를 최고사령부가 실천하는 모습도 주목해야 한다.[115] 이는 두 기관이 서로 협조하였으나 군 지휘체계의 구성과 후방지역의 보위와 관련된 상황에 대해 공화국 군사위원회가 지도했고 최고사령부는 이를 집행한 것을 보여주는 것이다.[116] 이랬던 북한군의 한국전쟁 당시 지휘체계를 정리하면 앞쪽의 〈그림 5〉가 된다.

한국전쟁이 종료된 후 북한은 1954년 12월 11일 최고인민회의 상임위원회 정령 "군사위원회조직에 관하여의 효력 상실에 관하여"를 발표하고 공화국 군사위원회를 해체한다.[117] 이는 당연한 조치였다. 공화국 군사위원회가 전후 복구문제에 대해 관여하기도 하였지만[118] 전쟁이 끝난 상황에서 전쟁을 위해 만들어진 기관은 그 가치를 상실하게 마련이다.

이후 공화국 군사위원회와 같이 비상시기에 국정 전반에 관여하

112) 조선로동당출판사(1991), 『조선로동당력사』, 평양: 조선로동당출판사, 271쪽; 조선로동당출판사(1972), 447쪽; 김일성(1980), 275쪽.

113) 조선로동당출판사(1999), 188쪽.

114) 김일성(1980), 275쪽.

115) 김일성(1980), 「공장, 기업소, 제조소 로동자들에 대한 군사훈련을 조직실시할데 대하여」, 『김일성 저작집 6』, 평양: 조선로동당출판사, 512~513쪽.

116) 그러나 군작전의 지휘에 대해서는 최고사령부가 독자적으로 진행하였다. 이외에도 두 기관이 개별적인 기관이라는 점 등을 이유로 고재홍은 두 기관이 수평적 상호협조관계였다고 주장하였다. 고재홍(2006), 28~31쪽.

117) 세종연구소 편(1994), 『북한법 체계와 특색』, 세종연구소, 812쪽; 고재홍(2006), 30쪽.

118) 김일성(1996), 「평양시를 복구건설하는데서 나서는 몇가지 문제에 대하여」, 『김일성전집 15』, 평양: 조선로동당출판사, 388~396쪽.

였던 국방위원회는 1972년 12월 27일에 최고인민회의 제5기 제1차 회의에서 헌법을 개정하면서 신설된 국가주권의 최고 지도기관인 중앙인민위원회의 예하기관으로 처음 언급된다.[119]

위대한 수령 김일성동지의 주체사상에 기초한 전당과 전체 인민의 통일단결 만세!

로동신문

영광스러운 우리 조국— 조선민주주의인민공화국 만세!

조선로동당 중앙위원회 기관지

제364호 [루계 제9264호] 1972년 12월 28일 (목요일)

조선민주주의인민공화국 최고인민회의결정

조선민주주의인민공화국 사회주의헌법에 대하여

회의에서는 위대한 수령 김일성동지께서 조선민주주의인민공화국 사회주의헌법을 토의하는것과 관련하여 《우리 나라 사회주의제도를 더욱 강화하자》는 력사적인 연설을 하시였다.

조선민주주의인민공화국 최고인민회의 제5기 제1차회의는 위대한 수령 김일성동지의 직접적인 지도밑에 사회주의헌법기초위원회가 작성하여 제기한 조선민주주의인민공화국 사회주의헌법 (초안)을 원안그대로 채택하고 오늘부터 실시하기로 결정한다.

1972년 12월 27일

〈1972년 사회주의헌법 개정에 대한 최고인민회의 결정〉

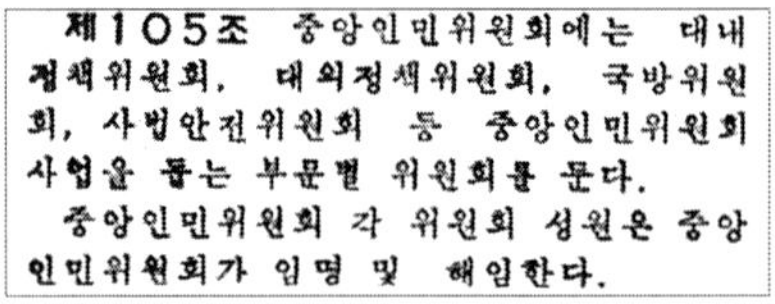

제105조 중앙인민위원회에는 대내정책위원회, 대외정책위원회, 국방위원회, 사법안전위원회 등 중앙인민위원회 사업을 돕는 부문별 위원회를 둔다.

중앙인민위원회 각 위원회 성원은 중앙인민위원회가 임명 및 해임한다.

〈1972년 개정 헌법의 국방위원회 관련 조항〉

『로동신문』, 1972년 12월 28일

조선민주주의인민공화국 중앙인민위원회 국방위원회 부위원장들을 선거

조선민주주의인민공화국 최고인민회의 제5기 제1차회의에서는 조선민주주의인민공화국 중앙인민위원회 국방위원회 부위원장들을 다음과 같이 선거하였다.

조선민주주의인민공화국 중앙인민위원회 국방위원회

부위원장 최 현동지 부위원장 오백룡동지

부위원장 오진우동지

〈초대 국방위원회 구성원들〉

『로동신문』, 1972년 12월 29일

1972년 헌법개정으로 중앙인민위원회는 군사 분야에서 국방사업

119) 조선로동당은 이 회의가 열리기 전 당중앙위원회 제5기 제6차 전원회의를 열고 당의 영도 밑에 사회주의혁명과 건설에서 이룩한 성과를 법적으로 고착시키고 사회주의 제도 하에서 군사를 포함한 모든 분야의 원칙들을 법적으로 규제하는 것이 중요한 문제라고 하면서 헌법 개정에 대해서 논의하였다. 결국 국방위원회 창설의 근원은 당인 것이다. 『로동신문』, 1972월 12월 23일; 1972년 12월 27일 채택된 북한의 헌법 전문은 『로동신문』, 1972월 12월 28일; 법원행정처(2010), 『북한의 헌법』, 법원행정처, 468~486쪽 참조.

을 지도하고 중요 군사간부에 대한 인사 문제와 장령의 군사칭호 수여 및 제정, 유사시 전쟁상태와 동원령 선포, 국방위원회 성원을 구성할 수 있는 권한을 가지게 되었다.[120] 중앙인민위원회는 평시의 군사 문제 및 전시를 대비하는 임무를 수행한 것이며 국방위원회는 이를 보좌한 것이다.[121]

위의 중앙인민위원회의 군사 분야 임무를 바탕으로 국방위원회의 당시 임무를 추정하면 다음과 같다. 당이 결정한 군사정책의 실행지도, 전시 대비 국가동원 체계 점검 및 강화, 유사시 전시상태와 동원령 선포 문제에 대한 심사 및 건의, 당과 인사 문제 및 군사칭호 수여 등의 문제 협의 후 건의, 전시 최고사령관을 보좌하는 기관으로의 전환 등이다.[122] 그리고 당시 국방위원회의 구성원은 주석이었던 김일성이 위원장이었고 부위원장들로는 김일성과 항일 무장투쟁을 같이 했었던 당시 민족보위상 최현, 민족보위성 부상 겸 군단장 오백룡, 총정치국장 오진우가 선발되었다.[123]

그런데 1992년에 헌법이 다시 수정되어 국방위원회가 독립된 기관이 되기까지의 정확한 역할을 확인하기 어렵다. 중앙인민위원회에 소속된 기관이었기에 국방위원회나 위원장 명의로 된 명령이나 정령들을 확인할 수가 없기 때문이다. 그리고 중앙인민위원회 명의의 군사 관련 정령 등도 훈장 등을 수여한다거나 주요 군 인사의 군사칭호를 수여하는 것 외에는 확인할 수가 없다.[124]

---

120) 법원행정처(2010), 480~481쪽.

121) 고재홍(2008), 「북한 국방위원회의 위상과 향후 북한의 권력구도 전망」, 『한반도, 전환기의 사색』, 2008년 북한연구학회 학술회의 발표문, 2008.12.04, 215쪽.

122) 고재홍(2008), 215쪽.

123) 『로동신문』, 1972년 12월 29일; 1982년 4월 10일; 1984년 4월 7일; 1995년 2월 26일.

124) 『로동신문』, 1973년 2월 6일; 1973년 4월 14일; 1985년 4월 14일.

그렇지만 1992년 이후는 다르다. 북한은 1992년 4월 9일 최고인민회의 제9기 제3차 회의에서 헌법을 수정보충하게 되는데 여기서 국방위원회는 독립되어 국가 주권의 최고 군사 지도기관으로 법적인 지위를 명확히 하게 된다. 그리고 1972년 헌법에서 보장된 중앙인민위원회의 군사 분야 임무와 권한 또한 그대로 가져오게 된다.

2) 당중앙군사위원회의 창설과 발전

북한은 당의 군사 전문기관인 당중앙위원회 군사위원회(당중앙군사위원회의 전신)를 설치하기 전까지는 당중앙위원회에서 군사 문제를 처리하였다. 앞서 확인하였듯 한국전쟁 당시에도 공화국 군사위원회와 최고사령부 창설 등 중요한 군사 문제에 개입한 당중앙위원회의 역할은 전후에도 계속 이어졌다.

우선, 전후 복구 대책 마련을 위해 당중앙위원회는 1953년 8월에 열린 제6차 전원회의에서 군수공업발전을 위한 과업을 내세우고 이의 달성을 위한 무기와 군수물자 증산을 독려한다.[125] 그리고 1958년 3월에도 전원회의를 열어 군대 내 당정치사업을 개선하고 군대를 강화하기 위한 방안을 논의하였다. 이 회의에서는 군내 당정치사업, 군사교육과 훈련, 군사과학기술도입 등에 대한 원칙이 토의되었다.[126] 이후 이 회의에서 토의 된 내용이 상당 기간 김일성이 군을 지도할 때 자주 언급된 것으로 보아 이 회의의 내용은 북한군을 지도

125) 김일성(1980), 「모든 것을 전후 인민경제 복구발전을 위하여」, 『김일성 저작집 8』, 평양: 조선로동당출판사, 17~59쪽; 김일성(1981), 「병기공업을 더욱 발전시키기 위하여」, 『김일성 저작집 15』, 평양: 조선로동당출판사, 132쪽.

126) 김일성(1981), 「인민군대내 당정치사업을 개선강화하기 위한 과업」, 『김일성 저작집 12』, 평양: 조선로동당출판사, 159~179쪽.

하는 기준점이 되었던 것으로 보인다.[127] 또한 김일성은 당중앙위원회, 당대회가 내놓은 노선과 정책을 실현하기 위하여 전투준비태세 완비, 국방공업과 군 장비 강화, 전투기술 배양에 모든 힘을 다해야 한다며 당중앙위원회가 군의 노선을 이끌고 있음을 시사하였다.[128]

이렇게 중앙위원회에서 군사 문제를 취급하던 조선로동당은 1962년 12월 당중앙위원회 제4기 5차 전원회의에서 경제·국방 병진에 대한 방침을 내놓고 이의 관철을 위한 방도로 4대 군사노선을 제시한다.[129] 경제발전과 국방력 강화의 동시 추진을 표방한 경제·국방 병진에 대한 방침은 사실상 국방력 강화에 치중한 정책이었던 것이다.[130]

이러한 국방에 중심을 둔 정책들의 추진은 군사비의 증대로 이어진다. 실제로 은폐가 심한 것으로 여겨지는 북한의 공표 군사비를 분석해도 재정부담률이 1964년부터 급격히 증가했음을 볼 수 있다. 한국전쟁 종료 후 점점 줄어들던 군사비의 재정부담률은 1962년과 1963년에는 3% 이하였었는데 1964년부터 1966년에는 12%까지 증가하였고 1967년~1971년간에는 30~32%까지 급등하였다.[131] 경제·국방 병진 정책의 실현을 위해 본격적으로 군사 분야에 예산을 투입

127) 『김일성 저작집 12~15』의 군 정치사업 관련 내용들을 참조.

128) 김일성(1981), 「우리나라의 정세와 몇가지 군사과업에 대하여」, 『김일성 저작집 15』, 평양: 조선로동당출판사, 625~629쪽.

129) 조선로동당출판사(1998), 『위대한 수령 김일성동지의 불멸의 혁명업적 9: 주체형의 혁명무력건설』, 평양: 조선로동당출판사, 341쪽; 조선로동당출판사(1991), 405쪽; 『로동신문』, 1962년 12월 16일; 서동만(2005), 810쪽.

130) 김연철(2001), 『북한의 산업화와 경제정책』, 역사비평사, 259쪽.

131) 성채기(2009), 「북한의 군수경제와 인민경제 실태: 북한 '군사경제'의 현황과 실체」, 『김정일의 선군정치와 북한경제의 전망』, 2009년 국가안보전략연구소 학술회의 발표문(2009.10.26), 11~12쪽.

하기 시작한 것이다. 이렇게 군사 분야에 대한 투자를 본격화하면서 이를 효과적으로 관리할 수 있는 당 기관의 필요성을 느꼈을 것이고 '당중앙위원회 군사위원회'를 창설한 것이다.132) 하지만 당중앙위원회 군사위원회에 대해 바로 당 규약에 규정하지 않아 당시의 위상이나 역할을 명확히 확인하는 것은 어렵다.

그러나 '당중앙위원회 군사위원회'는 1970년 11월 제5차 당 대회에서 개정 된 당 규약에서 처음 명시된다. 이때 북한은 당중앙위원회 군사위원회에 지휘권은 부여하지 않았지만 군사정책 결정과 군에 대한 지도까지 군사 분야 전반에 관여할 수 있는 권한을 부여한다.

당중앙위원회 군사위원회의 군 지휘권이 명문화된 것은 1980년 11월 제6차 당대회 때부터이다. 이때 북한은 당 규약 27조에 "우리나라 무력을 통솔한다."133)는 문구를 신설하여 당중앙위원회 군사위원회가 군을 지휘할 수 있게 하였다. 이렇게 권한이 강화되면서 당중앙위원회 군사위원회는 북한에 존재하는 비상설 집체적 지도기관 가운데 유일하게 군 지휘권을 갖는 기관으로 위상이 높아진다.134)

이렇게 군 지휘권을 확보한 '당중앙위원회 군사위원회'는 1982년 8월에 열린 당중앙위원회 제6기 6차 전원회의에서 당중앙위원회에서 분리되어 '당중앙군사위원회'로 독립되며 위상이 1980년에 이어 다시 한번 격상되고 군사지도에 대한 독립성을 갖게 된다.135) 이는

---

132) 북한연감발행위원회(1968), 『북한총람: 1945~1968』, 공산권문제연구소, 234쪽; 이대근(2003), 62쪽, 187쪽.

133) 북한은 '통솔'을 "여러 조직과 집단 또는 사람들을 통일적으로 거느리는 것"이라고 정의하였고 '거느리다'에 대해서는 "지휘나 지도 밑에 두고 이끌다"라고 정의하였다. 즉, 당중앙위원회 군사위원회는 군을 밑에 두고 이끌 수 있는 지도·지휘권을 가지게 된 것이다. 사회과학원 언어학연구소(1992ㄱ), 115쪽; 사회과학원 언어학연구소(1992ㄴ), 732쪽; 정성장(2011b), 47쪽 참조.

134) 이대근(2003), 187쪽.

1982년 11월 13~14일에 열렸던 ‘인민군 포병대회’를 다룬 로동신문 기사에서 김정일과 오진우의 직책을 ‘당중앙군사위원회 위원’으로 호칭한 것과 김일성이 ‘대회 참가자들을 당중앙위원회와 당중앙군사위원회, 자신의 이름으로 축하했다’는 기사에서 확인할 수 있다.136)

이후 김일성 시대의 당중앙군사위원회는 당 규약상으로는 변화가 없다. 그리고 실제 역할도 당 규약에 규정된 역할에 충실했던 것으로 보인다. 이에 대한 내용은 3장에서 구체적으로 살펴보도록 하겠다. 〈그림 6〉은 2절의 내용들을 반영한 김일성 시대의 군사 지도체계를 그린 것이다.

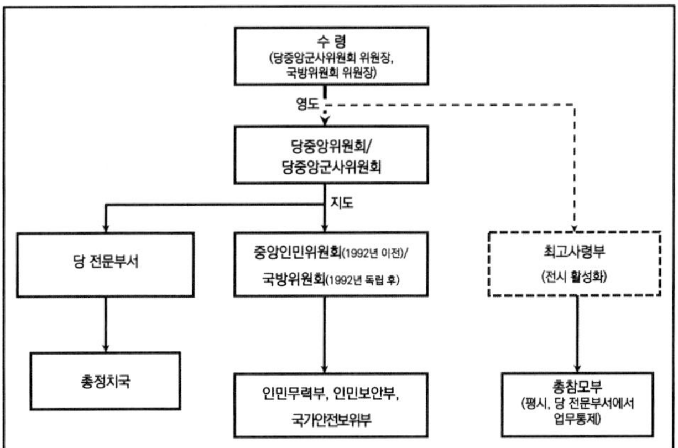

〈그림 6〉 김일성 시대 북한 군사 지도체계

*출처: 김동엽(2013), 109쪽; 정성임(2007), 497쪽; 정성장(2013), 28쪽을 참고하여 작성.

---

135) 이대근(2003), 188쪽; 육군사관학교(2008), 『2차 개정판 북한학』, 황금알, 93쪽.

136) ‘당중앙위원회 군사위원회’로 불리던 기관이 ‘당중앙군사위원회’로 처음으로 언급된 것이 바로 이때이다. 그래서 인민군 포병대회 직전에 개최되어 당의 조직문제를 다루었던 당중앙위원회 제6기 6차 전원회의에서 명칭을 바꾼 것으로 추정된다. 그런데 당중앙위원회와 당중앙군사위원회가 공식적으로 동등하게 표기된 것은 1997년부터 라는 연구도 있다. 『로동신문』, 1982년 9월 1일; 1982년 11월 14일; 정성임(2007), 「조선인민군: 위상·편제·역할」, 세종연구소 북한연구센터 역음, 『북한의 당·국가기구·군대』, 한울아카데미, 499쪽.

3) 중앙인민위원회의 신설과 운영

앞서 이야기했듯 1972년 12월, 북한은 헌법을 개정하며 중앙인민위원회를 신설했다. 이 시기는 김일성이 자신과 맞서던 정치 세력들을 당과 군내에서 일소한 후 유일 지배체제 기반을 공고히 하던 때로 당시 헌법 개정은 김일성 유일 지배체제 구축을 법적으로 뒷받침한 것이다.[137] 즉 중앙인민위원회 신설은 김일성 주석을 보좌하기 위한 것이었다. 헌법 개정 직후 북한이 중앙인민위원회에 대해 "공화국주석의 직접적인 지도밑에 모든 국가기관들과 국가사업에 대한 주권적지도와 감독을 실시한다. … 국가사업에 대한 수령님의 유일적령도를 더욱 강화할 수 있게 하며 혁명발전의 현실에 맞게 국가기관들에 대한 지도를 더욱 심화할 수 있게 한다."[138]고 설명한 것이 이를 증명한다.

당시 중앙인민위원회는 수위가 주석이었고 부주석, 서기장, 위원들로 구성되었다. 그리고 〈표 1〉에서 확인할 수 있듯 중앙인민위원회는 국가수반인 주석이 직접 통제하는 기관으로 국가의 정책을 수립하고 행정적 집행기관인 정무원과 지방주권 기관들의 사업을 지도할 수 있었다.[139]

137) 이종석(1995), 『조선로동당연구』, 역사비평사, 303~326쪽; 양현모(2008), 115~116쪽.

138) 사회과학출판사(1973), 『정치사전』, 평양: 사회과학출판사, 1071쪽.

139) 정무원은 경제계획 수립, 국가 예산, 각종 산업 및 교육, 문화, 보건, 사회질서 유지, 인민무력건설, 외교 분야사업 등에 관여할 수 있었고 지방주권기관들은 지방의 해당 임무에 관여할 수 있었으므로 중앙인민위원회는 정무원과 지방주권기관들을 통해 수립한 정책을 집행한 것이다. 1972년 12월 27일 개정 『조선민주주의인민공화국 사회주의헌법』 107조~132조.

〈표 1〉 중앙인민위원회 관련 헌법 조문

주석	중앙인민위원회
• 국가의 수반, 국가주권 대표 • 중앙인민위원회 직접 지도 • 정무원회의 소집 및 지도 • 국가의 전반적 무력 최고사령관, 국방위원회 위원장, 국가의 일체 무력 지휘통솔 • 최고인민회의 법령, 중앙인민위원회 정령, 최고인민회의 상설회의 결정 공포 • 명령 제정 • 특사권 행사 • 타국과의 조약 비준 및 폐기 • 타국 사신의 신임장, 소환장 접수 • 자기 사업에 대해 최고인민회의 앞에 책임	• 국가주권의 최고 지도기관 • 국가의 대내외 정책수립 • 정무원, 지방 인민회의와 인민위원회 사업 지도 • 국방 및 국가정치보위 사업지도 • 헌법, 최고인민회의 법령, 주석의 명령, 중앙인민위원회 정령·결정·지시의 집행 정형 감독 및 이와 맞지 않는 국가기관의 결정·지시 폐지 • 정무원의 집행기관 설치나 폐지 • 정무원의 부총리, 각 부장, 성원들의 임명 및 해임 • 대사와 공사를 임명 및 소환 • 중요 군사간부 임명 및 해임, 장령 군사칭호 수여 • 훈장, 명예 칭호 제정 및 수여, 군사칭호 및 외교 직급 제정 • 대사(大赦) 실시 • 행정구역 신설 및 변경 • 전시상태와 동원령 선포 • 정령과 결정 채택과 지시 • 부분별 위원회로 '대내정책위원회', '대외정책위원회', '국방위원회', '사법안전위원회' 운용 → '법제위원회', '경제정책위원회', '법무생활지도위원회' 추후 설치

*출처: 1972년 12월 27일 개정『조선민주주의인민공화국 사회주의헌법』 103~105조; 세종연구소 편(1994), 56, 852쪽;『로동신문』, 1977년 12월 16일; 1984년 1월 28일: 이계만(1992), 203쪽.

거기에 중앙인민위원회에는 국정 운영에 필요한 국가기관과 각종 법령 지시 등을 만들거나 폐지할 수 있었고 훈포장 수여 권한, 행정구역 조정할 권한도 부여되었으며 이의 실행 여부를 감독할 수 있었다. 또한 국방과 체제보장을 위한 사업지도, 군과 각 기관의 인사권은 물론 전쟁의 수행 여부와 준비, 외교관 인사도 지도할 수 있었다. 그리고 이는 예하의 부분별 위원회의 보좌를 받아 수행했다. 즉, 중앙인민위원회는 '국가 주권의 최고 지도기관'이라는 정의에 맞게 주석의 군과 국정 운영 보좌를 위해 필요한 권한과 임무가 헌법을 통해 보장되었던 기관이었다.

중앙인민위원회가 수행한 역할은 중앙인민위원회 명의의 명령, 결정, 지시나 활동 등을 확인하면 알 수 있다. 우선 중앙인민위원회는 정무원 부총리들의 임명과 해임, 국가계획위원회 위원장 임명 등의 예하 기관들의 인사이동 및 사법기관인 중앙검찰소 소장과 사회안전부장에 대한 인사를 실행하였다.[140] 그리고 오진우와 오극렬, 리을설 등의 북한군 주요 지휘관들의 진급에도 관여하였다.[141] 또한 황해북도와 함경남·북도, 량강도 및 평안남도 강서군, 룡강군 등 여러 지역의 행정구역을 변경하였다.[142] 거기에 자재공급위원회와 합영공업부 등의 새로운 기관을 설치하기도 하였다.[143] 국정 운영에 필요한 기관들의 설치와 행정구역조정, 군과 여러 기관들에 대한 인사권을 행사한 것이다.

또한 공적이 있는 군부대, 기관, 단체, 개인에게 김일성 훈장 등의 각종 훈장과 칭호, 김일성상 등을 수여하여 군과 국민들의 성과를 치하하고 사기를 높이는 일도 시행했다.[144] 거기에 새로운 화폐를 발행하고 화학공업, 조선업, 광업 등과 관련된 기념일을 제정하여 각종 산업에 대한 관심을 제고하는 등 경제 활성화에 관여했으며 보건절과 청년절을 제정하고 대학들의 이름 변경에 관여하여 주민 건강과 청년 육성에 관심을 보였고 주민들의 생활비를 높여주어 주민 생활 향상에도 관여하였다.[145]

---

140) 『로동신문』, 1973년 9월 21일; 1976년 12월 26일; 1989년 7월 11일; 1989년 11월 11일.

141) 『로동신문』, 1985년 4월 14일; 1992년 4월 21일.

142) 『로동신문』, 1973년 9월 5일; 1974년 1월 22일; 1978년 3월 30일.

143) 『로동신문』, 1975년 1월 5일; 1988년 11월 27일.

144) 『로동신문』, 1978년 5월 1일; 1978년 9월 9일; 1978년 10월 4일; 1980년 4월 13일; 1982년 2월 15일; 1992년 4월 14일; 1992년 4월 21일.

한편 중앙인민위원회는 외교 활동, 그리고 헌법에는 명시되지 않았으나 남북 접촉에도 관여했다. 외국 대표단이 방북하면 이들을 위한 연회를 열고 외국 원수 사망 시에는 애도를 표하는 결정을 발표했으며 불록불가담 운동 참여에 대한 정부의 방침과 활동 방향을 논의하고 경제수역을 설정하는 등의 활동도 했다.146) 그리고 남북미 3자회담을 제의하며 북미평화협정과 남북불가침 선언을 제의했고 김일성이 제의했던 남북연석회의 준비위원회 구성을 담당했으며 남북군축과 주한미군 철수도 제안했었고 한반도 비핵화 공동선언을 승인하기도 했다.147) 이러한 활동들은 중앙인민위원회가 경제, 군사, 외교, 행정, 새 기

조선민주주의인민공화국 중앙인민위원회

정 령

《교원신문》에 국기훈장 제1급을 수여함에 대하여

조선민주주의인민공화국 주석

김 일 성

조선민주주의인민공화국 중앙인민위원회

정 령

조선민주주의인민공화국 주석

김 일 성

조선민주주의인민공화국 중앙인민위원회

정 령

조선민주주의인민공화국 주석

김 일 성

〈중앙인민위원회의 각종 칭호·훈창 수여〉

『로동신문』, 1978년 5월 1일

서울당국에 보내는 편지

조선민주주의인민공화국 중앙인민위원회,
최고인민회의 상설회의 련합회의

〈남북미 3자회담을 제의하는 중앙인민위원회〉

『로동신문』, 1988년 1월 11일

145) 『로동신문』, 1979년 4월 7일; 1987년 10월 7일; 1979년 10월 18일; 1980년 5월 7일: 1988년 4월 23일; 1990년 11월 3일; 1991년 2월 1일; 1992년 2월 15일.

146) 『로동신문』, 1975년 7월 8일; 1987년 5월 12일; 1976년 9월 11일; 1986년 10월 22일; 1978년 7월 15일; 1978년 8월 4일; 1977년 7월 1일.

147) 『로동신문』, 1984년 1월 11일; 1988년 1월 14일; 1988년 11월 8일; 『연합뉴스』, 1990년 6월 1일; 1992년 2월 5일.

관 설치, 민생, 남북관계 등 국정 전반에 폭넓게 관여했음을 보여주는 것이다.

그런데 헌법에서 보장된 역할의 실제 수행은 그것을 할 수 있는 권한과 능력을 가진 간부가 있어야 가능하다. 〈표 2〉는 중앙인민위원회 소속 간부들의 변화를 정리한 것이다.

〈표 2〉 중앙인민위원회 간부 변화

구분	부주석	서기장	위원
1972. 12	**최용건**(당정치위 위원, 당비서), **강량욱**(전 최고인민회의 상임위 부위원장)	**림춘추**(당중앙위 위원)	**김일**(당정치위 위원, 비서), **박성철**(당국제부장, 정무원 부총리), **최현**(인민무력부장), **오진우**(당정치위 위원, 국방위 부위원장), **김동규**(당정치위 위원, 비서), **김영주**(조직지도부장), **김중린**(대남담당 비서), **현무광**(함경남도 당책임비서), **양형섭**(당정치위 후보위원, 비서), **정준택**(정무원 부총리), **김만금**(정무원 부총리), **리근모**(당중앙위 위원), **최재우**(정무원 부총리, 국가계획위원회 위원장), **리종옥**(정무원 중공업위원회 위원장), **연형묵**(당중앙위 위원, 비서), **오태봉**(당중앙위 위원), **남일**(당중앙위 위원, 정무원 부총리), **홍원길**(당중앙위 위원, 정무원 부총리), **류장식**(당중앙위 위원), **허담**(정무원 외교부장), **김병하**(사회안전부장)
1977. 12	**김일**(당정치위 위원, 당비서), **강량욱**(부주석), **박성철**(당정치위 위원)	**림춘추**(당중앙위 위원)	**최현**(당정치위 위원, 국방위 부위원장), **오진우**(당정치위 위원, 인민무력부장), **서철**(당정치위 위원, 군대장), **리종옥**(정무원 총리), **오백룡**(당중앙위 위원, 국방위 부위원장), **계응태**(당중앙위 위원, 정무원 부총리), **김환**(당중앙위 위원), **홍시학**(당중앙위 위원), **김만금**(당정치위 후보위원,), **로태석**(당중앙위 위원)
1982. 04	**김일**(당정치국 상무위원), **강량욱**(조선사회민주당 중앙위 위원장), **박성철**(당정치국 위원)	**림춘추**(당중앙위 위원)	**최현**(당정치국 위원), **리종옥**(당정치국 상무위원, 정무원 총리), **오진우**(당정치국 상무위원, 당중앙군사위 위원), **서철**(당정치국 위원), **오백룡**(당정치국 위원, 당중앙군사위 위원), **김환**(당정치국 위원, 당비서), **현무광**(당정치국 후보위원), **윤기복**(당정치국 후보위원, 당비서), **리근모**(당정치국 후보위원), **강희원**(당정치국 후보위원)
1986. 12	**김일**(당정치국 상무위원), **강량욱**(조선사회민주당 중앙위 위원장), **박성철**(당정치국 위원)	**지창익**(김일성종합대학 총장)	**오진우**(당정치국 상무위원, 인민무력부장), **리근모**(당정치국 위원, 정무원 총리), **홍성남**(당정치국 위원, 정무원 제1부총리), **서윤석**(당정치국 위원, 평양시당 책임비서), **현무광**(국가검열위원장), **강희원**(당정치국 후보위원), **조세웅**(함경북도당 책임비서), **윤기복**(최고인민회의 예산심의위원장), **김병률**(평안북도당 책임비서), **백범수**(황해남도당 책임비서)

구분	부주석	서기장	위원
1990. 05	박성철(당정치국 위원), 리종옥(당정치국 위원)	지창익 (김일성 종합대학 총장)	한성룡(당정치국 위원, 당비서), 강성산(함경북도당 책임비서), 서윤석(당정치국 위원, 평안남도당 책임비서), 조세웅(평안북도당 책임비서), 홍시학(함경남도당 책임비서), 최문선(평양시당 책임비서), 김학봉(황해남도당 책임비서), 강현주(황해북도당 책임비서), 박승일(남포시당 책임비서), 림형구(강원도당 책임비서), 렴기순(량강도당 책임비서), 김기선(개성시당 책임비서), 리봉길(자강도당 책임비서)

*출처: 『로동신문』, 1972년 12월 29일; 1977년 12월 16일; 1982년 4월 6일; 1986년 12월 30일; 1990년 5월 25일; 통일부 정세분석국 정치군사분석과 『북한 주요 인물정보(2020)』(통일부, 2020); http://www.cybernk.net/(북한지역정보넷, 검색일: 2021년 8월 19일).

〈표 2〉에서 볼 수 있듯이 중앙인민위원회에는 행정적 집행기관으로 국가 정책집행의 전반에 관여할 수 있었던 정무원, 국가행정 감사기관인 국가검열위원회, 국가의 예산과 경제를 관리하는 예산심의위원회와 국가계획위원회의 관료들이 소속되었었다. 그리고 외교를 담당하는 당 국제부장, 외교부장 출신의 외교 관료, 남북관계를 담당하는 대남담당 비서와 지방의 당 책임비서 등이 소속되어 있었다. 또한 군사 외교와 군정권을 행사하는 인민무력부, 당의 군사정책 대행 방법을 토의결정하는 당중앙군사위원회, 치안을 담당했던 사회안전성의 인사들도 소속되어 있었다. 실제 이 기관이 수행했던 역할들과 잘 어울리는 간부 구성이었다.

한편 중앙인민위원회 인사들 중 상당수가 당의 모든 사업을 조직지도하는 당중앙위원회와 당정치국, 당 사업 진행 간 발생하는 문제들을 토의·결정하고 집행을 조직·지도하는 비서국에 소속되어 있었다. 이는 국가기관들을 지도해야 하는 중앙인민위원회의 위상을 확고히 해주는 것으로 당 지도의 신속, 정확한 전달과 실행, 이에 대한 감독의 효율성을 높일 수 있었던 구성으로 판단된다.

이처럼 중앙인민위원회에는 모든 국가사업과 관계된 기관들을 지도·감독하여 국가에 대한 최고 지도자의 유일적 영도강화를 보좌하는 데 필요한 인물들이 대부분 포함되어 있었다.

3. 김정일 시대 선군정치와 군사 및 국정 운영기관들의 변화

1) 선군정치와 최고사령관 중심의 영도체계

김정일은 선군정치의 본질을 "군사선행의 원칙에서 혁명과 건설에 나서는 모든 문제를 풀어나가며 인민군대를 혁명의 기둥으로 내세우고 그에 의거하여 사회주의위업전반을 밀고 나가는 정치방식"이라고 설명했다.[148] 즉, 군사 문제를 다른 모든 문제보다 제일 중시하고 그에 기초하여 정치의 방향과 방도, 구체적 과업을 세우고 이를 군을 중심으로 실현해 나간다는 것이다. 이러한 북한 선군정치의 본격적인 시작은 1995년 1월 1일 김정일이 다박솔 초소를 현지 지도하면서부터이지만[149] 군사를 제일 국사로 하려는 움직임은 이전부터 있었다.[150]

김정일은 1991년 1월에 당중앙위원회, 정무원의 책임 일군들 앞에서 "국사 중에서 가장 큰 국사는 나라를 지키는 것이며 군사를 중시하지 않으면 나라가 망한다."고 이야기하면서 군사를 중시하는 사회

148) 군사는 '군대와 국방공업을 비롯한 나라의 국방과 관련된 모든 분야를 다 포괄하는 폭넓은 개념'이라고 북한은 정의한다. 조선로동당 중앙위원회 당력사연구소(2006), 95~97쪽, 112~113쪽.

149) 『로동신문』, 1995년 1월 2일; 2000년 10월 3일.

150) 정용섭(2005), 「북한 선군정치에 관한 연구」, 경남대학교 박사논문, 76~77쪽.

적 기풍을 세워야 한다고 강조하였다.[151] 그리고 1992년 2월에는 당중앙위원회 책임 일군들에게 한 담화에서도 정권은 무력에 의해서 보위되고 당도 군대에 의해 보위되고 강화발전 될 수 있다고 하면서 주체혁명위업을 완성하기 위해선 군대를 강화하는데 큰 힘을 넣어야 한다고 이야기하였다.[152]

이렇게 김정일은 자신이 국방위원회 제1부위원장, 최고사령관직에 임명되고 국방위원회가 독립된 기관으로 나올 즈음에 군사에 대한 중요성을 강조하기 시작한 것이다.

그런데 북한이 '선군정치'라는 용어를 국민들을 향해 공식적으로 처음 사용한 것은 1997년 12월 12일자 『로동신문』 정론 '우리는 백배로 강해졌다'의 본문을 통해서이다.[153] 그리고 대중을 대상으로 선군정치에 대해 명확히 설명하기 시작한 것은 1999년 6월이 넘어서인 것으로 보인다. 북한은 1999년 6월 16일에 『로동신문』, 『근로자』에 공동론설 '우리당의 선군정치는 필승불패이다'를 통해 선군정치를 김정일이 "혁명과 건설에서 구현해나가는 기본정치방식"이라고 소개하고 "우리 시대의 완성된 정치방식, 제국주의와의 대결에서 련전련승하는 불패의 정치, 강성부흥의 새 시대를 펼치는 현명한 정치, 우리 혁명은 선군정치로 영원히 승리할 것이다."라고 설명하였다.[154] 이 논설 이전에는 '선군정치'를 언급한 기사는 찾아보기가 어려웠으나 이후에는 '선군정치'를 다루는 기사들이 본격적으로 등장하기 시

151) 김정일(2012), 「당사업을 더욱 강화하며 사회주의건설을 힘있게 다치자」, 『김정일 선집 14』, 평양: 조선로동당출판사, 238쪽.

152) 김정일(1998), 「인민군대를 강화하며 군사를 중시하는 사회적기풍을 세울데 대하여」, 『김정일 저작집 13』, 평양: 조선로동당출판사, 4쪽.

153) 정성장(2011b), 126쪽; 『로동신문』, 1997년 12월 12일.

154) 『로동신문』, 1999년 6월 16일.

작하였다. 김정일이 군을 국정 운영의 중심으로 여기고 발언하기 시작한 시기를 보면 상당히 늦게 선군정치를 알리기 시작한 것인데 이는 북한 스스로도 그 정의를 당시까지 명확히 하지 못했기 때문일 것이다.

어쨌든 '선군정치'의 시작은 김정일의 다박솔 초소 현지 지도이다.[155] 그러나 북한은 선군사상, 선군정치의 출현 배경을 분리하며 1926년까지 선군정치의 근원을 끌어올린다.[156] 그리고 김일성이 이룩한 선군사상과 그것이 구현된 선군 업적이 선군정치의 역사적 근원이라고 말하고 있다.[157]

북한이 말하는 선군사상의 배경은 항일 무장투쟁 개시이다. 김일성의 항일투쟁 시작 지점인 김형직의 두 자루 권총을 물려받고 타도 제국주의 동맹을 창설한 후 무장투쟁 사상이 전제된 강령을 내세운 1926년까지 선군사상의 시작점을 끌어올린다.[158] 그리고 1930년 6월 말에서 7월 초간 열린 카륜회의에서 항일무장투쟁 노선을 투쟁노선의 첫 번째로 제시하는데 이는 선군사상의 창시를 선포한 것이라고 이야기한다.[159]

이후 김일성은 항일 무장투쟁을 실현하는 과정에서 총대중시, 군사중시사상을 창시하고 발전시켰으며 이를 바탕으로 건국, 한국전쟁, 전후 복구, 사회주의 건설을 이끌었다고 주장한다. 그리고 이렇게 김일성이 만들고 일관되게 추진한 총대중시, 군사중시사상을 김

---

155) 『로동신문』, 1998년 5월 26일.

156) 강희봉(2008), 『선군정치문답』, 평양: 평양출판사, 2쪽.

157) 조선로동당 중앙위원회 당력사연구소(2006), 37쪽.

158) 강희봉(2008), 3~5쪽; 김일성(1992), 『세기와 더불어 1』, 평양: 조선로동당출판사, 166쪽.

159) 강희봉(2008), 6~7쪽; 김일성(1992), 『세기와 더불어 2』, 평양: 조선로동당출판사, 41쪽.

정일이 선군사상으로 정립하고 체계화하였다는 것이 북한의 주장이다.[160]

또한 선군정치의 시작 배경은 1960년대 말~1970년대 초의 미국과의 대결이었고 이것이 정립되고 체계화된 1990년대 중반 이후, 보다 높은 단계에서 실현되었다고 주장한다.[161] 1960년대 말은 '푸에블로호' 사건과 'EC-121기 격추'사건이 발생하여 북미 간의 긴장이 최고조에 달하고 있던 시기로 당연히 군사에 대한 관심을 높일 수밖에 없었던 상황이었다.

1990년대 중반은 북한의 입장에서 김일성 사망, 사회주의권 붕괴와 최대의 적국 미국 중심의 세계질서 재편, 연이은 자연재해로 북한의 건국 이후 최대의 시련을 겪고 있던 시기였다. 김정일은 이 위기를 돌파하여 체제를 유지하기 위한 수단으로 군사를 선택한 것이다.[162] 북한은 선군정치의 길로 나아가서 자신들의 자주적 존엄을 지키고 '주체혁명위업'을 승리적으로 나아가게 할 수 있었다고 이야기하였다.[163] 한마디로 북한은 위기의 국가를 효율적으로 방어하고 운영하기 위해 군사를 우선으로 하는 선군정치를 선택한 것이다.

그럼 북한은 왜 1990년대부터 고려되기 시작한 군사 우선의 '선군정치'의 시작을 무리하면서 1926년까지 끌어올렸을까? 그 이유는 다음과 같이 생각해 볼 수 있을 것이다.

첫째, '선군정치'에 대한 정통성 부여이다. 북한의 모든 것은 김일

160) 강희봉(2008), 10~14쪽; 박혁철·리홍수·서성일(2010), 『우리 당의 선군사상』, 평양: 사회과학출판사, 40~46쪽; 조선로동당 중앙위원회 당력사연구소(2006), 36~58쪽.

161) 강희봉(2008), 2쪽.

162) 조선로동당 중앙위원회 당력사연구소(2006), 8~9쪽.

163) 조선로동당 중앙위원회 당력사연구소(2006), 9쪽.

성으로부터 시작된다. 그러므로 선군정치도 김일성에게 기원이 있다고 한 것은 북한으로서는 당연한 것이다. 그리고 이것이 단순히 닥친 위기 극복을 위해서 갑작스럽게 만들어진 것이 아니고 김일성이 항일 운동을 하면서부터 시작된 것임을 보여주는 것이다. 즉 선군정치가 북한의 역사와 같이한 전통적인 정치방식임을 보여주어 위기 극복을 위해 이 방식을 취하는 것이 정통한 것임을 주장하기 위한 것이다.

둘째, 김정일이 김일성의 통치 방식을 계승하고 있음을 보여주기 위한 것이다. 김정일은 분명 오랜 시간 후계수업을 받았고 후계자로서 각종 업무도 수행하였다. 그렇지만 김일성이 사망하자마자 김정일표 정치를 하기에는 부담이 있었을 것이다. 그러므로 김정일의 정치가 아무런 근거 없이 갑작스럽게 나온 것이 아니라 김일성의 정치를 계승한 것임을 보여주어 새로운 정치방식에 가해질 부담을 줄이기 위한 방법이었을 것이다.

셋째, 김정일이 능력 있는 지도자임을 보여주기 위한 것이다. 북한은 김정일의 '선군혁명령도' 시작을 김정일이 대학에 입학하기도 전인 1960년 8월 25일 '근위 서울 류경수 제105땅크사단'을 현지 지도하면서부터라고 주장하고 있다.[164] 이는 김정일이 어린 시절부터 군사 우선을 염두에 두고 통치에 참여하고 있던 인물이라는 것을 나타내기 위한 것으로 볼 수 있을 것이다. 즉, 김정일은 준비된 지도자라는 것을 강조한 것이다. 그리고 김일성의 방식을 바로 세우고 결합, 조직하였다고 하는 것은[165] 김정일이 단순히 김일성의 직책을

164) 김정일은 1960년 9월 1일, 김일성종합대학에 입학한다. 조선로동당 중앙위원회 당력사연구소(2006), 60쪽.

165) 북한은 '정립'을 "바로 서는 것 또는 바로 세우는 것", '체계'는 "하나 하나가 서로 밀접한

〈선군정치를 설명하는 북한 도서들의 표지〉

세습받기 만한 수동적이고 미숙한 지도자가 아닌 물려받은 것을 한층 성숙, 발전시키는 능력 있는 지도자임을 강조한 것이라고 볼 수 있을 것이다.

북한은 선군정치에서의 영도체계를 '선군령도체계'라고 말하며 이것은 '최고사령관을 령도의 중심으로 하는 체계'라고 정의하였다. 그리고 "선군정치에서는 … 최고사령관이 령도의 중심으로 되여있고 그의 유일적령도체계를 확립하고 있다."[166]라고 이야기했다. 그리고 최고사령관의 영도체계에 대해서 다음과 같이 설명하였다.

관계를 맺으면서 전일적인 것으로 결합되고 조직되여 있는것", '체계화'는 "체계적인 것으로 되거나 되게 하는 것"이라고 정의하고 있다. 사회과학원 언어학연구소(1992ㄴ), 194쪽, 643쪽.

166) 김창경(2014), 『자주와 번영의 문은 선군으로』, 평양: 외국문출판사, 69쪽.

> 최고사령관의 령도체계는 전반적무력이 최고사령관의 명령지시에 절대복종하는 규률과 질서이며 최고사령관의 명령지시에 따라 한결같이 움직이는 규률과 질서이다. 최고사령관의 선군혁명령도를 맨 앞장에서 받들고 군건설과 활동에서 제기되는 모든 문제들을 최고사령관의 유일적인 결론에 따라 처리하는 강철같은 혁명적령군체계의 확립, 이것이 오늘 조선에 확립되어있는 선군령도체계의 참모습이다.[167]

한마디로 군은 최고사령관에게 절대복종해야 하며 그의 영도 실행 맨 앞에 있어야 한다는 것이다. 이러한 선군정치의 최고사령관 중심의 영도체계를 이해하려면 먼저 주체사상에서 이야기하는 영도체계를 이해해야 할 것이다. 주체사상은 북한의 모든 분야에서 구현되고 있는 현실의 근본이기 때문이다.[168]

북한 영도체계의 기본원리는 최고 지도자의 사상을 유일한 지도치침으로 하여 국가의 모든 구성원들이 하나같이 움직이는 것이다. 즉, 국가가 운영되는데 제기되는 모든 문제를 최고 지도자의 의도대로 해결하기 위해 국가 구성원 모두가 최고 지도자의 영도 속에 조직적으로 움직이며 최고 지도자가 원하는 것은 무조건 관철해 나가게 하는 체계이다.[169] 이것이 바로 '수령의 유일적영도체계'이다. 군은 당연히 국가의 구성원이므로 이들도 '수령의 유일적영도체계' 안에서 수령의 지시에 절대적으로 복종해야 하는 것이다. 그리고 수령은 곧 최고사령관이므로 군에서는 '최고사령관의 영도체계'라고 하는

---

167) 김창경(2014), 70~71쪽.

168) 리성준(1985), 「〈위대한 주체사상 총서〉를 내면서」, 『위대한 주체사상 총서 1: 주체사상의 철학적 원리』, 평양: 사회과학출판사, 6쪽.

169) 김민·한봉서(1985), 79쪽.

것이다.

'수령의 유일적영도체계'는 사상 체계적인 면과 조직 체계적인 특성을 가지고있다. 사상 체계적인 면은 국민들이 수령의 뜻대로 생각하고 행동하도록 이끄는 체계이며 조직체계는 국민들이 수령의 의도를 실현하기 위한 행동으로 조직동원하는 체계이다.[170)]

이러한 '수령의 유일적영도체계'는 북한 주민들의 일상생활 속에 그대로 녹아 들어가 있다. 수령의 사상을 주민들에게 주입하기 위한 교육체계가 가정에서부터 직장, 학교, 각종 외곽단체 등 북한에 조직되어 있는 모든 단체에 완전히 자리 잡고 있다. 그리고 각종 언론매체, 문화 활동들은 수령의 의도 전달과 우상화에 초점이 맞추어져 있다. 북한 주민들은 어디에 있든 수령의 사상을 사고의 중심에 두고 생활할 수밖에 없는 것이다. 북한 당국은 이 체계를 활용하여 매일 수령의 의도를 전달하고 우상화에 힘을 쏟고 있다.[171)]

또한 북한은 모든 주민들을 일정한 나이가 되면 소년단, 청년동맹, 농업근로자동맹, 직업총동맹, 민주여성동맹 등의 단체들에 의무적으로 가입하게 하여 주민들을 언제든 조직적으로 동원하여 운영할 수 있는 체계도 갖추어져 있다.[172)] 수령의 사상 주입과 이의 실현을 위한 주민들의 조직 및 동원체계가 동시에 갖추어져 있는 것이다.

---

170) 김민·한봉서(1985), 80쪽.

171) 북한의 주체사상학습체계와 문화를 통한 사상교육, 우상화에 대해서는 이수원(2011a), 「북한 주체사상학습체계의 종교성 연구: 기독교 종교 활동과의 비교를 중심으로」, 『통일문제연구』 23(1), 평화문제연구소, 311~343쪽; 김병로(2000), 『북한사회의 종교성: 주체사상과 기독교의 종교양식 비교』, 통일연구원; 이수원(2011ㄴ), 「북한 음악을 통해 본 경제발전 전략」, 『북한학보』 36(1), 북한연구소, 177~210쪽 참조.

172) 북한은 이러한 외곽단체들이 광범한 군중을 수령의 교시관철에로 조직 동원하는 데 중요한 역할을 하며 수령의 영도 밑에 능동적으로 사업한다고 이야기하였다. 사회과학출판사(1973), 529쪽.

즉, 주체사상의 영도체계가 완성되어 있는 것이다.

이러한 북한의 '수령의 유일적영도체계'는 군에도 그대로 적용되었다. 일단, 조선인민군은 '수령(최고사령관)의 군대'이다. 그러므로 조선인민군은 수령(최고사령관)의 의도를 받들어 실현하기 위해 수령의 혁명사상으로 철저히 무장된 군대여야 한다.[173] 이를 위해 조선로동당은 각급 부대(중대 단위까지)에 당조직과 청년동맹조직을 구성하고 이를 총망라하여 지도하는 당위원회를 조직하였다. 그리고 여기에서 사상교양사업, 당생활조직과 지도를 담당하게 하여 김일성과 김정일의 주체사상, 선군사상으로 철저히 무장한 군대를 육성하고 있다.[174]

로동신문

조선인민군 최고사령관 김정일동지께서

조선인민군 제4304군부대를 시찰하시였다

〈최고사령관 김정일의 군부대 시찰 보도〉

『로동신문』, 2011년 10월 20일

또한 조선인민군 각급 단위에 정치기관을 조직하였다. 그리고 이들을 총정치국의 지도 아래 두고 당정치사업을 조직, 집행하게 하였다. 또한 각급 부대들에 정치위원들을 두고 각급 부대의 모든 사업을 장악하여 최고 지도자의 영도 밑에 있는 당의 정책과 노선이 잘 집행되는 것을 관리·감독하게 하였다.[175] 군대에도 당의 조직들을 만들

173) 사회과학출판사(1973), 1033쪽.

174) 2010년 9월 개정 『조선로동당 규약』 제7장 47, 48조; 최주활(2009), 『조선인민군 조직체계』, 제2차 세종 정책토론회 발표문(2009.02.17).

어 수령의 사상과 의도가 잘 전달되고 이것이 원활히 집행될 수 있도록 하는 사상·조직체계를 완성한 것이다.

그런데 이러한 북한의 '수령(최고사령관)의 유일적 영도체계'는 선군시대에 처음 등장한 것이 아니다. 당연히 김일성 시대부터 꾸준히 발전되어 온 것이다. 결국 최고사령관 중심의 영도체계는 김정일이 군사를 우선하는 선군정치를 펼치기 시작하면서 그에 맞추어 발전시킨 것이어서 더욱 두드러진 것이다.

2) 당중앙군사위원회의 상대적 위축과 국방위원회의 부상

김일성 시대의 국방위원회는 독립된 기관이 아니었으므로 유의미한 위상과 역할을 가지지 못했다고 평가할 수 있다. 그러나 북한은 1992년 헌법을 개정하면서 국방위원회의 임무를 구체적으로 명시하고 독립시키는데 이후 국방위원회는 김일성 시대와는 비교할 수 없을 정도의 위상과 역할을 가지게 된다. 그리고 그 역할은 김일성 사후에 더욱 명확히 확인할 수 있다. 김일성 사후에 국방위원회가 관여한 명령, 결정, 지시 등이 많이 늘어났기 때문이다. 이를 살펴보면 김정일 시대의 국방위원회는 군사와 관련하여 헌법에 명시되어 있는 대로 군사와 관련된 명령, 결정, 지시 등을 내고 군 인사나, 군사기관의 개편, 후방지역 방어와 군사동원 등에 관련된 일들을 하고 있었음을 알 수 있다.[176]

---

175) 1980년 10월 개정 『조선로동당 규약』 제7장, 8장 47~55조; 2010년 9월 개정 『조선로동당 규약』 서문, 제7장 49~50조.

176) 『로동신문』, 1995년 10월 9일; 2002년 4월 14일; 『조선중앙통신』, 1998년 9월 8일; 1998년 9월 27일; 2009년 2월 11일; 2009년 2월 20일, 2010년 5월 13일, 2010년 9월 27일, 2011년 3월 16일, 2011년 4월 7일; 고재홍(2008), 228쪽 등을 참조.

아울러 최고 지도자들의 활동 내용을 분석하면 국방위원회는 군수공업과 주요 비사회주의권 국가들과의 외교에 관여했음을 알 수 있다. 또한 군사와 관련되지 않은 명령, 결정, 지시 등을 통해서는 외자 유치와 외화벌이, 공안 분야, 대규모 건설 공사와 이를 위한 주민동원 등에 관여하였다는 것도 알 수 있다. 이렇게 국방위원회는 단순한 군사기관에서 외교, 경제, 사회통제 등 국정의 전반에 관여하는 국가 최고 지도기관으로 성장하였다. 이러한 상황은 2009년부터 헌법에 그대로 반영된다.

하지만 김일성 시대 당 중심 군사 지도체계의 핵심이자 완성이었던 당중앙군사위원회는 김정일 시대에 들어서 상대적으로 위상과 역할이 위축되었다. 그러나 이때도 표면상으로는 위상과 역할에 큰 변화가 없어 보였는데 이는 김정일 시대에도 당중앙군사위원회와 관련된 결정, 명령, 발표 등이 정상적으로 발표되었기 때문이다.[177)]

그런데도 김정일 시대에 들어와서 당중앙군사위원회의 역할과 위상이 상대적으로 위축되었다고 하는 이유는 우선, 국방위원회의 역할이 이전과는 비교되지 않을 정도로 커진 것 때문이다. 당이 우선이냐 국방위원회가 우선이냐를 떠나서 김정일 시대의 국방위원회는 김일성 시대에 비해서 하는 역할이 군사 이외의 분야에도 참여하는 등 비교할 수 없을 정도로 늘어났고 헌법도 이를 뒷받침하였다. 그러면서 북한은 '국방위원회를 중심으로 하는 국가영도체계'를 확립하였고 국방위원회는 그에 따라 김일성 시대와는 비교할 수 없을 정도로 역할이 확대된 만큼 위상이 높아졌다고 볼 수 있을 것이다.[178)]

177) 『로동신문』, 1994년 7월 9일; 1995년 6월 13일, 1995년 10월 9일, 1997년 7월 10일, 1997년 10월 9일; 『조선중앙통신』, 1998년 4월 21일; 정성장(2011ㄱ), 33~38쪽 등을 참조.
178) 이기동(2011), 89쪽.

일례로 2000년 6월 15일 남북정상회담 참석자들에 대한 환송오찬에서 조명록 당시 총정치국장은 "우리 국방위원회는 김대중 대통령의 평양 방문과 더불어 마련된 통일건설에 대해 만족한 생각을 갖고 높이 평가한다."[179]고 말하였다. 국방위원회 명의로 김대중 대통령의 방북을 평가한 것이다.

그리고 김정일은 남북 상호비방 문제를 국방위원회를 통해 협의하여 비방 중지를 명령하였으며[180] 서울 답방 문제도 국방위원회가 관여하고 있음을 밝히기도 하였다.[181] 이러한 사례들은 국방위원회가 김정일의 직접 지시를 받아 가며 민감한 문제들에 직접 관여했음을 시사하는 것들로 국방위원회의 위상을 높이 평가하게 하는 것들이다. 이러한 모습들은 국방위원회가 당의 기능까지도 흡수하였다는 주장이 제기되는 근거가 되었을 것이다.[182]

여기에 보충되지 않고 점점 축소되기만 했던 당중앙군사위원회 인원 구성도 이 기관의 위상이 상대적으로 위축되었음을 보여준다. 당중앙군사위원회의 구성원은 김정은이 2010년 9월에 부위원장으로 올라서기 전까지 1980년 이후부터 한 번도 인원이 늘어난 적이 없다.

반면에 국방위원회는 꾸준히 필요한 인원들을 충당하였으며 2010년 6월 기준으로도 날로 늘어나는 각종 업무들을 처리하기에 적합한 인원 구성을 하고 있었다. 그리고 이러한 구성은 김정일 시

179) 『연합뉴스』, 2000년 6월 15일.

180) 『국민일보』, 2000년 6월 16일; 『한국일보』, 2000년 6월 16일.

181) 『한국일보』, 2000년 8월 14일.

182) 정영태·이교덕·정규섭·이기동(2010), 『북한의 포스트 김정일체제 전망』, 통일연구원, 66쪽.

대부터는 꾸준한 양상을 보였다. 김정일 시대 들어서 급격히 상승한 위상과 역할이 꾸준히 유지되었음을 보여주는 것이다. 〈그림 7〉은 3절 내용들을 반영하여 김정일 시대 북한의 군사 지도체계를 그린 것이다.

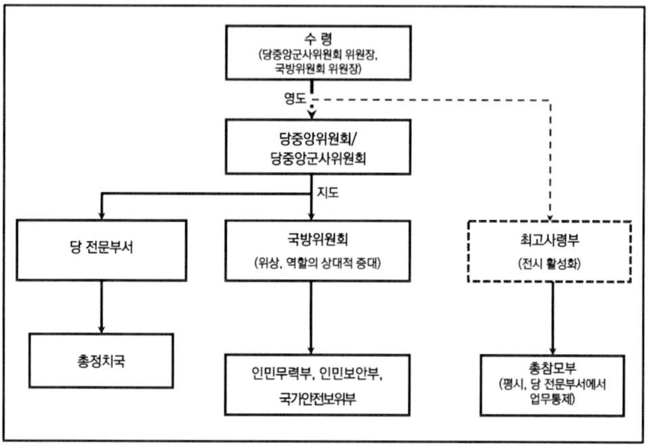

〈그림 7〉 김정일 시대 북한 군사 지도체계

*출처: 정성장(2011ㄴ), 375쪽.

4. 김정은 시대 당 중심 군사·국정 운영의 정상화

1) 당중앙군사위원회의 위상 강화

2010년 9월 28일에 열린 제3차 당대표자회는 위축되어 있던 당중앙군사위원회의 위상과 역할에 커다란 전환점이었다. 김정은을 등장시키기 위해 개최한 이 대회에서 김정일은 당중앙군사위원회를 대대적으로 보완한다.

〈당중앙군사위원회 확대회의 모습〉
『로동신문』, 2014년 3월 17일

〈당중앙군사위원회 확대회의를 지도하는 김정은〉
『로동신문』, 2014년 4월 27일

당중앙군사위원회를 새로 구성하여 인원들은 모두 군에서 중요한 위치를 차지하고 있던 인물들과 북한 권력의 핵심에 위치하고 있던 인물들로 구성한다. 그리고 1980년 이후 처음으로 당 규약을 개정하며 당중앙군사위원회를 상설기관으로 만들고[183] 당중앙위원회만큼의 위상을 가지게 하였다.[184]

183) 2010년 9월 개정 『조선로동당 규약』, 27조.

또한 김정일이 사망한 후 김정은은 당중앙군사위원회 회의를 공개적으로 개최하기 시작한다. 김정일 시대에는 이 기관이 당의 군사정책을 논의하는 협의체로서의 기능을 제대로 수행하기에는 크게 위축되어 있었다. 그리고 당중앙군사위원회 회의가 정상적으로 개최되고 있음을 제대로 확인하기도 어려웠다. 그러나 김정은은 2013년 이후 수시로 개최되고 있는 당중앙군사위원회 확대회의, 비상확대회의 등 당중앙군사위원회 회의들의 공개를 주저하지 않고 있다.[185]

김정은 시대 당중앙군사위원회의 또 다른 특징은 엘리트들이 정상적으로 보충되고 있다는 점이다. 김일성 시대의 당중앙군사위원회는 그 인원 구성을 확인하는 것 자체가 어려웠다. 또한 김정일 시대의 당중앙군사위원회는 줄어드는 인원에 대한 보충을 한 번도 확인할 수가 없었다. 이것은 당시 당중앙군사위원회의 역할과 위상에 많은 논란을 안겨주는 원인이 되었다. 그러나 김정은은 당중앙군사위원회의 엘리트들을 정상적으로 보충해 주고 있다. 군사 분야에 나서는 모든 사업을 당적으로 조직, 지도하는데 공백이 발생하지 않도록 하고 있는 것이다.

2) 국방위원회의 정상화 및 국무위원회로의 개편

북한이 선군정치를 본격화한 후 국방위원회의 위상과 역할은 국가기관체계의 중심으로까지 성장하였고 2016년 6월 국무위원회로

184) 이기동(2011), 88쪽; 정성장(2011ㄱ), 41쪽.

185) 『조선중앙통신』, 2013년 2월 3일; 2013년 8월 25일; 『로동신문』, 2014년 3월 17일; 2014년 4월 27일; 2015년 2월 23일; 2015년 8월 21일; 2015년 8월 28일.

개편되기 전까지 김정은 시대에서도 국방위원회의 기본적인 역할에는 변화가 없었다.[186] 오히려 김정일 시대에는 공식적으로 확인할 수 없었던 역할을 확인할 수 있다. 그것은 바로 대외 선전 기능이다.

김일성, 김정일 시대의 국방위원회는 대외 선전기능을 거의 수행하지 않았다. 김정은 시대가 시작되기 전 국방위원회 명의로 대외에 자신들의 입장을 발표한 것은 2010년과 2011년에 4차례의 성명을 발표한 것이 전부였다.[187] 그런데 김정은은 대외선전에 국방위원회를 적극 활용하고 있다. 김정은 시대에 들어선 후 국방위원회 관련 담화, 성명, 등을 모두 93회에 걸쳐 발표하였다.

김정일 시대에도 국정 운영을 위해 국방위원회가 관여한 명령이나 결정, 지시 등은 자주 있었다. 하지만 성명, 담화, 대답, 통지문 등 대외에 자신들의 입장을 밝히는 것들은 거의 발표되지 않았다. 국방위원회가 그들의 명의로 성명 등을 최초로 발표하기 시작한 것이 2010년 1월이므로 북한이 국방위원회를 자신들의 의사를 전달하는 통로로 본격적으로 활용한 것은 김정은 시대부터라고 할 수 있다.

그런데 김정은 시대에 새로운 역할을 부여받았던 국방위원회의

---

186) 북한은 김정은이 국방위원장을 이어받은 것에 대해 "경애하는 김정은동지께서는 위대한 김정일동지를 우리 당과 혁명의 영원한 수령으로, 영원한 국방위원회 위원장으로 모시고 위대한 장군님의 선군정치방식을 굳건히 계승하며 국방위원회를 중추로 하는 국가기구체계를 더욱 강화하도록 하시여 장군님의 선군혁명령도사가 변함없이 흐르게 하시였습니다."라며 김정일의 방식을 그대로 이은 것이라고 말하고 있다. 『로동신문』, 2015년 8월 25일.

187) 최초의 국방위원회 성명은 대변인 성명으로 남한이 북한의 급변사태 발생 시를 대비하는 계획 '비상통치계획-부흥'을 준비하고 있는 것을 비난하는 내용이었다. 그리고 천안함 사건 조사늘 위한 검열단 파견, 천안함 사건과 연계한 한미연합 군사훈련 비난, 김정일 사망 조문에 대한 남측 정부 조치 비난 및 이명박 정부와의 대화 중단 선언을 주요 내용으로 하는 대변인 성명 및 국방위원회 성명을 발표했다. 『조선중앙통신』, 2010년 1월 15일; 2010년 5월 20일, 2010년 7월 24일, 2011년 12월 30일; 『연합뉴스』, 2010년 1월 15일; 김동엽(2013), 178쪽.

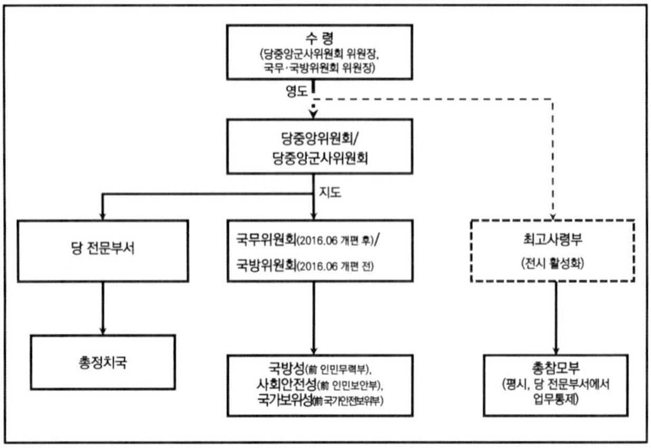

〈그림 8〉 김정은 시대 북한 군사 지도체계

위상은 이전과 같지 않았다. 김정은이 김정일과는 다르게 국정 운영에서 당을 적극적으로 활용하고 있기 때문이다. 위에서 언급했듯 군사 분야에서는 당중앙군사위원회의 역할이 정상화되었다. 그리고 당 정치국회의나 확대회의 당중앙위원회 전원회의 등이 수시로 개최되고 있음이 확인되고 있다. 이는 북한이 중대한 문제들에 대한 결정을 당에서 논의하는 과정을 거치고 있음을 의미한다.

이렇게 당이 정상적으로 운용되고 있다는 것은 김정일 시대의 위기 돌파에 초점이 맞추어졌던 국정 운영 방식이 정상화되었음을 보여주는 것이다. 즉, 국방지도기관임에도 국가사업 전반에 관여할 정도로 지나치게 확대되었던 국방위원회의 그것들이 축소되었다는 것이다. 사실 김정일 시대의 국방위원회의 모습은 예외적인 모습이고 김정은 시대의 모습이 정상화된 모습이다. 그리고 이러한 흐름은 국방위원회의 국무위원회로의 개편으로 이어진다.[188] 최고국방지도기관이 담당했던 최고국가지도기관의 역할을 헌법으로 보장된

조선민주주의인민공화국 사회주의헌법을 수정보충함에 대한 보고

〈국방위원회 폐지와 국무위원회 신설을 규정한 2016년 개정 헌법에 대한 보고〉

『로동신문』, 2016년 6월 30일

'국가주권의 최고 정책적지도기관'189)이 담당하게 된 것이다. 앞 쪽의 〈그림 8〉은 김정은 시대의 군사 지도체계이다.

188) 김갑식(2016), 「북한 최고인민회의 제13기 제4차 회의 분석」, 『Online Series』 co 16~19, 통일연구원, 1~2쪽.

189) 『로동신문』, 2016년 6월 30일.

제3장 당중앙군사위원회의 위상과 역할

1. 당의 최고 군사 지도기관

1) 최고 지도자들의 발언에서 드러난 위상

북한의 당과 국가기관들의 위상과 역할을 알기 위해선 먼저 최고 지도자들의 그 해당 기관과 그와 관계된 기관들에 대한 인식과 당 규약과 헌법 등에 어떻게 정의되고 역할이 부여되어 있는지 살피는 것이 중요하다. 북한 기관들의 변화되어 온 모습과 현재의 모습은 그냥 나온 것이 아니며 최고 지도자의 기본 인식과 이를 바탕으로 당과 국가가 정의해 놓은 모습이나 관계를 근본으로 하여 나왔기 때문이다.[190)]

당중앙군사위원회는 당의 군사기관이므로 먼저 최고 지도자들의 당과 군사에 대한 인식을 확인하기 위해선 그들의 관련 발언부터 확인해 보아야 할 것이다. 그런데 김일성과 김정일은 당중앙군사위원회에 대해 직접적으로 정의를 내리지는 않았다. 그렇기에 당과 군에 대한 최고 지도자들의 발언을 서로 연결하여 살펴볼 필요가 있다.

김일성은 당에 대해 "사회주의 공산주의 사회의 향도자",[191] "인민대중의 자주성을 위한 투쟁은 당의 령도밑에서만 승리적으로 전진할수 있습니다."[192]라고 이야기하였다. 당이 대중의 혁명을 이끄는 영도자라고 설명한 것이다.

이와 관련하여 북한은 당에 대해 "수령의 혁명사상에 기초하여 혁명의 발전에서 올바른 노선과 정책을 작성, 제시하며 그것을 실현하기 위해 사업전반을 설계하고 작전하며 대중을 통일적으로 조직, 동원하고 모든 사업을 유일적으로 지휘하는 역할을 수행한다."고 언급하고 있다.[193] 당은 수령의 의도에 따라 모든 사업을 기획하는 기획자이면서 자신이 기획한 것을 실현하기 위해 노동계급과 인민대중을 동원하고 지휘할 수 있는 지휘자라는 이야기이다.

이러한 인식은 김정일, 김정은 시대에 들어서도 크게 변하지 않았다.

---

190) 전사회적으로 교육되어 북한을 하나의 사상체계로 연결하는 데 중요한 역할을 한 김정일의 '당의 유일사상체계 확립의 10대 원칙'과 김정은의 '당의 유일적 령도체계확립의 10대 원칙'에는 수령에 대한 충성을 바탕으로 수령의 교시에 대한 신조화와 실행에 대한 무조건성, 당의 노선과 방침 관철의 무조건성 등이 강조되고 있다. 김정일(1987), 「전당과 온 사회에 유일사상체계를 더욱 튼튼히 세우자」, 『김정일 주체혁명 위업의 완성을 위하여 3』, 평양: 조선로동당출판사, 101~118쪽; 김정은(2013), 『당의 유일적 령도체계확립의 10대 원칙』, 평양: 조선로동당출판사; 이종석(2003), 『조선로동당연구』(재판본), 역사비평사, 134~136쪽.

191) 향도자는 "혁명투쟁에서 인민대중이 나아갈 앞길을 밝혀주고 그들을 승리의 한길로 향도하여주는 령도자"이다. 사회과학원 언어학연구소(1992ㄴ), 924쪽.

192) 김일성, 「조선로동당 건설의 력사적 경험」, 김일성고급당학교창립 40돐에 즈음하여 집필한 강의록 1986년 5월 31일, https://han.gl/boAYz(검색일: 2016년 6월 1일).

193) 김민·한봉서(1985), 119쪽.

전세계로동자들은 단결하라!

우리 당과 우리 인민의 위대한 수령 김일성동지 만세!

로동신문

조선로동당 중앙위원회 기관지

제152호 [루계 제14338호] 1986년 6월 1일 (일요일)

조선인민의 모든 승리의 조직자이며 고무자이고 향도자인 조선로동당 만세!

김 일 성

조선로동당건설의 력사적경험

1. 당창건을 위한 조선공산주의자들의 투쟁

2. 조선로동당은 주체의 혁명적당

〈김일성이 당에 대해 설명한 강의록의 일부〉

김정일은 당에 대해 "우리 인민의 모든 승리의 조직자이며 향도자", "인민의 전위부대 전투적 참모부", "당은 수령의 사상과 령도를 실현하는 정치조직"이라고 이야기하였다.[194)]

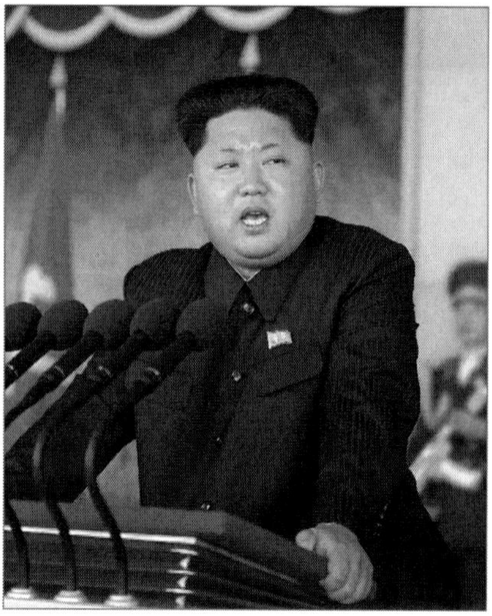

〈당 창건 70주년 경축 열병식 및 평양시 군중 시위에서 연설하는 김정은〉
『로동신문』, 2015년 10월 11일

김정은도 당을 "자기의 운명을 책임지고 이끌어주는 진정한 혁명의 전위대, 전투적 참모부", "우리 인민의 모든 승리의 조직자이며 향도자"라고 조선로동당 창건 70돐 경축 열병식 및 평양시군중시위에서 이야기하였다.[195)] 그리고 조선로동당 창건 70돐에 즈음하여 발표한 노작에서는 "조선로동당은 위대한 김일성동지와 김정일동지의 주체적당건설사상과 현명한 령도에 의하여 수령의 사상과 령도의 유일성, 계승성이 확고히 보장된 수령의 당, 주체의 혁명적당으로 건설되고 강화발전되였다. 혁명적당은 본질에 있어서 수령의 사상과 위업을 실현해나가는 수령의 당이며 당건설에서 기본은 수령의 사상과 령도의 유일성을 보장하고 그 계승성을 실현하는것이다."라고도 이야기 하였다.[196)] 김일성 때부터 '수령의 뜻을 바탕으로 혁명의 노선과 정책을 제시하며 그것을 실현하

194) 김정일, 「조선로동당은 위대한 수령 김일성동지의 당이다」, 1995년 10월 2일, http://uriminzokkiri.com/index.php?ptype=rozak&no=153#pos(검색일: 2016년 6월 1일).
195) 『로동신문』, 2015년 10월 11일.
196) 『로동신문』, 2015년 10월 6일.

기 위해 모든 사업을 유일적으로 지휘하는 조직체'라는 당에 대한 기본 인식은 변함이 없는 것이다.

군에 대해 김일성은 "인민군대는 혁명의 군대입니다. 인민군대가 혁명의 군대라는것은 당의 군대라는것을 의미하며…"[197]라고 말했다. 그리고 "인민군군무자들은 당중앙위원회에서 준 과업과 또 당중앙위원회의 결정과 지시를 집행하기 위하여 각급 조직들과 사로청 조직들에서 준 분공을 어김없이 집행하여야 합니다."[198]라고 말하면서 군이 당의 지도·지휘 아래 있음을 명확히 하였다.

김정일은 2007년 4월에 한 군부대를 현지 지도 하며 "조선인민군은 당과 수령을 결사옹위하고 당의 위업, 사회주의위업을 위하여 생명도 서슴없이 바쳐싸우는 불패의 혁명대오"[199]라고 말하였다. 그리고 2010년 4월에는 군 장성 진급 인사를 명령하면서 "조선혁명무력은 당의 선군령도밑에 수령결사옹위정신이 차넘치는 무적필승의 백두산혁명강군으로 더욱 강화발전되여 조국보위와 사회주의강성대국건설에서 혁명의 주력군으로서의 위용을 높이 떨치고있다"[200]고 말하였다. 당의 영도를 받아 수행중인 선군시대의 강성대국 건설을 위한 군의 역할을 치하한 것이다.

김정은은 2012년 2월 장성 인사에서 "우리 당의 핵심골간이며 선군혁명의 전위투사들인 인민군지휘성원들이 앞으로도 … 당의 선군혁명령도를 충직하게 받들고 주체혁명위업을 대를 이어 빛나게 완

197) 김일성, 「인민군대 중대정치지도원들의 임무에 대하여」, 조선인민군 중대정치지도원대회에서 한 연설, 1991년 12월 25일, https://han.gl/acmYb(검색일: 2016년 6월 1일).

198) 『로동신문』, 1977년 12월 1일.

199) 『조선중앙통신』, 2007년 4월 21일.

200) 『조선중앙통신』, 2010년 4월 14일.

성해나가기 위한 성스러운 투쟁에서 자기의 본분을 다하리라는것을 굳게 믿으면서…"라고 하였다.[201] 그리고 2014년 2월에도 장성 인사를 단행하면서 "현시기 인민군지휘성원들앞에는 전군에 당의 유일적령군체계를 더욱 철저히 세우고 군력강화에 최대의 박차를 가하여 주체의 선군혁명위업을 총대로 믿음직하게 받들어나가야 할 무겁고도 영예로운 임무가 나서고있다."[202]라고 하였다. 군이 당으로부터 부여된 역할에 충실해야 할 것임을 강조한 것이다.

한편 김정은은 당중앙군사위원회와 관련하여 2015년 3월 군대에 수산물을 공급하기 위해 건설 중인 한 수산사업소 건설장에서 "국가방위와 관련한 중대한 전략적문제들을 토의하는 조선로동당 중앙군사위원회 확대회의"[203]라는 말을 하였다. 당중앙군사위원회가 국방문제를 다루는 최고 기관임을 알 수 있게 해주는 발언이다.

위의 내용을 종합하면 최고 지도자가 당을 통해 군을 조직, 지도하겠다는 근본적인 의도는 김일성 시대부터 현재까지 변하지 않았으며 당중앙군사위원회를 통해 현실화되고 있는 것이다.

2) 당 규약에 나타난 위상

북한에서 당 규약은 "당조직들과 당원들의 활동준칙이며 당의 조직원칙과 조직구조를 규정한 당의 기본문헌"이다.[204] 그러므로 북한의 정치조직들 중 가장 높은 곳에 위치한 당의 조직에 대해 규정한

---

201) 『로동신문』, 2012년 2월 16일.

202) 『로동신문』, 2014년 2월 16일.

203) 『로동신문』, 2015년 3월 14일.

204) 사회과학원 언어학연구소(1992ㄱ), 723쪽.

당 규약의 내용을 살피는 것은 당중앙군사위원회의 위상을 살피기 위한 가장 기본적인 작업이다.

〈표 3〉 북한 당 규약 상의 당중앙군사위원회 규정 변화

구분	내용
1970년	• 당의 군사정책 집행방법을 토의 결정 • 군수산업과 인민군대와 모든 무력의 강화 위한 사업 조직 • 북한의 군사력 지도
1980년	• 당의 군사정책을 관철하기 위한 대책을 토의결정 • 인민군대를 비롯한 전체 무장력을 강화하고 군수생산을 발전하게 하기 위한 사업을 조직지도 • 북한군을 지휘
2010년	• 당대회와 당대회 사이에 군사분야에서 나서는 모든 사업 당적으로 조직 지도 • 당의 군사로선과 정책 관철대책을 토의 결정 • 혁명무력을 강화하고 군수공업 발전을 위한 사업을 비롯하여 국방사업 전반을 당적으로 지도
2012년	• 당대회와 당대회 사이에 군사분야에서 나서는 모든 사업 당적으로 조직 지도 • 당의 군사로선과 정책 관철대책을 토의 결정 • 혁명무력을 강화하고 군수공업 발전을 위한 사업을 비롯하여 국방사업 전반을 당적으로 지도
2016년	• 당대회와 당대회 사이에 군사분야에서 나서는 모든 사업 당적으로 조직 지도 • 당의 군사로선과 정책 관철대책을 토의 결정 • 혁명무력을 강화하고 군수공업 발전을 위한 사업을 비롯하여 국방사업 전반을 당적으로 지도
2021년	• 당대회와 당대회 사이의 당의 최고군사 지도기관 • 당의 군사로선과 정책을 관철하기 위한 대택을 토의결정 • 공화국 무력지휘 • 군수공업 발전위한 사업비롯 국방사업전반을 당적으로 지도 • 토의문제의 성격에 따라 회의성립비률에 관계없이 필요한 성원들만 참가시키고 소집
비 고	• 1970~2012년은 27조, 2016년은 29조, 2021년은 30조에 위치 • 1982년 당중앙위원회 군사위원회에서 '당중앙군사위원회'로 명칭 변경되고 독립 • 2010년부터 최고 지도자가 위원장 겸임함을 명시

*출처: 1980년~2021년 개정 『조선로동당 규약』; 국토통일원, 『조선로동당 연구자료집(1945~1978)』(국토통일원, 1978), 1214~1248쪽; 정성장(2011ㄴ), 47쪽.

앞에서 이미 보았듯이 김일성 시대부터 현재까지 북한의 당에 대한 기본 인식은 모든 정치조직들 가운데 최고의 위치에 있으면서

모든 분야를 이끄는 조직이라는 것이다. 즉, 북한에서 당은 그들 스스로 정의한 대로 "수령의 혁명사상을 실현하기 위한 계급의 선봉적 조직이며 모든 혁명투쟁을 조직하고 령도하는 조직"[205]이라는 것을 의미한다. 이를 당중앙군사위원회에 적용하면 '수령의 군사 사상을 실현하기 위한 실현하기 위한 군대의 선봉적조직이며 모든 군사적 투쟁을 조직하고 령도하는 조직'이다. 군을 영도하는 당의 군사기관은 당중앙군사위원회인 것이다.

당중앙군사위원회가 당중앙위원회 군사위원회였던 시기에는 당의 군사정책 집행 전반에 관여할 수는 있었으나 군을 직접 움직일 수 있는 지휘권은 가지지 못했다. 그러나 당중앙군사위원회가 1980년부터 지휘권을 가지게 되면서 군을 직접 운용할 수 있게 되어 그 위상이 이전보다 높아졌고 1982년의 독립은 이 기관의 위상을 당중앙위원회와 수평적 관계에 놓이게 하여 한층 더 높아지게 하였다.[206] 그리고 2010년 3차 당대표자회부터는 "당 대회와 당 대회 사이에 군사 분야에서 나서는 모든 사업을 당적으로 조직지도한다."고 하며 상설기관화되었고 '군대를 지휘한다.'는 문구가 사라진 대신 군사 분야의 모든 사업에 대한 '당적 조직지도'를 더욱 강조하였다. 이 문구는 당중앙군사위원회가 군사 분야에서 당중앙위원회만큼의 위상을 가지게 하였다. 당대회와 당대회 사이에 군사 분야에서 만큼은 당의 모든 사업을 조직지도하게 된 것이 명확히 규정된 것이다.

---

205) 사회과학원 언어학연구소(1992ㄱ), 722쪽.

206) 수평적 관계가 되었다고 하여 당중앙위원회와 같은 위상이었다는 것은 아니다. 1980년 당 규약 시대의 당중앙군사위원회는 당 규약상 정기적인 회의 소집이 정해져 있지 않은 비상설기관이었고 2010년 이후의 당 규약에 규정되어 있는 "군사 분야에서 나서는 모든 사업을 당적으로 조직지도한다."이라는 문구도 없었다. 그러나 당중앙위원회는 모든 당사업을 조직지도 할 수 있었다.

〈당중앙위원회 군사위원회에 군 지휘권을 부여한 당 제6차대회 개회식〉
『로동신문』, 1980년 10월 11일

당총비서가 "당중앙군사위원회 위원장으로 된다."는 문구의 추가와 후계자의 당중앙군사위원회 진출도 2010년 이후 당중앙군사위원회의 당중앙위원회와의 동등한 위상을 보여주는 것이다.[207] 원래부터 당중앙군사위원회의 위원장은 최고 지도자인 당총비서가 맡고 있었고 김정일도 후계자 시절에 당중앙군사위원회에 진출했으므로 총비서와 후계자의 위상과 역할에 큰 변화는 없다고 볼 수 있다. 하지만 이를 당 규약의 문구로 규정함으로써 이 기관의 위상과 역할을 더욱 부각시킨 것이다.

사실 1980년 당 규약 개정 당시만 해도 당중앙군사위원회(당시 당중앙위원회 군사위원회)는 당중앙위원회의 산하 기관이어서 당총비서가 위원장임을 따로 규정할 필요가 없었을 것이다.[208] 그러나

207) 김정일 사후에 2012년 당 규약이 개정되면서 총비서직 대신 당 제1비서가 당중앙군사위원회 위원장이 되었고 2016년 개정에서는 당 제1비서직이 사라지고 당위원장이 당중앙군사위원회 위원장이 되었다. 그리고 2021년 개정에서 다시 총비서가 당중앙군사위원회 위원장이 되었다.

1982년 당중앙군사위원회가 당중앙위원회로부터 독립한 후에는 이 기관과 수평적 위상을 가지게 되었다고 볼 수 있다. 그래서 당중앙군사위원회 위원장을 당총비서가 맡는다는 것을 규정한 것이다.[209] 당중앙군사위원회가 당중앙위원회와 수평적 위상을 가진 독립기관임을 명확히 한 것이다.

후계자가 처음 공식적으로 등장하여 당에서 가지게 된 공식적인 직함이 당중앙군사위원회 부위원장인 것도 이 기관의 위상을 높이게 되는 계기가 되었다. 다음 지도자를 위해 처음 선택되었다는 것은 후계과정에서 중요하게 사용될 것임을 의미하는 것이기 때문이다. 30여 년간 규약상으로는 정리되지 않았던 당중앙군사위원회의 독립된 위상을 당총비서가 위원장을 맡는다고 규정하고 후계자 김정은을 등장시키면서 정리한 것이다.

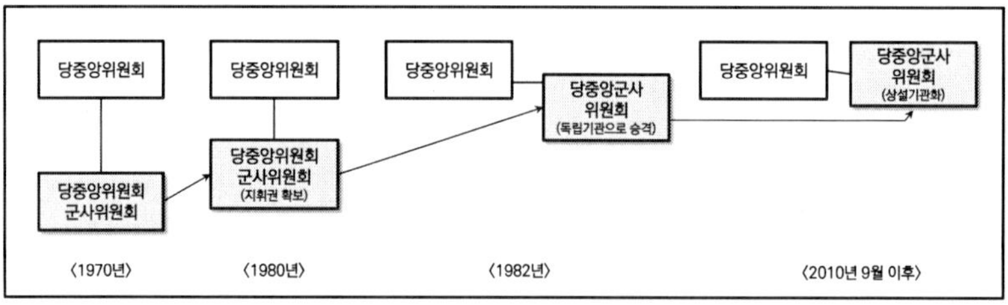

〈그림 9〉 당중앙군사위원회의 위상 변화

〈그림 9〉는 위의 내용을 바탕으로 당중앙군사위원회의 위상이 점차 상승하였음을 나타낸 것이다. 변화를 보다 명확히 보여주기 위해 당중앙위원회와 비교하였다.

208) 정성장(2011ㄱ), 39~41쪽.

209) 정성장(2011ㄱ), 41쪽.

3) 구성원 분석을 통해서 본 위상

북한 당중앙군사위원회의 위상은 이 기관을 구성하고 있던 엘리트들을 분석하면 더욱 명확해 진다. 〈표 4〉는 김정일 시대의 당중앙군사위원회 구성원들을 정리한 것이다.

〈표 4〉에서 보듯이 김일성, 김정일 시대의 당중앙군사위원회는 갈수록 인원수가 줄어들었지만 충분한 보강이 이루어지지 않았음을

〈표 4〉 김정일 시대 당중앙군사위원회 구성원 변화

구분	위원장	위원	인원수
1980. 10	김일성	오진우(총정치국장, 인민무력부장, 국방위 부위원장), 김정일(정치국 상무위원, 비서), 최현(전인민무력부장, 정치국 위원), 오백룡(국방위원회 부위원장, 당정치국 위원), 전문섭(평양위수사령관), 오극렬(총참모장), 백학림(인민무력부 부부장), 김철만(제1부총참모장), 김강환(총정치국 부국장), 태병렬(당군사부장), 리을설(5군단장), 주도일(3군단장), 리두익(4군단장), 조명록(공군사령관), 김일철(해군부사령관), 최상욱(후일 포병사령관), 리봉원(후일 총정치국 부총장), 오룡방(인민무력부 정치안전국 국장)	19명
1994. 12	김정일	오진우(국방위 제1위원장), 최광(국방위 부위원장), 백학림(차수, 법제위 부위원장), 리을설(차수, 국방위 위원), 리두익(차수), 김두남(김정일 군사보좌관), 리하일(대장, 당군사부장, 국방위 위원), 김익현(차수, 민방위부 부장), 조명록(공군사령관), 김일철(해군사령관), 리봉원(총정치국 부국장), 오룡방(부총참모장), 김하규(포병사령관)	14명
2000. 12		리을설(원수, 호위사령관, 국방위 위원), 조명록(총정치국장, 국방위 제1부위원장), 김영춘(총참모장), 백학림(인민보안상), 김익현(민방위부 부장), 김일철(인민무력부장), 리하일(차수), 박기서(평양방어사령관), 김명국(제108기계화군단장), 리두익(차수), 리용철(조직지도부 제1부부장), 리용무(차수, 국방위 부위원장)	13명
2005. 01		리을설(원수), 조명록(총정치국장, 국방위제1부위원장), 김영춘(총참모장), 리용철(조직지도부 제1부부장), 김두남(인민무력부 부부장), 리하일(차수), 박기서(평양방어사령관), 김명국(제108기계화군단장, 백학림, 김익현(민방위부 부장), 김일철(인민무력부장, 국방위 위원)	12명
2010. 08		리을설(원수), 조명록(총정치국장, 국방위 제1부위원장, 당정치국 상무위원), 김영춘(인민무력부장), 리하일(차수), 김명국(총참모부 작전국장)	6명

*출처: 윤진형(2013), 「김정은 시대 당중앙군사위원회와 국방위원회의 비교 연구: 위상·권한·엘리트 변화를 중심으로」, 『국제정치논총』 53(2), 한국국제정치학회, 78쪽; 정성장(2011ㄱ), 39쪽; 국가지식포털 북한지역정보넷 인물정보관(http://www.cybernk.net, 검색일: 2016년 6월 14일).

알 수 있다. 특히, 2010년 제3차 당대표자회 직전의 엘리트 구성은 상당히 빈약했는데 2010년 8월 당중앙군사위원회를 구성하고 있던 인물들 중 리을설은 실무를 담당하기엔 너무 나이가 많았고 조명록(2010.11.06 사망)은 심장병을 앓고 있어서 정상적으로 임무를 수행하는 것은 불가능했다. 인민군의 업무 전반에 정책적 지도를 실시하는 당군사부장을 맡았던 리하일도 3차 당대표자회 때 해임된 것을 보면 정상적으로 임무를 수행하고 있었다고 보기 힘들다.

그나마 정상적으로 업무를 수행할 수 있었던 구성원은 당시 인민무력부장이었던 김영춘과 총참모부 작전국장이었던 김명국이다. 이들이 중요한 역할을 하는 인물들이라는 것은 분명한 사실이다. 그러나 이들은 총정치국장과 인민무력부장을 지내고 군 계급이 원수였던 오진우나 총정치국장으로 김정일의 특사로 미국에 다녀왔던 차수 조명록과 같이 북한군을 대표할 만한 위상과 역할을 가진 인물들이 아니었다. 그리고 이 정도의 인원수로는 기존의 임무를 정상적으로 소화하기 힘들었을 것이다. 그렇지만 제3차 당대표자회의 직전의 상황이 전체의 모습을 대변하는 것은 아니므로 다른 때의 상황도 살펴볼 필요가 있다.

그런 의미에서 2010년 8월 전의 평균적인 인원 구성을 살피면 총정치국장, 총참모장, 인민무력부장과 해당 기관들의 주요 인사들, 국방위원회 위원들 그리고 육군의 주요 지휘관들과 해군과 공군 사령관 등이 포함되어 있는 것을 볼 수 있다. 또한 군 인사와 군내의 당생활을 지도하는 조직지도부, 인민군의 업무 전반에 정책적 지도를 실시하는 당군사부장 등도 소속되어 있었다.[210] 거기에 리을설과

210) 정성장(2011ㄴ), 384~385쪽.

조명록, 오진우와 같은 북한군의 상징과 같은 원로들이 노환과 건강상의 이유 등으로 실무를 수행하지 못하더라도 포함되어 있었다. 비록 시간이 흐를수록 엘리트 구성이 빈약해 진 것은 사실이나 북한의 군사 분야 최고 권위자들로 구성된 것으로 2010년 9월에 개정되기 전의 당 규약인 1980년 10월 규약에 규정된 대로 당군사정책 토의, 결정, 전무장력 강화, 군수산업 조직지도, 군 지휘에 적합한 구성이었다.

그러나 많은 구성원들이 사망하였는데도[211] 인원을 보충하지 않았다는 것은 사실이고 인원의 보충이 없으면 기존의 기능을 정상적으로 추진할 수 없다는 것 또한 사실이다. 이는 당중앙군사위원회의 임무를 다른 곳에서 충분히 소화할 수 있다는 것을 의미한다. 당중앙군사위원회의 업무가 줄어들었음을 의미하는 이 사실을 통해 기관의 입지가 시간이 지날수록 예전만 못하게 되었다는 것을 알 수 있다. 그래서 당시의 당중앙군사위원회는 위상과 역할에 많은 의심을 받았고 실제로도 상당히 위축되었을 것으로 판단된다.

그러면 구성원의 수가 6명으로까지 줄어들고 실제로 일할 수 있는 인원은 더욱 적었던 시기에 당중앙군사위원회의 실제 역할은 무엇이었는지에 대한 의문이 남는다. 이 부분에 대한 연구는 더욱 진행되어야 하지만 추론해 볼 수 있는 것은 상징기관으로서의 역할이다. 구성원의 한계로 인해 수행할 수 없는 역할을 국방위원회와 당 군사부, 조직지도부 등에 맡기고 실행을 위한 발표 등은 당중앙군사위원회의 명의로 하여 무게감과 절차상의 정당성을 더해주는 역할을 생

211) 백학림(2006년 10월), 김익현(2009년 1월), 김두남(2009년 3월), 박기서(2010년 1월), 리용철(2010년 4월)이 사망하였다.

각해 볼 수 있을 것이다.

한편 제3차 2010년 9월의 제3차 당대표자에서 당중앙군사위원회는 1980년 수준으로 보강되게 된다. 〈표 5〉는 제3차 당대표자회에서 새로 구성된 당중앙군사위원회의 구성원들이다.

〈표 5〉 제3차 당대표자회의 당중앙군사위원회 구성원

직책	구성원
위원장	**김정일**(당총비서, 국방위원회 위원장, 최고사령관)
부위원장	**김정은**(국가안전보위부장, 대장), **리영호**(당정치국 상무위원회, 당정치국위원, 총참모장, 차수)
위원	**김영춘**(당정치국 위원, 인민무력부장, 차수), **김정각**(당정치국 후보위원, 총정치국 제1부국장, 대장), **김명국**(당중앙위 위원, 총참모부 작전국장, 대장), **김경옥**(당중앙위 위원, 조직지도부 제1부부장, 대장), **김원홍**(당중앙위 위원, 총정치국 조직담당 부국장, 대장), **정명도**(당중앙위 위원, 해군사령관, 대장), **리병철**(당중앙위 위원, 공군사령관, 대장), **최부일**(당중앙위 위원, 부총참모장, 대장), **김영철**(당중앙위 위원, 정찰총국장, 상장), **윤정린**(당중앙위 위원, 호위사령관, 대장), **주규창**(당정치국 후보위원, 당기계공업부장, 국방위 위원), **최상려**(당중앙위 위원, 포병사령관, 상장), **최경성**(당중앙위 위원, 11군단장, 상장), **우동측**(당정치국 후보위원, 국가안전보위부 제1부부장, 국방위위원, 대장), **최룡해**(당정치국 후보위원, 당중앙위원회 비서, 대장), **장성택**(당정치국 후보위원, 당행정부장, 국방위 부위원장)

*출처: 『조선중앙통신』, 2010년 9월 28일; 2010년 9월 29일; 정성장(2011ㄴ), 390쪽; 통일부 정세분석국 정치군사분석과, 『2015 북한 주요인사 인물정보』(통일부, 2015).

위의 구성원들을 분석해 보면 부위원장직이 신설된 것 외에는 김정일이 1980년 10월에 당중앙위원회 군사위원회의 위원으로 등장했을 당시와 비슷한 구성을 보여주고 있다. 총참모장, 인민무력부장과 해당 기관의 주요 인물들, 총참모부의 핵심 인사들과 각 군 지휘관들을 중심으로 군수공업 관계자, 공안기관의 핵심 인물들 등이 포함되었다. 그리고 이들은 당 정치국 상무위원회, 당정치국 등 당의 요직도 동시에 가지고 있었다.

〈표 4〉에서 보았듯이 1980년 10월 제6차 당대회에서 당중앙위원회 군사위원회에 선출된 인원들은 총정치국장, 인민무력부장, 당군

사부장, 총참모장과 이 기관들의 주요 인사들, 평양위수사령관을 비롯한 주요 군 지휘관들이 포함되어 있었다. 그리고 오진우, 최현, 오백룡은 국방위 부위원장도 맡고 있었으며 오진우는 당정치국 상무위원회와 당정치국에도 소속되었고, 최현, 오백룡, 전문섭, 오극렬, 백학림은 당중앙위원회 정치국위원이 되었으며 김강환은 정치국 후보위원이 되었다.[212] 당과 군에서 중요한 위치를 차지하고 있는 인원들로 구성되었는데 당을 통해 군을 장악하라는 김일성의 김정일에 대한 배려였던 것으로 보인다. 그런데 이러한 구성이 김정일의 후계문제가 상당한 관심을 끌고 있던 시기에 재현된 것이다.

그래서 새로운 당중앙군사위원회의 구성은 확장이라기보다는 정상화라고 보는 것이 합당할 것이다. 인원수도, 구성원의 수준도 모두 김정일이 당중앙위원회 군사위원회에 진출했을 당시로 다시 돌아간 것이다. 1980년의 당중앙위원회 군사위원회와 비교하면 2000년대 후반, 실제로 임무를 수행할 수 있는 인원이 제한되어 있던 당중앙군사위원회의 모습이 비정상적인 것이고 1980년으로 돌아간 2010년의 모습은 정상으로 되돌려진 것이다.

다음 장에서 자세히 다루겠지만 국방위원회 구성원들과 비교해도 당중앙군사위원회의 위상과 역할이 정상화되었음을 확인할 수 있다. 2010년 6월 기준 국방위원회 위원들을 보면 전원이 당정치국 후보위원 이상으로 구성되어 있고 공안기관 운영과 군수산업 운영, 군에 대한 후방지원에 적합한 구성을 보이고 있었음을 알 수 있다.[213]

---

212) 『로동신문』, 1980년 10월 15일; 통일부 정세분석국 정치군사분석과(2015), (해당인물).

213) 2010년 6월 당시 국방위원회는 위원장 김정일, 제1부위원장 조명록 총정치국장, 부위원장 김영춘(인민무력부장), 리용무(인민군 차수), 오극렬(인민군 대장), 장성택(당행정부장), 위원 전병호(군수공업담당비서), 주상성(인민보안부장), 백세봉(제2경제위원회 위원장), 우동측(국가안전보위부 제1부부장), 주규창(당군수공업부 제1부부장), 김정각(총정치국

〈제3차 당대표자회를 지도하는 김정일(左)과 당중앙군사위원회 부위원장으로 추대되는 김정은(右)〉

*출처: 외국문출판사(2020), 『위대한 향도의 75년』, 외국문출판사, 133쪽.

이와 비교해 당중앙군사위원회 구성원들은 국방위원회에는 포함되지 않은 당정치국 상무위원회 구성원이 소속되어 있고 무엇보다 김정일의 후계자인 김정은이 부위원장으로 소속되었다. 국방위원회보다 위상이 높아질 수밖에 없는 구성이다. 그리고 국가 공안기관과 군수공업 담당자는 물론 군을 실제로 움직이는 지휘관들과 군에 대한 정치사업과 인사를 담당하는 기관의 담당자들로 구성되었다. 인원수도 당중앙군사위원회는 19명, 국방위원회는 11명으로 구성되었다. 새로 구성된 당중앙군사위원회는 국방위원회보다 군을 직접적으로 지도하는데 더욱 적합하게 구성된 것이다. 군에 대한 직접적인 지도력이 당중앙군사위원회가 더 높을 수밖에 없다. 이는 1980년 10월의 당중앙위원회 군사위원회와 중앙인민위원회 산하의 국방위원회 간의 모습까지는 아니지만 당중앙군사위원회의 위상이 정상화되었음을 의미하는 것이다.

이렇게 엘리트의 구성에서 정상으로 회복된 당중앙군사위원회는

제1부국장)으로 구성되어 있었다.

당 규약상으로 상설기관이 되었고 군사 문제에 한정되기는 하지만 당에서 제기하는 모든 문제를 다루는 당중앙위원회와 비견되는 기관이 되어 한 단계 도약하게 된다. 법적인 위상은 1980년 10월의 당중앙위원회 군사위원회를 2010년의 당중앙군사위원회가 넘어선 것이다. 이러한 모습은 김정은 시대에도 계속 이어진다. 김정은은 김정일과는 다르게 당중앙군사위원회의 엘리트들을 정상적으로 보충해 주고 있다. 다음 쪽의 〈표 6〉은 김정은 시대의 당중앙군사위원회 구성원들을 정리한 것이다.

김정은 시대에 들어와서 보충되는 인원들은 꾸준히 일정한 수준을 유지하고 있음을 볼 수 있다. 총참모장과 총정치국장을 비롯한 각 군종별 사령관, 총참모부와 인민무력부, 조직지도부의 주요 직위자들 그리고 공안기관과 군수공업 관계자들이 꾸준히 임명되고 있다.[214]

총정치국장으로는 최룡해, 황병서 등이 총참모장은 리영호, 현영철, 리영길, 리명수 등이 당중앙군사위원회에 소속되었다.[215] 그리고 항공 및 반항공군과 해군의 사령관이 교체될 때마다 당중앙군사위원회 구성원도 새로운 사령관들로 교체되었다. 또한 군수공업과 관계된 인원들도 항상 포함되고 있다.

---

214) 2016년 5월에 개최되었던 제7차 당대회에서는 군종별 사령관들이 당중앙군사위원회 위원에서 제외되었다.

215) 최룡해를 대신했던 황병서는 당중앙군사위원회 부위원장으로 추정되기도 했으나 그가 부위원장으로 명확히 확인된 북한의 공식문헌은 없다. 그리고 『로동신문』, 2016년 2월 21자를 통해 총참모장 취임이 확인된 리명수도 부위원장직을 수행했었다는 북한의 공식문헌은 없다. 아울러 2022년 6월 현재 오수용, 김정관은 소환된 것으로 추정되나 이것이 명확히 확인된 것은 아니다.

〈표 6〉 김정은 시대 당중앙군사위원회 구성원 변화

시기	위원장	부위원장	위원	인원수
2012. 04	김정은	리영호 (총참모장) 최룡해 (총정치국장)	김영춘(당군사부장), 김정각(인민무력부장), 김경옥(대장, 당조직지도부 제1부부장), 김원홍(국가안전보위부장), 정명도(해군사령관), 리병철(공군사령관), 최부일(총참모부 부총참모장), 김영철(정찰총국장), 윤정린(호위사령관), 주규창(당기계공업부장), 최경성(11군단장), 장성택(대장, 당정치국 위원, 국방위 부위원장), 현철해(인민무력부 제1부부장 겸 후방총국장), 리명수(인민보안부장), 김락겸(전략군 사령관)	18명
2013. 02	김정은	최룡해 (총정치국장) 현영철 (총참모장)	장성택(대장, 당정치국 위원, 국방위 부위원장), 김영춘(당군사부장), 현철해(인민무력부 제1부부장), 김원홍(국가안전보위부장), 김정각(차수), 주규창(당기계공업부장), 김경옥(조직지도부 제1부부장), 정명도(해군사령관), 리병철(공군사령관), 최부일(인민보안부장), 김영철(정찰총국장), 윤정린(호위사령관), 최경성(11군단장), 김락겸(전략군 사령관)	17명
2014. 05	김정은	리영길 (총참모장)	황병서(총정치국장), 김영춘(차수), 김원홍(국가안전보위부장), 주규창(당기계공업부장), 김경옥(조직지도부 제1부부장), 리병철(공군사령관), 최부일(인민보안부장), 김영철(정찰총국장), 윤정린(호위사령관), 최경성(11군단장), 김락겸(전략군 사령관), 장정남(인민무력부 부장, 국방위 위원), 서홍찬(인민무력부 제1부부장), 변인선(인민부력부 부부장), 김명식(해군사령관)	17명
2015. 12	김정은	리영길 (총참모장)	황병서(총정치국장), 김원홍(국가안전보위부장), 김경옥(조직지도부 제1부부장), 리병철(당중앙위 제1부부장), 최부일(인민보안부장), 김영철(정찰총국장), 윤정린(호위사령관), 김락겸(전략군 사령관), 서홍찬(인민무력부 제1부부장), 박영식(인민무력부장), 김춘섭(군수공업부장, 국방위 위원), 김춘삼(총참모부 제1부총참모장 겸 작전국장), 리용주(해군사령관), 김영복(11군단장), 최영호(공군사령관)	17명
2016. 05	김정은	·	황병서(총정치국장), 박봉주(내각총리), 박영식(인민무력부장), 리명수(총참모장), 김영철(통일전선부장 겸 정찰총국장), 리만건(당군수공업부장), 김원홍(국가안전보위부장), 최부일(인민보안부장), 김경옥(조직지도부 제1부부장), 리영길(제1부총참모장 겸 작전총국장), 서홍찬(인민무력부 제1부부장)	12명
2017. 10	김정은	·	최룡해(조직지도부장), 박봉주(내각 총리), 황병서(총정치국장), 박영식(인민무력상), 리명수(총참모장), 김영철(통일전선부장), 최부일(인민보안상), 김경옥(조직지도부 제1부부장), 리영길(제1부총참모장 겸 작전총국장), 서홍찬(인민무력성 제1부상), 리병철(군수공업부 제1부부장), 정경택(국가보위성상), 장길성(군 상장)	14명

시기	위원장	부위원장	위원	인원수
2018.05	김정은	·	**최룡해**(조직지도부장), **박봉주**(내각총리), **김수길**(총정치국장), **노광철**(인민무력상), **리명수**(총참모장), **김영철**(통일전선부장), **최부일**(인민보안상), **김경옥**(조직지도부 제1부부장), **리영길**(제1 부총참모장 겸 작전총국장), **서홍찬**(인민무력성 제1부상), **리병철**(군수공업부 제1부부장), **정경택**(국가보위성상), **장길성**(군 상장)	14명
2021.01	김정은	**리병철** (당정치국 상무위원, 당비서, 군 원수)	**조용원**(당정치국 상무위원, 당비서), **오일정**(당정치국 위원, 당 군정지도부 부장), **김조국**(조직지도부 제1부부장), **강순남**(국방성 부상), **오수용**(제2경제위원회 위원장), **박정천**(총참모장), **권영진**(총정치국장), **김정관**(국방상), **정경택**(국가보위성상), **리영길**(사회안전성상), **림광일**(정찰총국장)	13명
2022.06	김정은	**박정천** (당정치국 상무위원, 당비서, 군 차수) **리병철** (당비서, 군 원수)	**조용원**(당정치국 상무위원, 당비서), **오일정**(당정치국 위원, 당 군정지도부 부장), **김조국**(조직지도부 제1부부장), **강순남**(민방위부 부장), **정경택**(총정치국장), **리영길**(국방성상), **리태섭**(총참모장), **조경철**(군 보위국장), **박수일**(사회안전상), **리창호**(정찰총국장)	13명

*출처: 『조선중앙통신』, 2012년 4월 11일; 2012월 7월 16일; 2012년 12월 29일; 『로동신문』, 2016년 5월 10일; 2017년 10월 8일; 2018년 5월 18일; 2021년 1월 10일; 2022년 6월 11일; 2022년 6월 24일; 이준혁·김보미, "북한 당중앙군사위 제7기 제1차 확대회의와 향후 북한군의 역할", 『이슈브리핑』 18(17), (국가안보전략연구원, 2018), 4~6쪽; 정성장, "북한 노동당 제4차 대표자회와 파워 엘리트 변동", 『정세와 정책』통권 193호(세종연구소, 2012. 05), 4쪽; 통일부 정세분석국 정치군사분석과, 『2014 북한 주요인사 인물정보』(통일부, 2014); 통일부 정세분석국 정치군사분석과(2015); 오경섭·김갑식, "권력엘리트의 지속성과 변화", 『김정은 정권의 정치체제: 수령제, 당·정·군 관계, 권력엘리트의 지속성과 변화』(통일연구원, 2015), 125쪽; 통일부 정세분석국 정치군사분석과, 『2013 북한 주요기관, 단체 인명록』(통일부, 2013), 10쪽; 통일부 정세분석국 정치군사분석과, 『2014 북한 주요기관, 단체 인명록』(통일부, 2014), 10쪽; 통일부, 『2018 북한 주요인사 인물정보』(통일부, 2018) 해당인물; 통일부, 『2018 북한 주요기관, 단체 인명록』(통일부, 2018), 10쪽; 통일부, 『2021 북한 기관별 인명록』(통일부, 2021), 10쪽; 통일부, 『2021 북한 주요 인물정보』(통일부, 2021) 해당인물

이렇게 김정은은 구성원의 교체가 필요하면 그에 상응하는 인물들로 지체하지 않고 교체하고 있다. "국가방위와 관련한 중대한 전략적 문제들을 토의"하는 당중앙군사위원회의 역할과 위상을 김정은 시대에 들어서는 인원 교체를 통해 변화를 주지 않고 그대로 유지하고 있는 것이다.

그런데 2016년 5월, 36년 만에 개최된 제7차 당대회부터 조금은 다른 양상이 나타나고 있다. 2021년 1월 8차 당대회 전까지 기존에 존재했던 부위원장을 선출하지 않았고 위원도 기존보다 줄어든 11

명만 선출했는데 기존에 포함되었던 전략군 사령관이나 항공 및 반항공군 사령관 등 군지휘관들이 제외되고 경제 관료인 박봉주가 새로 포함된 것이 눈에 띈다.

이는 먼저, 군지휘관을 굳이 당중앙군사위원회에 참여시키지 않아도 군을 움직이는데 어려움이 없기 때문이었다. 나중에 본격적으로 다루겠지만 당중앙군사위원회 확대회의에는 당중앙군사위원회의 구성원이 아니라도 참여할 수가 있다. 그리고 군을 통제하는 총정치국장과 총참모장은 그대로 위치하므로 각 군 사령관이 회의의 구

위대한 김일성동지와 김정일동지의 혁명사상으로 철저히 무장하자!

로동신문

조선로동당 중앙위원회기관지

제128호 [루계 제25271호] 주체105(2016)년 5월 7일 (토요일)

위대한 김정은동지 따라 최후의 승리를 향하여 앞으로!

위대한 김일성-김정일주의당력사에 특기할 승리와 영광의 대회

조선로동당 제7차대회 성대히 개막

〈당 제7차 대회 개막식〉

당 중 앙 군 사 위 원 회

위원장 김 정 은

위 원

황병서	박봉주	박영식	리명수
김영철	리만건	김원홍	최부일
김경옥	리영길	서홍찬	

〈당 제7차 대회에서 임명된 당중앙군사위원회 구성원들〉

『로동신문』, 2016년 5월 10일

성원이 아니라도 김정은이 군을 지도하는 데는 아무런 문제가 되지 않는다.

또한 김정은의 등장 이후 더욱 강화된 당 중심의 국정 운영과 연관이 있다. 김정은은 제7차 당대회를 통해 당의 군사 최고 기관에서 군 지휘관들을 내보냈고 부위원장이었던 총정치국장과 총참모장을 위원 신분으로 내려 기관 내에서 군 인사들의 비중을 낮추었다. 이는 당중앙군사위원회에만 해당되는 것이 아니다. 전반적으로 군 인사들이 당의 중앙지도기관에서 후 순위로 서열이 밀렸다. 제3, 4차 당대표자회에서 정치국 상무위원이었던 총참모장이 정치국 위원에만 선출되면서 인민무력부장과 함께 이전보다 정치국 내에서 후 순위로 선출되었다. 그리고 정치국 후보위원에 선출된 군 관련 인사들도 전반적으로 후 순위로 선출되었다.[216] 이러한 흐름은 8차 당대회

216) 『조선중앙통신』, 2010년 9월 28일; 『로동신문』, 2016년 5월 10일의 관련 기사 비교.

이후로도 지속되고 있다.

이렇게 군 인사들이 기존에 속해 있던 기관에 포함되지 못하고 서열이 내려갔다는 것은 그들의 위상과 역할이 하락한 것으로 해석할 수 있다. 이는 당내에서 군 인사들의 입지를 줄여 군에 대한 당적 통제를 더욱 강화하겠다는 의도로 볼 수 있는 것이며 그만큼 군에 대한 당의 통제가 확실히 작동하고 있음을 보여주는 것이다.

한편 경제 관료인 박봉주가 당중앙군사위원회에 포함되었던 것이 특이하다. 이는 '경제건설과 핵무력건설의 병진로선'의 추진과 관계가 있었다. 북한에게 경제와 핵은 7차 당대회 당시에도 현재도 동시에 발전시켜 나가야 최우선 과제이고 북한 경제에서 군이 차지하는 비중은 상당하다. 그러므로 군사 지도기관에 경제전문가를 포함시켜 무력과 경제발전의 균형을 맞추어 발전시키기 위한 시도로 볼 수 있다. 그리고 균형 발전이 어렵게 되면 군사 분야에 경제역량을 더욱 집중하기 위한 시도로도 볼 수도 있을 것이다.

그런데 7차 당대회를 기점으로 이전보다 당중앙군사위원회의 구성원 수가 줄어들었다. 하지만 인원이 줄었다고 해서 이 기관의 위상과 역할이 줄어든 것은 아니다. 이 기관에는 여전히 군과 군수산업, 공안기관 등을 통제하고 움직이는데 부족함 없는 인적 구성이다. 또한 점차 강화되고 있는 당의 위상과 역할 강화는 자연스럽게 당중앙군사위원회의 군사 분야에 대한 위상과 역할을 강화하게 해줄 것이다. 즉 구성원 수를 줄인 것은 기관운영의 효율성을 추구한 것으로 보인다.

한편 구성원 교체는 당중앙군사위원회 관련 회의들의 정식안건으로 처리되고 있다.[217] 그리고 제7차, 8차 당대회는 물론이고 당중앙군사위원회 확대회의, 당중앙위원회 회의들에서 정식안건으로 상정되어 처리되었다. 인원 교체가 정상적인 절차를 거쳐 이루어지고있는 것이다. 당의 협의체 대신 자신의 독단적인 결정을 선호했던 김정일과는 다른 양상을 보이고 있다.

정상적인 협의를 거치는 방법은 당중앙군사위원회의 위상과 역할 변화에 직접적인 영향을 준다. 정식절차를 무시한 최고 지도자의 독단적인 기관운영과 인원 교체는 그 기관을 최고 지도자를 위한 거수기로 전락시켜 위상과 역할을 비정상적으로 만들어 버린다. 그러나 정상적인 절차를 거치는 운용과 구성원 교체는 해당 기관의 위상과 역할을 정상화시킬 것이다. 즉, 김정은 시대의 당중앙군사위원회의 위상과 역할은 김정일 시대와는 달리 정상화되어 상승하고 있는 것이다.

그런데 2021년 1월에 개최된 제8차 당대회 이후 당중앙군사위원회는 그 위상과 역할이 더 확대되고 있는 것으로 판단된다. 당시 개정된 당 규약에는 당중앙군사위원회 관련 내용에 "토의문제의 성격에 따라 … 필요한 성원들만 참가시키고 소집할수 있다."[218]는 내용이 추가되었는데 이는 군의 활용이 필요한 긴급한 문제들에 대한 당중앙군사위원회의 직접 지도를 가능하게 하여 이 기관의 즉응성을 향상시킨 것이다. 그리고 당 규약 서문에 "강력한 국방력으로 근원적인 군사적위협들을 제압하여 조선반도의 안정과 평화적환경을 수호한다."는 내용을 보충하고 이에 대해 "강위력한 국방력에 의거하여 조선반도의 영원한 평화적안정을 보장하고 조국통일의 력사적위업을 앞당기려는 우리 당의 확고부동한 립장의 반영으로 된

217) 『조선중앙통신』, 2013년 2월 3일; 2013년 8월 25일; 『로동신문』, 2014년 3월 17일, 2014년 4월 27일; 2015년 2월 23일; 2015년 8월 28일; 2016년 5월 10일.

218) 『로동신문』, 2021년 1월 10일.

다."고 해설하였다.[219] 이러한 국방력 강화와 통일의 연결은 당연히 당의 군사 지도기관인 당중앙군사위원회의 강화로 이어질 수밖에 없고 이는 한국, 미국과의 비핵화 대화가 실패로 돌아간 후 체제를 유지하기 위해 다시 한번 군을 강화하여 활용하겠다는 의지를 엿볼 수 있는 것이다.

한편 당중앙군사위원회에서는 박봉주의 은퇴 이후 경제 분야에 대한 관여도가 떨어지고 있는 것으로 보인다. 제8차 당대회 이후 개최된 3차례에 걸친 당중앙위원회 확대회의들에서 논의된 내용들은 군사 운영에 관한 것이지 경제와 관련된 내용은 논의되지 않았다.[220]

2. 군사 분야에 대한 당적 지도

1) 당의 군사 노선·정책에 대한 집체적 결정

김일성, 김정일 시대의 당중앙군사위원회에 대한 위상과 역할 규명이 힘든 이유는 당중앙군사위원회의 회의에 대한 내용이 제대로 공개된 것이 드물기 때문이다. 물론 김일성과 김정일의 노작 등을 통해 당중앙군사위원회 회의들의 내용이 밝혀지는 경우도 있었지만 그것들은 너무나 단편적인 내용들뿐이었다. 다음 쪽의 〈표 7〉은 이러한 단편적인 내용들을 확인하여 김일성 시대 당중앙군사위원회 관련 회의들과 발언, 지시, 명령, 결정을 정리한 것이다.

---

219) 위의 기사.

220) 『로동신문』, 2021년 2월 25일; 2021년 6월 12일; 2022년 6월 24일.

〈표 7〉 김일성 시대 당중앙군사위원회 관련 주요 회의, 발언, 지시, 명령, 결정

일자	내용	비고
1969.10.27	• 대부대 이동 같은 군사행동은 당중앙군사위원회나 최고사령관의 명령에 의해서만 할 수 있음을 교육 • 군 규율 위반한 책임 있는 직위의 간부에 대한 처벌은 당중앙위원회 군사위원회의 비준을 받으라고 지시	김일성이 조선인민군 대대장, 정치부대대장, 대대사로청위원장대회에서 한 연설
1977.01.00	부대지휘관리 개선 위한 방도 제시 및 해당한 조치 지시	당중앙군사위원회 확대회의
1979.02.00	군대를 혁명화하여 김정일의 두리에 단결시키고 군인들이 당과 수령을 위해 목숨을 바칠 수 있게 할 수 있는 과업제시	당중앙군사위원회 회의
1979.09.10	최고사령관 명령과 당중앙위원회 군사위원회 명령을 무조건 관철할 것을 지도	김정일이 당중앙위원회 조직지도부 책임일군회의에서 한 연설
1979.10.28	인민군대안의 모든 사로청 조직들과 사로청원들이 당중앙위원회 군사위원회와 최고사령관의 명령을 충실히 집행할 것 지시	조선인민군 사로청 일군대회
1982.06.00	• 김정일에게 군대의 모든 사업을 집중시키고 그의 유일적 결론에 따르게 하기위해 필요한 조치 지시 • 김정일이 군대의 모든 사업을 지도할 수 있게 하기 위한 부서를 당중앙위원회에 설치 지시 • 전군에 김정일 중심의 명령지휘체계 수립 지시: 군대의 주요지휘관들이 긴급한 문제들을 직접 김정일에게 보고할 수 있는 체계 수립	당중앙군사위원회 회의
1984.02.04	인민군 전체 부대들과 조선인민경비대, 로동적위대, 붉은기청년근위대 전체 대원들에게 조선인민군 최고사령관의 명령을 하달: 전투동원태세 강화 명령	당정치국, 당중앙군사위원회 연합회의
1990.02.00	부대지휘관리 개선 위한 방도 제시 및 해당한 조치 지시	당중앙군사위원회 회의
1991.01.05	제대군관들의 생활을 잘 돌봐줄데 대한 당중앙군사위원회 명령이 몇해전에 내려졌었음을 확인	김정일이 당중앙위원회, 정무원 책임일군들 앞에서 한 연설
1991.12.25	김일성, 고령으로 당중앙위원회 군사위원회 위원장으로서 고문의 역할을 수행할 것 언급	김일성이 인민군 중대 정치지도원 대회에서 한 연설
1992.06.30	개별적 또는 집체적으로 의거하여 오는 적 군대 복무자들을 대우함에 관한 결정	·

*출처: 정성장(2011ㄱ), 27~29쪽; 김일성(1983ㄱ), 「현정세와 인민군대앞에 나서는 몇가지 정치군사과업에 대하여」, 『김일성 저작집 24』, 평양: 조선로동당출판사, 284~286쪽; 김일성(1987), 「인민군대를 강화하여 사회주의조국을 튼튼히 보위하자」, 『김일성 저작집 34』, 평양: 조선로동당출판사, 444쪽; 김일성(1996), 「인민군대 중대 정치지도원들의 임무에 대하여」, 『김일성 저작집 43』, 평양: 조선로동당출판사, 261쪽; 조선로동당출판사(1998), 430~435쪽; 김정일(2011ㄱ), 「군수공업을 더욱 발전시킬데 대하여」, 『김정일 선집 9』, 평양: 조선로동당출판사, 36쪽; 김정일(2012), 239쪽; 조선로동당출판사(2000), 『위대한 수령 김일성동지의 불멸의 혁명업적 20: 혁명위업 계승문제의 빛나는 해결』, 평양: 조선로동당출판사, 263~264쪽; 『로동신문』, 1984년 2월 4일; 『연합뉴스』, 1992년 7월 1일; 2001년 11월 20일.

위의 내용을 분석하면 김일성 시대의 당중앙군사위원회는 군부대 이동이 포함된 군사작전, 군 지휘체계 확립, 전투준비태세 강화, 귀순한 적의 처리와 같은 군 작전에 직접 관련되어 있는 사안들을 지휘하고 있었음을 볼 수 있다. 그리고 군 규율적용, 군내 정신교육이나 정치사업, 군수산업, 장병 복지 및 사기진작도 지휘하고 있었음을 알 수가 있다. 당중앙군사위원회를 통해 군 운용의 주요 사항들이 결정되고 지시되었던 것이다.

그런데 김정일 시대에는 이 기관이 당의 군사 정책을 논의하는 기관으로서의 기능을 제대로 수행하기에는 크게 위축되어 있었다. 협의체라고 하기엔 제3차 당대표자회 직전의 모습이 너무도 작았고 3차 당대표자회 이후에도 김정일이 당중앙군사위원회 회의를 개최했다는 증거는 아직까지 찾을 수가 없다.

그러나 김정은은 당중앙군사위원회를 당의 군사 노선·정책을 논의하는 기관으로 적극 활용하고 있음을 볼 수 있다. 김정일 사망 후 김정은은 당중앙군사위원회 회의의 개최 공개를 주저하지 않고 있다. 회의의 공개는 당중앙군사위원회의 위상과 역할을 분명히 알 수 있게 해주고 있다. 〈표 8〉은 김정은 시대의 당중앙군사위원회가 관련된 회의의 개최를 정리한 것이다.

〈표 8〉 김정은 시대 당중앙군사위원회 관련 회의

보도 일자	회의명	주요 내용
12.04.12	조선로동당 제4차 대표자회	김정은의 당중앙군사위원회 위원장 추대, 당중앙군사위원회 부위원장 선거하고 위원들 소환, 보선
13.02.03	당중앙군사위원회 확대회의	군력강화, 조직문제
13.08.25	당중앙군사위원회 확대회의	전투력·방위력 강화문제, 조직문제

보도 일자	회의명	주요 내용
14.03.17	당중앙군사위원회 확대회의	전군에 당의 유일적 령군체계수립, 군의 전투준비태세 및 전투력 강화, 군인생활문제 해결, 방위력 개선, 조직문제
14.04.27	당중앙군사위원회 확대회의	군 정치기관들의 기능과 역할강화, 조직문제
15.02.23	당중앙군사위원회 확대회의	국가방위사업 전반논의, 조직문제
15.08.21	당중앙군사위원회 비상확대회의	8월 위기 대응 방안 논의
15.08.28	당중앙군사위원회 확대회의	8월 위기 총화, 라선시 홍수피해 복구 문제
16.05.09	당중앙위원회 제7기 1차 전원회의	당중앙군사위원회조직: 김정은을 위원장으로 추대, 부위원장 미선출, 위원 11명 선출
17.10.08	당중앙위원회 제7기 2차 전원회의	당중앙군사위원회 위원 교체
18.05.17	당중앙군사위원회 확대회의	군의 군사정치과업 수행 분석, 당의 유일적령군체계 수립 및 혁명적 군풍 확립, 당의 훈련·사상혁명·군 현대화 방침 추진, 군인 생활 개선 문제 포함 군건설과 군사활동의 기본방향 및 방도 전달, 조직문제
19.09.07	당중앙군사위원회 비상확대회의	비상재해방지대책 토의, 조직문제
19.12.22	당중앙군사위원회 확대회의	무장력 강화 위한 조직·정치적·군사적 대책, 조직문제
20.05.24	당중앙군사위원회 확대회의	무장력 강화 위한 정치사상적·군사기술적으로 비약시키기 위한 군사적 대책, 조직정치적대책, 조직문제
20.06.24	당중앙군사위원회 예비회의	대적(대남)군사행동 계획 보류
20.07.19	당중앙군사위원회 확대회의	군의 당적 교양·지도 강화위한 문제, 조직문제, 중요부대들의 전략적임무·작전동원태세 점검, 전쟁억제력 강화 문제, 군수생산계획지표들 심의·승인
20.09.09	당중앙군사위원회 확대회의	태풍 피해복구대책 토의
21.01.11	당중앙위원회 제8기 1차 전원회의	당중앙군사위원회 조직개편
21.02.25	당중앙군사위원회 제8기 제1차 확대회의	군 안에 도덕 규율을 확립하기 위한 문제 토의
21.06.12	당중앙군사위원회 제8기 제2차 확대회의	무력의 전투력 향상 및 국가방위사업 전반에 관한 과업, 조직문제
21.08.08	함경남도당 군사위원회 확대회의	폭우피해 복구 관련 당중앙군사위원회의 지시 관철위한 대책 강구
22.05.12	당중앙위원회 제8기 제8차 정치국회의	코로나 방역에 대한 당중앙군사위원회의 비상지시문 심의승인 및 하달

보도 일자	회의명	주요 내용
22.06.11	당중앙위원회 제8기 제5차 전원회의	당중앙군사위원 보선 및 무력기관 지휘 성원들 임명
22.06.24	당중앙군사위원회 제8기 제3차 확대회의	부위원장 선거, 국가방위력 향상위한 방안 논의, 각급 군사위원회 기능과 역할 증대방안 토의, 국방정책 실행 위한 조직정치적 대책들 결정, 군 전선부대들의 작전임무 추가 및 작전계획수정, 군사조직편제개편안 비준
22.10.10	당중앙군사위원회 회의	• 9월 하순: 전쟁억지력의 신뢰성과 전투력 검증 및 향상, 적들에게 강력한 군사적대응경고 보내기 위한 실전화된 군사훈련들을 조직 진행할 것 결정 • 10월 4일: 조선반도의 불안정한 정세에 대처하여 적들에게 강력하고 명백한 경고를 보낼데 대한 결정 채택-일본 가로지르는 신형 중거리 탄도탄 발사

*출처: 『로동신문』; 『조선중앙통신』 각호.
*북한 언론 보도에서는 2022년 10월 10일 공개한 당중앙군사위원회 회의의 종류가 언급되지 않았다. 그래서 '당중앙군사위원회 회의'로 임의 설정하였다.

〈표 8〉의 내용을 보면 알겠지만 김정은 시대의 당중앙군사위원회는 군사 분야의 모든 부분을 다루고 있음을 알 수가 있다. 부대의 전투력과 국가의 방위력 개선방안, 전투준비태세 같은 싸우는 힘을 키우는 문제와 군인 생활문제와 같은 군인에 대한 지원 문제, 당의 영군 체계를 세우는 문제는 물론 군대의 정치사업 문제, 인사 문제 그리고 군사적 긴장감이 고조 되었을 때 이를 극복하기 위한 방안들도 논의됨을 볼 수 있다.

또한 위의 표에는 표기하지 않았지만 매해 처음 열리는 회의에서는 지난 한해의 군대 사업을 종합 평가하고 올해의 군대 사업 목표를 제시한다. 지난 한해 군의 활동을 정리하고 올해 군이 나아갈 방향을 정하는 것이다. 김정은의 말처럼 당중앙군사위원회가 "국가방위와 관련한 중대한 전략적 문제들을 토의"하고 있는 것이다. 그리고 당중앙군사위원회는 군사기관의 이름을 바꾸거나 국가중요대상 건설

〈대전차미사일 시험발사를 현지 지도하는 김정은〉

『로동신문, 2016년 2월 27일

을 명령하거나 관여하기도 했으며[221] 김정은이 2016년 2월말 대전차미사일 시험발사를 현지 지도하면서 개발에 참여한 공장과 기술자, 과학자들에게 당중앙군사위원회 명의의 감사를 준 것으로 보아 무기 개발에도 관여하고 있는 것으로 보인다.[222]

한편 김정은은 2015년 3월에 5월 27일 수산사업소 건설장을 현지 지도 하며 "나라의 수산업을 결정적으로 추켜세우는것은 인민들의 식생활을 더욱 유족하게 하며 군인들의 후방사업을 더욱 개선하여

---

221) 김일성군사종합대학 연구원을 김정일 군사연구원으로 명명하는 명령과 위성과학자거리 건설을 지시하는 명령을 내렸고 군부대가 건설에 동원되었다. 그리고 송도원 국제 소년단 야영소 개건에 동원된 군인 건설자들에게 당중앙위원회와 공동명의로 감사를 보낸 것으로 보아 여기에도 관여한 것으로 보인다. 『조선중앙통신』, 2012년 10월 29일; 2014년 3월 5일; 『로동신문』, 2014년 5월 3일.

222) 『로동신문』, 2016년 2월 27일.

인민군대의 싸움준비를 완성하기 위한 중요한 사업이기때문에 국가방위와 관련한 중대한 전략적문제들을 토의하는 조선로동당 중앙군사위원회 확대회의에서 5월27일수산사업소건설과 관련된 문제를 토의결정하였다."[223]고 말하였다. 아울러 금산포젓갈가공공장과 금산포수산사업소 건설장을 현지 지도 하면서도 이 공장들의 건설문제를 당중앙군사위원회 확대회의에서 토의하였다고 말하였다.[224] 이는 김정은 시대에는 군인들의 식생활문제와 복지관련 문제들도 당중앙군사위원회 회의를 통한 집체적 결정을 하고 있음을 보여주는 것이다.

그러나 현재 공개되는 내용만 가지고는 군사 분야의 중요한 문제들을 실제로 토의를 거쳐 의견들을 다 수렴한 후 결정하는지 아니면 회의는 형식이고 김정은이 다른 의견을 수렴하지 않으면서 일방적으로 자신의 방침을 내리고 이에 대한 실현 방법만을 토의하게 하는지는 정확히 알 수는 없다. 하지만 분명한 것은 김정일과는 다르게 김정은은 군사노선과 정책에 대해 당중앙군사위원회의 회의를 통해 집체적 결정을 하고 있다는 것이다.[225]

그런데 여기서 주목할 것은 당중앙군사위원회가 개최하는 회의 중 주로 공개되는 회의가 확대회의라는 것이다. 확대회의는 결의권

223) 『로동신문』, 2015년 3월 14일.

224) 『로동신문』, 2015년 3월 27일.

225) 김갑식은 김정은이 김정일과는 다르게 협의체를 적극 활용하는 이유로 선대에 비해 수령으로서의 지도력, 장악력 등이 부족하여 이를 보완하기 위해 시스템에 의한 정치로의 전환을 추진하고 있다고 주장하였다. 하지만 김동엽은 당 중심의 국정 운영을 통해 점차 자신만의 정치력을 넓혀가는 과정이라고 평가하였다. 김갑식(2014), 「김정은 정권의 수령제와 당·정·군 관계」, 『한국과 국제정치』 30(1), 경남대학교 극동문제연구소, 44~52쪽; 김동엽(2015), 「당·정·군관계의 지속성과 변화」, 『김정은 정권의 정치체제: 수령제, 당·정·군 관계, 권력엘리트의 지속성과 변화』, 통일연구원, 93쪽.

〈당중앙군사위원회 제8기 제3차 확대회의 모습〉

『로동신문, 2016년 2월 24일

을 가진 핵심 구성원들뿐만 아니라 해당 분야의 다른 전문가들도 참여할 수 있는 회의이다.[226] 그러니까 결의권을 가진 구성원들만 참여하는 회의가 존재할 수 있다는 것이다. 당정치국도 당정치국 회의를 개최하면서 당정치국 확대회의도 개최하고 있다.[227]

당중앙군사위원회 확대회의의 참석자들을 보면 당중앙군사위원회 위원들과 조선인민군 최고사령부 작전지휘성원들, 해군, 항공 및

---

226) 사회과학원 언어학연구소(1992ㄴ), 1110쪽.

227) 김정은 시대 들어서 당정치국이 개최하는 회의는 정치국회의, 협의회, 상무위원회, 확대회의 등 다양하다. 이는 확대 회의가 주로 공개되고 있는 당중앙군사위원회 와는 다른 양상이다. 이 회의들에서는 중요 인사들의 출당과 해임과 같은 인사 문제와 국가체육지도위원회 설치와 같은 국가조직에 대한 문제, 부정부패 척결에 대한 문제, 경제발전과 인민생활 향상 방안 등과 같은 각종 국가정책, 코로나 방역 문제 등 국가의 주요 현안들이 토의되고 있다. 김동엽(2015), 93~94쪽; 『로동신문』, 2021년 6월 30일; 2021년 12월 2일; 2022년 5월 21일; 2022년 9월 26일.

반항공군, 전략 로케트군을 비롯한 대연합부대의 지휘성원, 조선인민군 당위원회 집행위원들, 군단급 단위 지휘성원들이다.[228] 그 규모가 상당함을 알 수 있는데 이것은 확대회의 외에도 당중앙군사위원회의 구성원들, 즉 결의권자들만의 회의가 따로 진행됨을 추측하게 한다.

김정은 시대에 들어서서 당중앙군사위원회에서 확대회의 외에 개최 여부가 확인된 회의는 2회 확인된 비상확대회의와 1회 확인된 예비회의이다.[229] 거기에 2022년 9월 하순과 10월 4일에 개최되어 전술핵 운용부대들의 훈련과 일본을 가로지르는 신형 중거리 탄도미사일 발사를 결정한 회의 명칭이 불명확한 회의도 있다.[230] 이는 북한이 공개하고 있지 않지만 정치국이 다양한 형태의 회의를 개최하는 것과 같이 당중앙군사위원회도 다양한 회의를 개최하고 있을 가능성을 확인해주는 것이다.[231] 모든 회의를 확대회의로 개최한다면 굳이 당중앙군사위원회의 성원들을 따로 선발할 필요가 없다. 확대회의 대상자들을 모두 당중앙군사위원회의 소집대상으로 선정하고 주제에 맞추어 필요한 사람들만 따로 회의에 참여하게 하면

---

228) 회의 참여자들 가운데 '군종'이라는 표현이 나오는데 이는 육, 해, 공군과 같은 군의 종류를 표현하는 것이다. 즉 북한이 말하는 군종 지휘성원은 육, 해, 항공 및 반항공군, 전략로케트군의 지휘관들을 말한다. 그리고 2013년 2월 3일 회의에는 군당위원회 집행위원들은 참여하지 않았다. 그러므로 회의의 주제에 따라 참여하는 인원들에 변화가 있는 것이다. 사회과학원 언어학연구소(1992), 342쪽; 『조선중앙통신』, 2013년 2월 3일; 2013년 8월 25알; 『로동신문』, 2014년 3월 17일; 2014년 4월 27일; 2015년 2월 23일.

229) 이외에도 함경도당 군사위원회 확대회의도 개최되었는데 이는 중앙의 군사 분야에 대한 지시도 지방에서 효율적으로 이행하기 위한 체계가 수직적으로 구축되어 있음을 의미한다.

230) 『로동신문』, 2022년 10월 10일.

231) 〈표 7〉에서 확인할 수 있듯이 김일성 시대에 '당중앙군사위원회 회의'라는 명칭의 회의가 수차례 열렸던 전례도 이러한 가능성을 뒷받침하는 사례일 것이다.

되는 것이다.

그런데 확대회의 참여자들을 보면 야전 지휘관들이 많이 포함되어 있음을 확인할 수 있다. 당의 확대회의에 야전 지휘관들이 많이 참여한다는 것은 이미 다른 회의에서 결정된 사항들에 대해 명령하고 보완 사안들에 대한 의견을 청취하는 것일 가능성이 있음을 의미한다. 아무리 북한이 선군정치를 펼친다고 해도 당의 군사노선과 정책결정에 직접 참여할 수 있는 군인은 극히 일부에 불과하다. 대부분의 지휘관들은 당의 군사노선과 정책을 집행하는 것이 임무이다. 그러므로 북한이 공개하고 있는 당중앙군사위원회 확대회의는 당중앙군사위원회 위원들이 따로 회의를 개최하여 결의한 사항들에 대해 의견 등을 듣고 결론을 내리는 회의일 가능성도 있다.

결국 당중앙군사위원회 확대회의 이전에 당중앙군사위원회 위원들로만 개최하는 다른 종류의 회의가 존재할 가능성이 크다. 현재 확인 가능한 비정기적으로 개최되고 있는 확대회의보다 더 많은 당중앙군사위원회 회의들이 수시로 개최되고 있다는 것이다.

이는 김정은 시대의 당중앙군사위원회는 김정일 시대와는 구분되게 군사 분야의 당 정책을 토론하여 집체적으로 결정하는 기능을 다하고 있다는 것을 의미한다. 김정은은 당중앙군사위원회를 통해 국가방위와 관련한 중대한 전략적 문제들을 토의하고 있는 것이다. 이는 수시로 개최되고 있는 당중앙군사위원회 관련 회의들을 통해 확인이 가능하다.

2) 군대에 대한 지휘

당중앙군사위원회의 군 지휘에 대한 규정은 1980년 10월 당 규약 개정에서 처음 등장한다. 하지만 그전부터 이 기관이 지휘권을 행사하고 있었음을 알 수 있게 하는 문건들이 드물지만 존재한다.

김일성은 1969년 10월에 있었던 '조선인민군 대대장, 정치부대대장, 대대사로청위원장대회'에서 "군대 안에 명령지휘체계를 철저히 세워야 하겠습니다. … 물론 큰 부대를 움직이는 것과 같은 군사행동[232]에 대하여서는 민족보위상이 명령할 수 없고 당중앙위원회 군사위원회나 최고사령관의 명령에 의해서만 할 수 있습니다."[233] 라고 이야기했다. 부대를 군사적 목적을 달성하기 위해 움직이는 것, 즉 군대들의 군사작전, 훈련, 부대이동에 대해 당중앙군사위원회 군사위원회는 최고사령관과 같이 통제하고 있었던 것이다.

1979년 10월에는 조선인민군 사로청일군대회에서 군대에서의 정치교양사업, 전투훈련강화, 규율준수 등을 강조하며 "나는 인민군대 안의 모든 사로청조직들과 사로청원들이 당중앙위원회의 두리에 더욱 굳게 뭉쳐 당중앙위원회 군사위원회와 최고사령관의 명령을 충실히 집행하며 자기에게 맡겨진 혁명임무를 훌륭히 수행하기 위하여 모든 것을 다 바쳐 투쟁할 것을 바랍니다."[234]라고 연설했다. 한마디로 당중앙위원회 군사위원회와 최고사령관의 지휘에 충성을 다하라는 것이었다.

이 시기의 당중앙위원회 군사위원회에 대한 자료가 워낙 제한적이라 이 기관의 구체적 역할을 정확히 분석하는데 한계는 분명히 있다. 하지만 위의 문건들은 당중앙위원회 군사위원회가 군대를 움

---

232) 북한은 군사행동에 대해 "군사적 목적을 띤 행동"이라고 정의하였다. 사회과학원 언어학연구소(1992ㄱ), 340쪽.

233) 김일성(1983ㄱ), 284쪽.

234) 김일성(1987), 444쪽.

직일 수 있는 권한과 군내의 당 정치조직들을 움직이는 데 관여하고 있었음을 알려주는 것들이다. 이는 앞에서 말했듯 당 규약에 군 지휘권이 명시되기 전부터 당중앙위원회 군사위원회는 최고사령관과 함께 사실상 군에 대한 지휘권을 행사하고 있었음을 보여주는 것이다. 물론 당시 당중앙위원회 군사위원회 위원장과 최고사령관이 모두 김일성이었으므로 군 지휘권에 관해서 두 직책을 분리하는 것은 형식상의 문제일 수도 있을 것이다.

그런데 당중앙위원회 군사위원회가 실제적으로 행사하고 있던 군에 대한 지휘권이 명문화된 것은 1980년 제6차 당대회 때이므로 상당한 시간이 흐른 뒤의 일이다. 이는 사실상 수행하고 있던 역할이 나중에 명문화된 것으로 당 규약이 당의 실제적인 움직임을 나중에 반영하고 정당화하기도 함을 보여주는 것이다.[235] 먼저 법규를 만들어 활용하면서 수정해 나가는 것이 아니라 먼저 실행하여 다 적용되고 있는 것을 사후에 법규로 반영하는 것이다.

이렇게 명문화된 당중앙위원회 군사위원회의 군사 지휘권은 1982년 6월 12일에 개최되었던 '당중앙위원회 군사위원회'에서도 확인할 수 있다. 이 회의에서 김일성은 군대를 더욱 강화시키기 위한 과업을 제시하였고 김정일이 군대사업을 당적, 군사적으로 지도하는 것에 대해서도 교시하였다. 그리고 김정일은 회의에 참석한 인민군지휘성원들 앞에서 군대 안에 당의 영도체계를 세우는 것과 지휘관들의 당에 대한 충성을 강조하며 "인민군지휘성원들은 군대사업에서 제기되는 중요한 문제들을 빠짐없이 당중앙에 보고하고 당중앙의 결론에 따라 처리하는 혁명적규률을 세우며…"라고 말하면서 지휘관

235) 정성장(2011ㄱ), 24쪽.

들이 가져야 할 자세와 역할에 대해서 설명하였다.[236] 북한 최고 지도자들이 당중앙위원회 군사위원회를 통해서 군 지휘관들에게 직접 군 강화를 위한 지침과 지휘관들의 행동 원칙에 대해 지시한 것이다. 이는 당중앙위원회 군사위원회를 통해 당 규약에 명시된 지휘권이 발휘되었음을 밝혀주는 것이다.

위의 회의 이후 같은 해 8월 당중앙위원회에서 독립된 당중앙군사위원회의 군 지휘권 관련 사례는 당중앙군사위원회가 '인민군 전체 부대들과 조선인민경비대, 로동적위대, 붉은기청년근위대 전체 대원들에게 조선인민군 최고사령관의 명령을 하달'한 것이다. 북한은 1984년에 벌어질 팀스피리트 한미연합훈련을 앞두고 당중앙위원회 정치국과 당중앙군사위원회의 연합회의를 개최하여 훈련에 대한 대비책을 논의한다. 이 회의 후 당중앙위원회는 전체 당원들에게 체제 보위를 위한 정치사상적 준비와 인민군 중심의 전인민적방위체계를 강조한 편지를 발표하였다. 그리고 당중앙군사위원회는 북한 전체 무력에 전투동원태세 강화를 지시하는 최고사령관의 명령을 하달한다.[237] 당중앙군사위원회가 최고사령관의 군지휘권에 관여하고 있음을 보여주는 것이다.

그런데 김정일 시대에 들어서도 군에 대한 지휘권을 꾸준히 이어지고 있었다. 그것은 김정일 시대의 당중앙군사위원회와 관련된 주요 명령, 결정, 발표를 보면 알 수 있다.

---

236) 김정일(2011ㄴ),「인민군대를 위대한 수령님의 군대, 당의 군대로 더욱 강화발전시켜나가자」,『김정일 선집 10』, 평양: 조선로동당출판사, 9~12쪽.

237)『로동신문』, 1984년 2월 5일.

〈표 9〉 김정일 시대 당중앙군사위원회 관련 주요 결정, 명령, 발표

일자	내용	관련기관
94.07.09	김일성 사망 발표	당중앙위원회, 당중앙군사위원회, 국방위원회, 중앙인민위원회, 정무원
95.06.12	결정서 "위대한 수령 김일성동지를 영생의 모습으로 길이 모실 데 대하여" 채택	당중앙위원회, 당중앙군사위원회, 국방위원회, 중앙인민위원회, 정무원
95.10.08	• 최광, 리을설 원수 진급 • 조명록, 리하일, 김영춘의 차수 진급	당중앙군사위원회, 국방위원회
97.07.09	'주체연호' 제정, '태양절' 명명	당중앙위원회, 당중앙군사위원회, 국방위원회, 중앙인민위원회, 정무원
97.10.08	김정일의 총비서 추대	당중앙위원회, 당중앙군사위원회
98.04.20, 03.04	공화국 창건 50돌, 55돌에 즈음하여 당중앙위원회, 당중앙군사위원회 구호 발표	당중앙위원회, 당중앙군사위원회
98.09.05, 03.09.03, 09.04.09	김정일을 국방위원회 위원장으로 추대 제의	당중앙위원회, 당중앙군사위원회
98.09.08	리용무, 김룡연에 차수 칭호 수여	당중앙군사위원회, 국방위원회
99.03.01	인민군 중대장대회 참가자들에게 보내는 축하문	당중앙군사위원회
01.08.18	김정일의 러시아 공식방문 후 귀국 보도	당중앙위원회, 당중앙군사위원회, 국방위원회
02.04.13	장성우에 차수 칭호 수여	당중앙군사위원회, 국방위원회
02.08.13	명령 제00112호 "인민보안기관들의 군사훈련 과업에 대하여"	당중앙군사위원회
04.03.00	"무기탄약들에 대한 장악과 통제 사업을 더욱 강화할데 대하여"	당중앙군사위원회
04.04.07	지시 제002호 "전시사업세칙을 내옴에 대하여"	당중앙군사위원회
08.03.27, 09.02.11	김정일이 당중앙군사위원회에서 일군들의 혁명화, 전투준비에 속도를 가하는데 대한 문제, 부대지휘관리 개선과 군기확립을 위한 사업, 중대 강화위한 사업의 결합에 대처하는데 대한 강령적 과업제시	당중앙군사위원회
09.02.11	김영춘의 인민무력부장 임명, 리영호의 총참모장 임명	당중앙군사위, 국방위원회
09.02.19	오극렬의 국방위 부위원장 임명	당중앙군사위, 국방위원회
10.02.03	당 창건 65돌에 즈음하여 당중앙위원회, 당중앙군사위원회 공동구호 발표	당중앙위원회, 당중앙군사위원회

*출처: 『로동신문』; 『조선중앙통신』 각호; 정성장(2011ㄱ), 33~38쪽.
*김일성 사망 직후부터 김정은이 공식적으로 등장하기 시작한 3차 당대표자회 전까지의 기간을 대상으로 종합.

〈표 9〉를 보면 김정일 시대 당중앙군사위원회는 군사훈련이나 부대관리 같은 군 지휘와 직접 연관되는 일을 명령하였다. 그리고 무기, 탄약관리와 같은 군수 업무는 물론 전시 계획을 수립하여 지시하는 등에 대해서도 지도하고 있었음을 알 수 있다.

여기서 특히 주목할 것은 전시사업세칙이다.[238] 전시사업세칙은 전쟁이 발생했을 때 북한의 전당, 전군, 전민이 어떻게 전쟁을 수행해야 하는지 기본원칙과 계획을 적시한 것이다. 언론에 자주 언급되는 '작전계획-5015', '작전계획-5027'과 같은 것으로 이해하면 될 것이다. 결국 당중앙군사위원회는 북한을 군사적으로 지휘하는 기관인 것이다.

이러한 모습은 김정은 시대에서도 찾아볼 수가 있다. 2021년 1월 개정된 당 규약에 '공화국무력을 지휘하고'라는 문구를 추가하여 당중앙군사위원회의 군 지휘를 보다 명확히 한다. 그리고 뒤에 본격적으로 다루겠지만 김정은은 당중앙군사위원회의 회의들을 수시로 개최하여 북한군의 주요 문제들을 다루고 있다. 2015년 8월 위기와 2020년 6월 위기시에도 국가안보위기를 관리하는 기관 역할을 수행했다. 그리고 앞서 보았듯 당중앙군사위원회의 구성원들은 군을 지휘하는데 적합한 구성을 가지고 있다. 김정은 시대에도 당중앙군사위원회가 군 지휘에 강력한 영향력을 미치고 있음을 보여주는 것이다.

---

238) 2004년 전시사업세칙 전문은 김동엽(2013), 250~283쪽 참조.

3) 국방사업 전반에 대한 지도

당중앙군사위원회는 군 지휘권에 관여된 일만 행한 것이 아니다. 우선 군 인사권에 관여하였다. 〈표 9〉를 보면 알 수 있듯이 군의 주요 인사들을 원수나 차수 등으로 진급시키는 데 관여하였음을 알 수 있다. 그리고 북한군 최고 지도자들의 군사칭호를 결정하는 데 관여하고 있었다. 김일성에게 공화국 대원수 칭호를 수여하고 김정일과 오진우에게 공화국 원수칭호를 수여하는 데 관여한 것이다.[239)]

또한 앞서 이야기했던 '조선인민군 대대장, 정치부대대장, 대대사로청위원장대회'에서 김일성은 부대장이 규율을 위반한 책임있는 직위의 간부에 대해 처벌을 해야 할 경우 당중앙위원회 군사위원회에 보고하여 비준을 받으라고 지시하였다.[240)] 이는 당중앙군사위원회가 군 간부들에 대한 징계권도 가지고 있음을 보여주는 것이다.

한편 공산국가들 간의 당 대 당 군사 외교에도 관여한 것이 발견된다. 1982년 6월 중국은 당중앙위원회 정치국위원이며 당중앙위원회 군사위원회 상무위원인 경표를 단장으로 하는 군사대표단을 파견한다. 이에 북한은 당시 당중앙위원회 군사위원회 위원이며 인민무력부장이었던 오진우를 대표로 하는 인사들이 맞이했다. 그리고 당중앙위원회 군사위원회는 중국 군사대표단을 위한 연회를 개최하였으며 오진우는 양측의 군사 회담에서 대표를 맡기도 하였다.[241)] 또한 중국 당중앙군사위원회의 구성원이 사망하자 북한은 당중앙군사위원회 명의로 조전을 보내기도 하였으며 중국의 당중앙군사위원회

239) 『로동신문』, 1992년 4월 14일; 1992년 4월 21일.

240) 김일성(1983ㄱ), 285~286쪽.

241) 『로동신문』, 1982년 6월 15일.

구성원이 방북하였을 때도 북한의 당중앙군사위원회 구성원이 나가서 맞이하였다.[242] 비록 중국과 관련된 자료만 드물게 발견되지만 이 사례들은 당중앙군사위원회가 공산권 국가들과의 군사외교에도 관여했었음을 보여주는 것이다.

군에 대한 지원을 독려하는 활동에도 당중앙군사위원회는 적극 나섰다. 아들 7명을 군대에 보낸 가정에 감사를 보내고 군대에 위문품을 보내는 등 군을 지원하는 데 많은 노력을 기울인 조합이나 기업소, 마을, 3대혁명소조원 등에 감사를 보냈다.[243] 군을 적극적으로 지원한 단체 등을 치하하여 민간의 군에 대한 지원이나 후원을 독려한 것이다.

한편 제대군인들의 사회적응과 생계 문제 등의 관리에도 당중앙군사위원회는 관여하였다. 김정일은 1991년 1월에 당중앙위원회, 정무원 책임일군들 앞에서 국가 전 분야에서의 당 사업 강화를 강조하는 연설을 하면서 군사를 중시하는 사회적 기풍을 강조한다. 그리고 "제대군인들을 내세워주고 그들의 생활조건을 원만히 보장해주어야 합니다. … 당에서는 몇 해전에 제대군관문제를 풀기 위하여 획기적인 조치를 취하고 제대군관들의 생활을 잘 돌봐줄데 대한 당중앙군사위원회 명령까지 내려보냈습니다. 당 조직들은 당의 의도에 맞게 제대군관들을 비롯한 제대군인들을 적극 내세워주고 그들의 생활에서 불편이 없도록 걸린 문제를 제때에 풀어주어야 합니다."라고 이야기하였다.[244] 제대를 앞둔 군인들이 제대 후의 미래에

242) 『로동신문』, 1986년 10월 13일; 1990년 9월 23일; 1992년 6월 5일.

243) 『로동신문』, 1992년 9월 23일; 1992년 11월 7일, 1992년 12월 17일; 1993년 1월 1일, 1993년 2월 16일.

244) 김정일(2012), 215~240쪽.

대해 걱정하지 않고 맡은 임무에만 전념할 수 있도록 한 것이다. 이는 군의 전투력과 직접적으로 연계된 사기와 복무 자세에 관계된 문제이므로 군에 대한 지도와 지휘를 맡고 있는 당중앙군사위원회의 제대군인들에 대한 이러한 관심은 당연한 것이었다고 볼 수 있다.

또한 당중앙군사위원회는 군수공업에 대해서도 관여하고 있었다. 김정일은 1979년 9월 중앙위원회 조직지도부 책임일군회의에서 군수공업을 발전시킬 데 대해 연설을 하였다. 이 연설에서 김정일은 "정무원 위원회, 부와 군수공법부문 일군들 속에서 최고사령관 명령과 당중앙위원회 군사위원회 명령을 무조건 관철하는 혁명적 기풍을 철저히 세워야 하겠습니다. 최고사령관 명령과 당중앙위원회 군사위원회 명령은 곧 법입니다."라고 말하였다. 그리고 군수공업 생산 부분에 대한 당적지도 강화와 생산의 정상화, 생산품의 질 향상 등 군수공업 발전에 필요한 사항들을 강조하였다.245) 군수공업의 발전에 대해 연설을 하면서 당중앙위원회 군사위원회 명령을 무조건 관철하라고 지시하는 것은 군수공업분야에 대해서도 이 기관이 지도하고 있었음을 직접적으로 보여주는 것이다.

그뿐 아니라 김일성의 부고를 알리거나 김일성의 시신을 영구보존하는 등의 결정과 김정일의 당 총비서 추대를 북한 최고의 권력기관들과 함께 관여하였다. 그리고 북한 주민들의 실생활에 영향을 미치는 일에도 관여한다. '주체연호' 제정과 '태양절'을 제정하고 대중을 조직, 동원하기 위한 구호를 발표하였다.246)

245) 김정일(2011ㄱ), 33~42쪽.

246) '구호'는 대중을 조직동원하기 위해 일정한 사상과 과업, 요구 등을 간결하게 나타내는 호소나 말과 글로 이것을 분석하면 최고 지도자와 당의 노선과 정책 등을 파악할 수 있다. 즉 '구호'에는 북한 정책의 방향이 담겨져 있다. 백과사전출판사(1996),『조선대백과사전』(3), 평양: 백과사전출판사, 88쪽; 이우영(2006),「혁명구호」, 세종연구소 북한연구센터 엮

이때 발표된 구호들은 경제발전과 인민 생활의 전환을 위해 노력해 나가자는 것과 강성대국건설을 위한 노력에 동참, 인민생활향상을 위한 총 돌격전에의 동참할 것 등을[247] 호소하고 있다. 당시 북한이 중점을 두고 있던 것들을 '구호'로 만들어 주민들을 조직, 동원하려고 하는 것으로 이는 북한주민들의 실생활에 영향을 끼치는 것들이었다. 이에 당중앙군사위원회가 참여한 것이다.

이렇게 당중앙군사위원회는 지휘권 외에도 군 인사와 군사외교, 군수산업, 군에 대한 지원 등 군의 사기와 관련된 복지문제 등 국방에 관계된 전반적인 사안들을 모두 다루는 당의 군사정책을 지도하고 실현하는 북한 군사 운용의 맨 위에 있던 기관이었다. 그리고 국가의 중요사항 결정에도 참여하는 당의 핵심기관이기도 하였다. 이러한 역할은 김정은 시대에 들어가서도 변화되지 않았다.

4) 당의 안보 위기관리기관

위에서 살펴본 당중앙군사위원회 관련 회의들 가운데 기존과 가장 다른 특징을 가지는 회의는 2015년 8월 20일에 있었던 당중앙군사위원회 비상확대회의와 8월 28일 보도된 당중앙군사위원회 확대회의이다. 다른 회의들은 평시에 개최되어 군사 운용을 논의한 회의인 반면 이 회의들은 국가적 안보 위기를 극복하고 그 과정을 평가하기 위해 열린 회의들이므로 이들을 분석하면 북한이 전쟁의 위험을 어떻게 관리하고 사후는 어떻게 처리하는지 확인할 수 있기 때문이다.

음, 『북한의 사상과 연사인식』, 한울아카데미, 132쪽.

247) 『조선중앙통신』, 1998년 4월 21일; 2003년 4월 21일; 2010년 2월 6일.

2015년 8월 4일 북한군이 한국 측 지역에 몰래 불법적으로 매설한 지뢰로 한국군 2명이 부상을 당하는 사건이 발생한다. 이로 인해 중단되었던 대북심리전방송이 재개되어 남북 간의 긴장이 고조되어 있던 시기에 북측으로부터 수발의 포탄이 발사되었고 한국군이 155mm 자주포로 대응사격하면서 남북은 군사충돌 일보직전에 이르게 된다. 이에 김정은은 당중앙군사위원회 비상확대회의를 소집하여 긴박하게 전개되고 있던 상황 관리에 들어간다. 여기서 중요한 것은 극도의 안보 위기 상황에서 당중앙군사위원회가 소집되었다는 것이다.

이 사태가 발생하기 이전에는 북한이 안보 위기관리를 위한 회의들을 공개한 적이 없었기 때문에 국가 안보 위기 상황 시 국방위원회가 그것을 관리하는 역할을 수행한다는 조심스러운 예측들도 있었다.[248] 그러나 2015년 8월의 위기에 당중앙군사위원회가 소집되어 북한의 안보 위기관리기관은 당중앙군사위원회임이 분명해졌다. 이는 당시 회의 내용들을 분석하면 확실해 진다. 다음 쪽의 〈표 10〉은 당시 회의에서 논의된 내용들을 정리한 것이다.

당시 북한 언론을 통해 보도된 회의 내용을 분석해 보면 군의 작전과 정치적 대응, 주민들의 통제 등 긴박한 상황에 필요한 모든 상황들을 당중앙군사위원회를 통해 논의했음을 알 수 있다.

총참모부를 통해 상황을 보고 받고 그들의 결심을 승인하며 군의 전투준비태세, 작전계획을 검토하고 비준한다는 것은 군의 작전을 지도했다는 것이다. 그리고 지휘관을 임명하고 파견한다는 것과 군사적 대응계획을 토의 한다는 것도 당중앙군사위원회의 군 지휘에

248) 김동엽(2013), 177쪽.

〈표 10〉 2015년 8월 당중앙군사위원회 회의 내용

일자	회의명	내용
08.20	당중앙군사위원회 비상확대회의	1. 총참모부 정찰총국 보고로 전체적인 상황을 판단 2. 정치, 군사적 대응계획 토의 3. 인민군 부대들의 전투준비태세 점검, 작전 계획 검토, 비준 4. 총참모부의 결심 승인(대북심리전방송 중지 및 모든 심리전수단 철거 않을 시 강력한 군사 행동으로 넘어감.) 5. 전선지역 부대들의 전시상태 돌입 및 전선 지대에 준전시상태 선포 6. 전선의 군사작전 지휘할 지휘관 임명 및 파견 7. 준전시상태 선포 지역의 모든 단위들을 준전시 체제로 전환시키기 위한 대책 토의 8. 선전선동위한 대외부문 일군들의 임무와 과업 제시
08.28	당중앙군사위원회 확대회의	1. 전시상태가 선포된 전선부대들의 군사작전 준비 과정과 준전시 선포지역 안의 각 부문 사업 정형, 남북 고위급 긴급접촉 정형에 대해 분석 평가 2. 분석평가 내용 바탕 보완책 토의 3. 군사력 강화위한 전략적 과업과 방도 제시 4. 라선시 홍수피해 복구대책 토의 5. 당중앙군사위원회 일부 위원들 해임 및 임명 6. 조직문제 논의

*출처: 『조선중앙통신』, 2015년 8월 21일; 2015년 8월 28일.

대한 지도권을 보여주는 것이다.

이미 알다시피 2010년, 2012년, 2016년 개정된 당 규약들에는 당중앙군사위원회의 군 지휘권이 삭제되었으나 지도권은 그대로 있다. 그런데 당중앙군사위원회의 비상확대회의에서 김정은은 "21일 17시부터 조선인민군 전선대련합부대들이 불의작전진입이 가능한 완전무장한 전시상태로 이전하며 전선지대에 준전시상태를 선포함에 대한 조선인민군 최고사령관 명령을 하달"한다.[249] 당중앙군사위원회에서 논의된 내용이 최고사령관 명령을 통해 하달된 것이다.

이는 김정은이 당중앙군사위원회 위원장 명의로 군에 대한 지도를 하면 그 지도를 바탕으로 최고사령관 명의로 군을 지휘하고 있다

249) 『로동신문』, 2015년 8월 21일.

는 것을 보여주는 것이다. 한마디로 당중앙군사위원회의 지도를 받아 최고사령관이 군을 지휘하는 것이다. 김정은이 주관한 당중앙군사위원회 회의에서 토의하고 결정한 내용을 최고사령관 명의로 하달하는 것이다. 어차피 당중앙군사위원회 위원장과 최고사령관은 모두 김정은이므로 최고사령부 회의를 따로 개최하는 등의 다른 과정은 필요치 않았을 것이다.

한편 모든 단위들을 준전시상태로 전환하기 위한 대책을 토의 한다는 것은 전시 국가체계 유지, 주민들의 치안유지와 전시 생산 활동 등에 대한 대책을 세운다는 것이다. 여기서 말하는 모든 단위에는 지역안의 당 및 정권기관, 근로단체, 안전보위, 인민보안, 사법검찰기관, 공장, 기업소, 협동농장 등이 포함된다.250) 북한 사회를 구성하는 모든 단위들에 대한 통제를 전시에는 당중앙군사위원회가 지도하는 것이다.

또한 전시 정치와 선전선동도 당중앙군사위원회가 통제한다. 정치적 대응계획이나 선전선동 활동에 대해 구체적으로 알 수는 없지만 대내적으로 자신들 대응의 정당성을 부여하고 남측을 비난하며 국내 민심을 하나로 모아 내부를 안정시키기 위한 행위들일 것이다. 그리고 외교적으로도 자신들의 입장을 적극적으로 알려 국제사회의 비난을 피하려는 대책들이 토의되었을 것이다.

그런데 8월 28일에 있었던 당중앙군사위원회 확대회의는 8월 안보위기를 정리하는 회의라고 볼 수 있을 것이다. 당중앙군사위원회를 통해 내려진 조치들은 올바른 것이었는지, 내려진 명령들이 각 부대들과 단위들에서는 잘 이행되었는지 각 인물들은 자신들의 역

---

250) 위의 기사.

〈2015년 8월 20일 당중앙군사위원회 비상확대회의〉

『로동신문』, 2015년 8월 21일

할을 잘 수행했는지 등을 평가했을 것이다. 그리고 평가를 바탕으로 잘 된 점과 미흡한 점, 누락되었던 사항들을 가려내어 보완책을 토의했을 것이다. 이 회의에서 이루어진 인사이동은 이 사태에 대한 평가의 후속조치로 이루어졌을 가능성이 커 보인다. 이러한 평가와 보완 과정은 다음을 위해 반드시 필요한 조치이다. 한국군도 하나의 훈련이 종료되면 이에 대한 사후 평가를 이와 같은 내용으로 진행하고 이를 다음 훈련에 반영한다.

한편 이 회의에서 눈에 띄는 것은 라선시의 홍수피해 복구에 대한 대책을 논의했다는 것이다. 북한 언론에 의하면 라선시는 8월 22일과 23일에 내린 비로 인하여 40여 명의 인명피해가 발생했고 살림집은 5,240여 세대가 피해를 입었다. 그리고 99동의 공공건물과 철길 51개소가 파괴되고 125정보의 농경지가 완전침수되었다.[251]

북한으로서는 이례적으로 피해 영상을 공개하여 외부의 지원을 유도했을 정도로 피해는 심각했던 것으로 보인다.[252] 김정은은 9월

251) 『조선중앙통신』, 2015년 8월 26일.

252) 『KBS』, 2015년 8월 28일.

에는 피해복구현장을 10월에는 피해 복구가 완료된 현장을 직접 현지 지도 하며 큰 관심을 보였다.[253)]

군이 재난 복구에 투입되는 것은 흔한 일이지만 군사기관에서 다른 기관과의 논의 없이 민간의 피해에 대한 복구 대책을 마련하고 지시하는 것은 흔한 일이 아니다. 하지만 김정은은 인민군대가 라선시 피해복구사업을 전적으로 맡아 당창건기념일전에 완전히 끝내라는 명령을 최고사령관 명의로 하달하고 라선시 피해복구전투지휘사령부를 조직하였다.[254)] 당중앙군사위원회에서 피해복구를 위한 방안을 논의하며 군의 투입을 지시한 것이다. 이는 재난 상황에 군을 투입해야 할 경우에는 군이 당중앙군사위원회의 지도와 최고사령관의 명령을 받고 임무를 수행하게 된다는 것을 알려준다. 그리고 라선시 홍수피해복구를 당중앙군사위원회에서 논의 했다는 것은 이 기관이 군사 문제에 관한 것뿐이 아니라 국가적 재난 상황에 대해서도 관여할 수 있음을 보여주는 것이다. 그러나 이는 모든 재난 상황에 해당되는 것은 아닐 수도 있다.

당시 라선시에 비가 내린 시기는 한창 남과 북이 대치중이었던 때이므로 김정은이 따로 라선시 문제만을 위한 회의를 마련할 수 있는 상황이 아니었다. 그러므로 김정은이 주재하는 협의체가 개최되고 있으니 이를 통해 수해복구 문제에 대해 논의한 것일 수 있다.[255)]

---

253) 『로동신문』, 2015년 9월 18일; 2015년 10월 8일.

254) 『로동신문』, 2015년 8월 28일.

255) 2016년 8월 말 함경북도 지역에서는 2015년 8월 라선시보다 큰 규모의 피해가 발생하였는데 이때 피해복구를 독려한 것은 당중앙위원회였다. 이는 라선시 피해복구를 당중앙군사위원회 확대회의에서 논의한 것이 김정은이 주재하는 회의가 개최되고 있는 상황을 활용한 것임을 뒷받침하는 사례일 것이다. 하지만 당중앙군사위원회가 재해복구에 관여한 사례와

만약 평시 상태였다면 당정치국, 당중앙군사위원회가 연합회의를 열어 이 문제를 논의했을 가능성도 있다. 기본적으로 군사 외 분야는 당정치국의 일이므로[256] 두 기관이 연합회의를 열어 당정치국에서 피해를 평가해 복구소요를 제기하고 당중앙군사위원회에 군의 투입을 요청하는 과정을 거쳤을 수도 있다. 재난 복구 상황은 아니었지만 두 기관이 연합회의를 개최한 경우는 이미 한번 존재하기 때문에 불가능한 것은 아닐 것이다.[257]

또한 대규모로 군이 투입될 수밖에 없는 상황에서만 당중앙군사위원회를 통해 재난 문제가 논의될 수 있을 것이다. 위에서 제시된 수치만으로는 어느 정도의 피해였는지 정확히 알 수는 없지만 북한이 이례적으로 피해 상황을 영상으로 공개하고 김정은이 복구 현장과 복구가 끝난 현장을 한 달 사이에 모두 방문했다는 것은 그만큼 피해가 극심했다는 것을 의미한다. 북한에서 가장 큰 역량을 가진 군이 아니면 수습이 어려운 상황이었을 것이다.

그러므로 재난이 발생했을 때 무조건 당중앙군사위원회가 개입하는 것이 아니고 민간의 역량으로는 감당하기 어려운 국가적 재난이 발생했을 때만 당중앙군사위원회에서 군의 투입을 논의한다는 것이다.

그 후에 재난상황이 발생하여 당중앙위원회만 관여한 사례가 한 차례씩이므로 섣부르게 판단할 수는 없다. 『조선중앙통신』, 2016년 9월 2일; 2016년 9월 6일; 『로동신문』, 2016년 9월 11일.

256) 당정치국은 전원회의와 전원회의 사이에 당중앙위원회 이름으로 당의 모든 사업을 조직지도 하므로 2016년 8월 함경북도 수해복구에 대한 논의도 당정치국에서 논의하고 이에 대해 당중앙위원회 명의로 호소문을 발표했을 가능성이 높아 보인다. 2016년 5월 개정 『조선로동당 규약』 27조.

257) 앞에서도 언급된 사안이지만 당정치국과 당중앙군사위원회는 1984년 팀스피리트 한미연합훈련에 대응하기 위해 연합회의를 개최하여 대응책을 논의했었다. 『로동신문』, 1984년 2월 5일.

〈2015년 8월 28일 당중앙군사위원회 확대회의〉

『로동신문』, 2015년 8월 28일

결국, 2015년 8월 안보 위기를 계기로 개최된 당중앙군사위원회 회의들은 당중앙군사위원회가 국가적 안보 위기가 발생했을 때 위기 극복을 위한 지휘부 역할을 함을 보여주었다. 그리고 국가적 재난이 발생했을 때도 군의 투입을 통해 개입할 수 있음도 보여주었다.

한편 이 회의들에 참여한 구성원들을 살펴보는 것도 이 기관의 위상과 역할을 살피는데 도움이 된다. 이 회의들은 확대회의여서 당중앙군사위원회의 구성원 외에 필요한 인원들도 참여했고 비상시 소집된 회의들이기 때문에 이 기관의 특성을 더욱 명확히 확인 할 수 있다.

당시 북한 언론에는 비상확대회의에는 "조선로동당 중앙군사위원회 위원들과 조선인민군 총참모부 작전지휘성원들, 조선인민군 전선대련합부대장들과 국가안전보위, 인민보안기관 책임일군들, 당중앙위원회 책임일군들과 대외부문 일군들"이 참여했다고 했다.[258] 그리고 약 일주일 뒤 열린 확대회의에는 "조선로동당 중앙군사위원회 위원들과 인민군당위원회 집행위원들, 총정치국, 인민무력부, 총참모부 국, 부서 책임일군들, 군종, 군단급단위 지휘성원들, 각급 군사학교 지휘성원들, 국가안전보위, 인민보안기관 책임일군들, 당중앙위원회, 내각, 대외부문의 책임일군들, 도당책임비서들"이 참여했다고 했다.[259] 특히, 비상확대회의에 대해서는 『로동신문』과 『조선중앙TV』에 회의 장면이 보도되어[260] 국가 비상사태 시 어떠한 인물들이 참여하는지 명확해졌다.

당시 확인된 회의 참여 인물들은 총정치국장 황병서, 인민무력부장 박영식, 총참모장 리영길, 국가안전보위부장 김원홍, 정찰총국장 김영철, 보위사령관 조경철, 총참모부 포병국장 윤영식, 부총참모장 겸 화력지휘국장 박정천, 인민보안부장 최부일, 총참모부 작전국장 김춘삼, 당통일전선부장 김양건, 조용원 조직지도부 부부장, 홍영칠 당기계공업부 부부장, 최휘 선전선동부 제1부부장, 외무성 제1부상 김계관이 확인되었다.[261] 전시 군의 지휘와 사회 안정 및 선전선동, 외교, 군수산업의 필수 인원들이 참여하였다. 〈표 10〉에 정리되어 있는 회의 내용에 맞는 인물들이다.

그런데 8월 28일에 공개된 확대회의는 비상확대회의와는 또 다른 성격의 회의였다. 공개된 사진을 보면 비상확대회의와는 비교가 되

258) 『조선중앙통신』, 2015년 8월 21일.

259) 『조선중앙통신』, 2015년 8월 28일.

260) 『로동신문』, 2015년 8월 21일; 『연합뉴스』, 2015년 8월 21일.

261) 『연합뉴스』, 2015년 8월 21일; 『동아일보』, 2015년 8월 22일; 『조선일보』, 2015년 8월 22일.

지 않을 정도의 큰 규모였다.[262] 확대회의에는 당시 상황에 직접 참여했던 모든 단위의 모든 책임일군들이 사후 강평을 위해 참여한 것으로 보인다. 당시 발생했던 모든 상황을 종합해야 했으니 그 규모가 커지는 것은 당연한 것이다. 2015년 8월 위기로 인해 개최되었던 두 회의의 이러한 인적구성은 비상시 당중앙군사위원회는 당과 군, 국가의 모든 역량이 집중되어 상황을 지도, 관리하는 기관임을 보여주는 것이다. 그리고 사후 관리도 담당함을 볼 수 있다.

2020년 6월 23일에 개최된 당중앙군사위원회 예비회의도 당중앙군사위원회가 안보 위기 관리기관임을 알 수 있게 해준 사건이다. 이전에는 한 번도 개최된 적이 없었던 예비회의를 통해 북한이 사전에 예고하여 한반도의 긴장감을 끌어올리고 있었던 대적(대남) 군사행동을 보류했기 때문이다.[263]

북한은 2020년 6월 4일 김여정이 북한이탈주민 단체의 대북 전단 살포를 빌미로 남측을 비방하는 담화를 발표한 후 6월 9일에 남북 통신선을 차단하고 6월 16일에는 총참모부가 대적(대남) 군사행동 즉, 비무장화 지역인 개성공단, 금강산지구에 대한 군대 재전개, 대남 경계 강화, 접경지역 훈련 재개, 북한 주민들의 대남 전단 살포 협조를 당중앙군사위원회의 승인을 받은 후 진행하겠다고 선언한다.[264] 그리고 바로 남북공동연락사무소를 폭파시키며 한반도 안보 상황을 2018년 평창올림픽을 계기로 진행되었던 남북, 북미대화 이

---

262) 『로동신문』, 2015년 8월 28일.

263) 북한 총참모부는 '대적군사행동계획'이라고 발표하였으나 당중앙군사위원회에서는 '대남군사행동계획'이라고 표현하였다. 『로동신문』, 2020년 6월 17일; 2020년 6월 24일.

264) 『조선중앙통신』, 2020년 6월 4일; 2020년 6월 9일; 『로동신문』, 2020년 6월 16일; 2020년 6월 17일; 『연합뉴스』, 2020년 6월 24일.

『로동신문』, 2020년 6월 17일자에 보도된 남북공동연락사무소 폭파 장면

전으로 되돌리고 있었다.265)

그런데 이러한 위기 상황을 당중앙군사위원가 예비회의를 개최하

여 대남(대적) 군사행동을 보류시켜 버린다. 북한 스스로 일으킨 안보 위기 상황을 당중앙군사위원회가 통제한 것이다. 당중앙군사위원회가 북한의 안보 상황을 관리하고 통제하는 기관인 것이 다시 한번 확인된 것이다.

한편 앞서 이야기했던 1984년 팀스피리트 한미연합훈련에 대한 대비로 북한 전체 무력에 전투동원태세 강화를 지시하는 최고사령관의 명령이 당중앙군사위원회를 통해 내려진 사례나 전시사업세칙을 당중앙군사위원회 명의로 작성하여 명령한 사례도 당중앙군사위원회가 북한의 안보 위기관리 중심 기관임을 보여주는 사례일 것이다.

3. 후계자의 영군 체계 구축 수단

1) 김정일의 영군 체계 구축

앞에서 보았듯이 북한은 1980년대에 들어서면서 당중앙군사위원회의 위상과 역할을 당 규약 개정을 통해 명확히 하고 강화하였다. 이러한 당중앙군사위원회의 강화는 김정일의 후계자 승계 문제와도 관계되어 있었다.[266]

김정일은 1980년 10월에 열린 제6차 당 대회에서 당중앙위원회 정치국 상무위원회 위원, 당중앙위원회 비서, 당중앙위원회 군사위원회 위원으로 추대된다.[267] 김정일은 당내 3대 권력기관에 모두

---

265) 『로동신문』, 2020년 6월 17일.

266) 이대근(2003), 188~189쪽.

267) 이 대회 결정서에서는 "대회는 … 당중앙의 령도체계가 튼튼히 확립된 것을 당건설분야

진출하면서 후계자로서의 위상을 확실히 한 것이다.[268] 그리고 당정치국 상무위원이자 후계자인 인물이 당중앙위원회 군사위원회 위원이 되었다는 것은 이 기관의 위상을 더욱 높이는 계기가 되었다. 또한 김정일의 당정치국 상무위원, 후계자, 군의 인사권을 가지고 있는 조직지도부 비서라는 위상과 직위는 당중앙위원회 군사위원회 내에서 김정일의 위상을 굳건히 해주었다.[269] 이러한 상황은 김정일의 이 기관을 통한 군 장악을 원활하게 해주었을 것이다.

한편 당중앙위원회 군사위원회 위원으로 선출된 후 김정일은 김일성에게 보고되는 군과 관련된 모든 중요한 보고가 자신을 거칠 수 있도록 했고 급박한 사안에 대해서는 자신의 집무실에 직접 반나절 안에 팩스를 통해서 보고하도록 하고 직접 검토하였다고 한다.[270] 당중앙군사위원회 위원 진출을 계기로 군 장악을 본격화하여 군을 실질적으로 통제하기 시작한 것이다.

하지만 김정일 중심의 영군 체계 구축은 1980년 당대회 이전부터 진행되었다. 김일성은 1979년 2월 당중앙군사위원회를 열고 인민군대에게 김정일 중심으로 단결할 것을 지시하였고 인민군대 사업이 김정일 지도 때문에 잘되고 있다고 평가하였다. 그리고 군 간부들이 김정일 중심으로 뭉쳐 군대 사업을 다그쳐야 한다고 말하였다.[271] 김정일이 당중앙위원회 군사위원회에 진출하기 전부터 이미 군대

에서 이룩된 가장 귀중한 성과라고 일치하게 확인하며…"라고 말하며 당시 '당중앙'이라고 호칭되고 있던 김정일의 후계체계가 이 대회를 통해 공식적으로 확립되었음을 확인하였다. 『로동신문』, 1980년 10월 14일; 조선로동당출판사(1998), 427쪽.

268) 정성장(2007), 「조선 로동당의 위상과 역할」, 세종연구소 북한연구센터 역음, 『북한의 당·국가기구·군대』, 한울아카데미, 134쪽.

269) 정성장(2011ㄱ), 28쪽.

270) 정성장(2007), 134쪽.

271) 조선로동당출판사(1998), 433쪽.

조선로동당 중앙위원회 제6기 제1차전원회의에 관한 공보

조선로동당 중앙위원회 제6기 제1차전원회의가 10월 14일에 진행되였다.

전원회의에는 당중앙위원회 위원들과 후보위원들이 참가하였다.

전원회의에는 또한 당중앙검사위원회 위원들이 참가하였다.

당중앙위원회 제6기 제1차전원회의에서는 당중앙위원회 총비서를 선거하였다.

전원회의에서는 당중앙위원회 정치국 상무위원회와 정치국 위원을 선거하였으며 당중앙위원회 비서들을 선거하고 비서국을 조직하였으며 당중앙위원회 군사위원회를 조직하였다.

전원회의에서는 또한 당중앙위원회 검열위원회를 선거하였다.

당중앙위원회 총비서, 당중앙위원회 정치국 상무위원회, 당중앙위원회 정치국 위원, 당중앙위원회 비서국 성원, 당중앙위원회 군사위원회 성원, 당중앙위원회 검열위원회 성원은 다음과 같다.

조선로동당 중앙위원회 총비서

김 일 성

당중앙위원회 정치국 상무위원회

김 일 성

김 일　오진우　김정일　리종옥

당중앙위원회 정치국 위원

김 일 성

김 일　오진우　김정일

리종옥　박성철　최 현

림춘추　서 철　오백룡

김중린　김영남　전문섭

김 환　연형묵　오극렬

계응태　강성산　백학림

정치국 후보위원

허 담　윤기복　최 광　조세웅

최재우　공진태　정준기　김철만

정경희　최영림　서윤석　리근모

현무광　김강환　리선실

당중앙위원회 비서국

총비서 김 일 성

비서 김 정 일

비서 김 중 린

비서 김 영 남

비서 김 환

비서 연 형 묵

비서 윤 기 복

비서 홍 시 학

비서 황 장 엽

비서 박 수 동

당중앙위원회 군사위원회

위원장 김 일 성

위원

오진우　김정일　최 현

오백룡　전문섭　오극렬

백학림　김철만　김강환

태병렬　리을설　주도일

리두익　조명록　김일철

최상욱　리봉원　오룡방

〈당중앙위원회 제6기 제1차전원회의 당기구 선거 결과〉

『로동신문』, 1980년 10월 15일

사업에 본격적으로 관여하고 있음을 보여주는 것이고 김일성이 이에 힘을 실어주고 있었음을 보여주는 사례이다. 또한 1970년대 중반부터 군 인사와 군내 당생활을 관리하는 조직지도부를 담당한 것도 김정일에게 군권을 이양하는 작업 중 하나로 이해해도 될 것이다. 결국 1980년 당대회를 통한 김정일의 당중앙위원회 군사위원회 진출은 그동안 진행되고 있었던 김정일로의 군권 이양 작업을 공식화시킨 것이다.

한편 위에서 이야기했듯 1982년 6월 12일에 김일성은 당중앙위원회 군사위원회를 소집하여 김정일이 인민군대를 당적으로도 군사적으로도 직접 지도해야 한다고 하며 김정일에게 인민군대의 모든 군사 사업을 집중시키고 김정일의 유일적 결론에 따라 처리해 나갈 것을 강조하고 이에 필요한 조치들을 취해 주었다.[272]

먼저, 김정일이 군을 직접 지도할 수 있도록 하기 위해 당중앙위원회에 이를 뒷받침하기 위한 부서를 설치했고 군의 보고체계를 포함한 지휘체계도 김정일을 중심으로 새로 정비하여 군이 김정일의 명령을 실현할 수 있게 새롭게 규정하였다.[273] 김정일의 군에 대한 지도를 뒷받침하기 위해 지휘체계를 새롭게 정비한 것이다.

이는 김일성은 사실상의 군권 이양을 당중앙군사위원회를 통해

272) 이 회의에 대해 북한은 모든 군사사업에 대한 김정일의 유일적령군체계가 확립하는데서 전환적 의의를 가진다고 평가하고 있다. 조선로동당출판사(1998), 430쪽; 조선로동당출판사(2000), 263쪽; 조선로동당 중앙위원회 당력사연구소(2006), 70~71쪽.

273) 북한은 이러한 조치들을 "우리 혁명과 군건설의 요구들을 정확히 반영한 가장 과학적이며 혁명적인 조치", "김정일동지께서 인민군대를 비롯한 전반적혁명무력에 대한 군사행정적령도를 실현하는 새로운 체계가 서게 되었다", "인민군대안의 주요지휘관들이 긴급하게 중요한 문제들을 직접 장군님께 보고드릴수 있는 새로운 보고체계도 확립되고 전군에 대한 경애하는 김정일동지의 명령지휘체계도 철저히 서게 되었다."고 설명하고 있다. 조선로동당출판사(1998), 430~431쪽; 조선로동당출판사(2000), 263~264쪽; 정성장(2011ㄱ), 28~30쪽.

공식적으로 시작한 것이며 김정일은 당중앙군사위원회를 통해 군에 대한 지휘권을 본격적으로 발휘하기 시작한 것으로 볼 수 있다. 그리고 1990년대에 들어서 김일성의 사망 전 국방위원회 위원장, 최고사령관 직에 취임함으로써 김정일의 영군 체계가 비로소 완성되게 되는 것이다. 결국 사실상 군에 대한 지휘권을 확보하기 시작한 김정일에게 힘을 실어주기 위한 것이 당의 군사기관인 당중앙군사위원회의 권한과 권위를 강화시킨 중요한 이유라고 생각된다.274)

하지만 김일성이 군권을 완전히 놓은 것은 아니었다. 김일성은 1991년 12월 25일에 인민군 중대정치지도원대회에서 한 연설에서 "내가 이제는 팔십고령이므로 최고사령관으로서 밤을 지새우며 전군을 지휘하고 통솔하기 곤란합니다. 이제부터 나는 당중앙위원회 군사위원회 위원장으로서 고문의 역할을 할 것입니다. 나는 전체 인민군장병들이 김정일 최고사령관의 명령을 나의 명령과 같이 여기고 그의 명령에 절대복종하며 최고사령관의 령도를 충성으로 높이 받들어나갈 것을 기대합니다."라고 말하였다.275)

표면적으로는 김정일에 대한 충성을 강조하는 것이지만 당중앙군사위원회에서 계속 군을 관리하겠다는 의미도 된다. 군을 관리하는 다른 직책은 다 내놓아도 당중앙군사위원회 위원장직만은 끝까지 가져갔다는 것은 그만큼 당중앙군사위원회가 군 문제에 커다란 영향력을 미쳤다는 것을 보여주는 것이다.

그런데 김정일로의 권력 승계를 위해 강화되었던 당중앙군사위원

---

274) 당중앙군사위원회의 분리와 권한 강화의 이유를 이기동은 당시 당내에서 비중이 높아지고 있던 군에 대한 당적통제 강화와 수령과 후계자의 통치 역할 분담을 위한 것이라고 설명하고 있다. 이기동(2010), 222쪽; 이기동(2011), 83쪽.

275) 김일성(1996), 261쪽.

회의 위상과 역할은 김정일이 권력을 완전히 승계한 후 점차 상대적으로 위축되는 모습을 보인다. 이는 집체적 회의와 토론 대신 혼자 모든 일을 주도하려고 했던 김정일의 통치 스타일과 연관이 있어 보인다.[276]

김일성 시대에는 6차례의 당대회와 2차례의 당대표자회를 비롯해 당중앙위원회의 회의나 당과 국가의 여러 기관들이 함께한 연합회의도 수시로 개최되었으며 그 안에서 국정 운영의 주요 사항들을 논의하여 처리하였다.[277] 그리고 당정치국은 정치국 상무위원회와 함께 당의 정책을 이끄는 협의체로서의 기능을 유지하였다. 이 조직들은 6개월 단위로 열린 당중앙위원회 전원회의와 전원회의 사이에 당의 모든 사업을 조직, 지도하는 조직이다.[278] 일정 기간 동안 공백이 발생할 수밖에 없는 다른 당의 중앙조직들과는 다르게 항상 개최하여 실제적인 중요 사안들을 논의할 수 있어 사실상 당의 최고협의체이다.[279]

그런데 김일성 시대의 당정치국은 김일성 정권을 유지하고 그의 영도를 관철하기 위한 방안들을 논의하는 역할만을 수행했다. 물론 이것은 제기된 문제에 대해 자유롭게 토론하고 이를 바탕으로 합의와 결정을 내렸던 일반적인 국가들의 당정치국과 비교해 볼 때 정상적인 모습은 아니었다. 김일성의 의도와 다르거나 반대되는 의견표

---

276) 한기범(2009), 「북한 정책결정과정의 조직형태와 관료정치: 경제개혁 확대 및 후퇴를 중심으로(2000~09)」, 경남대학교 박사논문, 40~46쪽.

277) 『로동신문』, 1980년 6월 13; 1980년 12월 20일; 1981년 2월 20일; 1981년 4월 3일; 1981년 10월 7일; 1983년 2월 22일; 1984년 2월 5일; 1986년 6월 21일. 이 외에도 김일성 시대의 당중앙위원회나 여러 기관들의 연합회의에 대한 사례는 상당수 발견할 수 있다.

278) 1980년 10월 개정 『조선로동당 규약』 25조.

279) 정영태 외 3명(2010), 65쪽; 최진욱(2008), 『현대북한행정론』(제2판), 명인문화사, 62~63쪽.

명은 불가능했기 때문이다.280)

북한 외교관 출신 북한이탈주민 고영환은 김일성 시대 당정치국에서는 충분한 토의가 이루어진 대신 김일성의 필요에 의해 소집되어 그가 시행하고자 하는 정책들을 필요한 만큼만 통보받았다고 이야기하고 있다. 그리고 김영남이 서울올림픽개최 저지를 위해 동유럽을 방문했을 당시 당총서기들이 정책을 단독으로 결정하지 못하는 모습을 보고 놀랐다는 일화도 소개하였다.281) 이는 김일성 시대의 당조직들도 김일성을 위한 거수기 역할만 하고 있었음을 보여주는 것이다.

그래도 정상적인 운영은 아니었지만 김일성 시대에는 집체적 합의를 위한 토론 장치가 운영되었다.282) 비정상적인 개인의 유일지배체제 유지를 위한 것이긴 했지만 김일성 시대에는 당을 근본으로 하여 국가를 이끌어가는 공산국가의 기본 체계는 유지되고 있었던 것이다.

하지만 김정일 시대에서는 그의 집권 후기에 해당하는 2010년 9월의 제3차 당대표자회 외에는 당의 두드러진 활동을 찾을 수가 없다. 당중앙군사위원회 관련해서는 앞에서 제시된 명령, 결정, 지시, 발표 등을 제외하고 회의 등이 열렸다는 것을 찾을 수가 없다. 있다면 군부대나 군 관련 기관이나 행사, 기업 등에 축하문 등을 보내거나 인공위성 발사 성공 관련 연회를 개최했다는 소식 정도이다.283)

---

280) 현성일(2007), 『북한의 국가전략과 파워 엘리트: 간부정책을 중심으로』, 선인, 403~404쪽.

281) 고영환(1999), 「북한 외교정책 결정기구 및 과정에 관한 연구: 북한의 대 중동 아프리카 외교를 중심으로」, 경희대학교 석사논문, 28쪽.

282) 현성일(2007), 404쪽, 409쪽.

283) 『로동신문』, 1995년 5월 20일; 1995년 11월 17일; 1996년 10월 23일; 1996년 10월 28일; 1997년 1월 20일; 1997년 3월 14일; 1997년 5월 24일; 1997년 8월 20일; 1998년 9월 27일;

이렇게 당의 활동 사항이 잘 드러나지 않는다는 것은 이들의 역할이 상대적으로 위축되었다는 것이고 다른 무엇인가가 위축된 이들의 역할을 대신하였다는 것이다. 위축되었던 당의 역할을 대신한 것은 바로 김정일 본인이었다. 김정일 시대는 김일성 시대보다 최고지도자의 유일적 영도체계가 더욱 두드러지게 된다.

김정일은 자신의 정권이 출범하자마자 당 조직들에 의한 협의체를 완전히 무력화 시켰다. 그는 주위 참모들의 의견을 듣고 협의하여 정책을 결정하는 것보다 해당 기관에서 직접 보고 받고 명령을 내리는 방식을 더욱 선호하였다. 이러한 상황의 지속은 각 기관들 사이의 협조나 협의를 원활히 이루어지지 않게 만들고 김정일만 전체 상황을 파악할 수 있게 하였다.[284] 김정일에게만 보고하고 승인을 받으면 되고 당의 상호 협의체가 제대로 가동하지 않는 상태였으므로 당과 실행기관들 사이의 비정상적인 상호관계는 당연했을 것이다.[285]

이로 인해 정보와 권한은 김정일만 독점하게 되었고 당의 협의체들은 거의 무시된 것이나 마찬가지의 상황이 되었으며 김정일과 해당 분야 전문기관들의 직접적인 통로만 활성화되게 된다.[286] 이렇게 되면 당연히 당의 정책 수립과 지도기능에 대한 위상과 역할은 상대적으로 약화될 수밖에 없고 모든 결정권의 집중이 더욱 심화됨으로써 김정일의 유일적 지배력은 더욱 강화되어 김정일과 직접 소통하는 전문기관들의 기능과 위상이 높아질 수밖에 없다.[287]

1999년 4월 24일; 1999년 5월 16일.

284) 정영태 외 3명(2010), 65쪽.

285) 이에 대해서는 한기범(2009), 64~67쪽 참조.

286) 현성일(2007), 404~405쪽.

287) 현성일(2007), 413~414쪽.; 한기범(2009), 67~68쪽.

이러한 의사결정 방식은 유일지배체제를 추구하는 김정일의 입장에서는 매우 효율적인 방식이다. 군이 자신과 의견이 다른 사람들의 말을 들을 필요가 없고 자신의 의견을 실행기관과 직접 소통하여 실행시킬 수 있기 때문이다. 그리고 제3차 당대표자회 전의 비정상적인 인원 구성을 하고 있던 정치국 상무위원회의 모습과 당중앙군사위원회의 모습을 설명해준다. 당시 정치국 상무위원회의 구성원은 김정일 한 명이었고 당중앙군사위원회 구성원은 이미 확인했다시피 김정일 포함 6명이었으나 그중 3명은 임무 수행이 불가능한 상태였다. 하지만 군이 인원 보충을 하지 않아도 국정을 운영하는데 부족한 점이 없었을 것이다.

또한 다음 장에서 다룰 국방위원회의 위상과 역할 상승 문제도 설명이 가능해진다. 국방위원회는 김정일의 정책을 실행하기 위한 기관이었다.[288] 김정일이 국방위원회 회의에서 상호비방 중지를 실행을 지시하고 서울 답방 문제를 다루었다고 하는 것은 이 기관이 실행을 위한 기관임을 보여준다. 김정일이 실행기관과 직접 소통하여 일을 처리하는 업무 스타일을 가지고 있었으므로 국방위원회와도 직접 소통하며 업무를 처리했을 것이다. 이는 자연스럽게 국방위원회의 역할 확대와 위상 상승을 가져왔을 것이다. 더구나 김정일은 선군정치를 펼치며 국정 운영에서 군의 비중을 극대화시켰으니 헌법상의 국가 주권의 최고 국방지도기관이었던 국방위원회는 더욱 눈에 띈 것이다.

그런데 김정일의 정책 결정 방식의 가장 큰 장점은 수령 중심의 군 영도체계를 더욱 강화시키는 방편이었다는 것이다. 정상적인 상

288) 현성일(2007), 407~408쪽.

황이라면 당중앙군사위원회에서 토의된 군사정책에 대해 김정일이 최종결론 내리고 국방위원회와 군대에서 실행해야 했던 것이다.

그러나 김정일 시대 당중앙군사위원회의 엘리트 구성으로 보아 2000년대 후반기 당중앙군사위원회의 토의 과정은 생략되었고 이것이 김정일의 단독 지시, 결정과 실무기관과의 직접 소통으로 대체된 것이 더욱 심화된 것으로 보인다. 이러한 모습은 이미 당중앙군사위원회 위원장, 국방위원회 위원장, 최고사령관으로서 모든 군권을 가지고 있던 김정일에게 군사정책 결정과 실행에 대한 더욱 큰 권한과 자유로움을 주었을 것이다. 그리고 김정일의 '수령'이라는 지위 자체가 그를 중심으로 하는 군영도체계의 완성을 의미한다. 수령은 당, 정, 군 모두에서 유일적 위치를 차지한다. 수령제하에서 수령 중심의 군 영도체계는 당연한 것이다. 그래서 김정일은 수령으로서 당총비서는 물론이고 군을 움직이는 기관들인 당중앙군사위원회 위원장, 국방위원회 위원장, 최고사령관 직 모두를 차지하였다.[289] 김정일이 힘들여 자기중심의 정책 결정 구조를 만들기 이전 이미 그 기본 조건은 충족되어 있었던 것이다.

그런데 김정일의 통치 스타일과 지위만으로 당중앙군사위원회의 위축을 다 설명할 수는 없다. 여기에 당시 북한이 선군정치를 선택할 수밖에 없었던 상황도 영향을 미쳤다는 것을 추가할 수 있을 것이다.

앞에서 살펴보았듯 김정일이 김일성의 사망으로 권력을 승계했던 시기는 사회주의권 붕괴, 미국 중심의 세계질서 재편, 연이은 자연재해와 앞의 상황들로 인한 경제와 국가 시스템 붕괴로 북한이 건국 이후 최대의 시련을 겪고 있던 때로 전쟁을 치룬 것은 아니지만 전쟁

289) 백학순(2011), 『북한정치에서의 군대』, 세종연구소, 48쪽.

못지않게 국가의 운명이 달린 비상시기였다. 이는 북한이 선군정치의 길로 들어서는 결정적인 원인이 된다.

북한은 선군정치의 영도체계를 '최고사령관의 유일적령도체계', '국방중시의 국가관리체계'라고 정의하였다. 그러면서 '최고사령관의 유일적령도체계'는 김정일이 사회주의 위업수행에서 나서는 모든 문제를 무력에 대한 유일적 지휘를 통하여 풀어나가는 체계라고 설명하였다.[290] 그리고 '국방중시의 국가관리체계'는 "령도자를 중심으로 하는 국방위원회를 중추적기관으로 내세우고 그의 통일적지휘에 따라 나라의 전반사업을 조직진행해나가는 체계"라고 설명하였다.[291] 길게 설명했지만 김정일 중심의 국가 운영을 정당화하고 있는 것으로 북한은 절체절명의 위기 상황을 극복하기 위해 군 운영방식을 국가 운영에 도입한 선군정치를 실시하고 김정일 스스로가 그 지휘관이 된 것이다.

군은 모두 알다시피 다른 조직에 비해 책임자(지휘관) 중심의 의사결정, 실행 체계와 상명하복의 체계가 간략하면서도 강력하게 작용한다. 그리고 비상시를 대비하는 조직이기에 국가가 위기에 빠진 상황에서도 정상적으로 작동할 수 있는 조직이다. 그렇기에 김정일은 언제 붕괴될지 모르는 국가 위기에 군의 시스템을 국정 운영에 도입하여 의사결정과 실행 체계를 간략화하고 수령 중심의 국정 운영을 전시에 지휘관의 지시를 반드시 달성해야 하는 군대처럼 변형시킨 것이다. 이러한 국정 운영 체계의 변화는 당연히 협의를 통한 국정 운영과 지도가 중요한 역할이었던 당 기관들의 역할을 축소

290) 강희봉(2008), 180쪽.

291) 강희봉(2008), 180~181쪽.

시켰고 이에 따라 당중앙군사위원회의 축소도 가져온 것이다.

결국, 김정일 시대의 당중앙군사위원회의 상대적 위축은 모든 일을 자기중심으로 결정하고 이것이 그대로 이루어져야 하는 김정일의 통치 스타일과[292] 당시 위기 극복을 위해 도입한 선군정치가 그 원인이었던 것이다. 그리고 이것이 가능했던 것은 당중앙군사위원회를 통해 구축된 김정일의 영군 체계가 구축되어 있었기 때문이다.

그런데 이러한 내용만 보면 당과 당중앙군사위원회의 위상이 국방위원회로 대표되는 실행기관들보다 낮은 것으로 생각될 수도 있다. 그러나 실제는 그렇지 않았다. 김정일의 유일적 지배체제 강화와 나름의 업무 효율성을 위해 정책협의체로서 당 조직의 역할은 상대적으로 줄어들었으나 그 위상은 분명히 국가기관들보다 위에 있었다.

김정일의 직위를 소개할 때 항상 당 직책이 먼저 언급되었으며 중요한 결정, 지시, 명령 등이 발표될 때도 항상 당중앙위원회와 당중앙군사위원회의 이름이 먼저 발표된다. 그리고 당중앙위원회와 당중앙군사위원회는 단독이나 두 기관 연합으로 국정 운영에 중대한 영향을 끼치는 결정, 지시, 명령 등을 내왔다.

그러나 국방위원회는 한 번도 단독으로 그것들을 발표한 적이 없다. 심지어 감사문이나 축하문 등의 사례에서도 국방위원회 단독으로 발표된 사례는 찾아볼 수가 없었다. 이러한 사례들은 실제 역할들과는 별개로 당은 단독으로 필요한 일을 할 수 있는 권한과 위상이 있으나 당의 지도를 받아야 하는 국가기관인 국방위원회는 실제적인 역할이 어떠하든 단독으로 임무를 수행할 수 있는 위상을 가지고 있지 못했다는 것을 의미한다.

---

292) 한기범(2009), 47~49쪽.

주체100(2011)년 12월 20일 (화요일) 로동신문 [2]

위대한 령도자 김정일동지의 서거에 즈음하여

전체 당원들과 인민군장병들과 인민들에게 고함

조선로동당 중앙위원회

조선로동당 중앙군사위원회

조선민주주의인민공화국 국방위원회

조선민주주의인민공화국 최고인민회의 상임위원회

조선민주주의인민공화국 내각

주체100(2011)년 12월 17일

〈당중앙군사위원회와 국방위원회가 참여한 부고 발표〉

〈당중앙군사위원회와 국방위원회가 참여한 대원수칭호 수여 결정〉

2) 김정은의 당 진출 및 영군 체계 구축

김정일이 일반 대중에게 후계자로 알려지게 된 계기는 1980년 제6차 당대회에서 당중앙군사위원회 군사위원회 위원을 비롯한 당의 중요 직위에 공식적으로 진출하면서부터이다. 이는 김정은의 경우도 마찬가지이다. 그가 2010년 9월 제3차 당대표자회에서 당중앙군사위원회 부위원장으로서 당에 처음 진출했을 때 우리는 비로소 김정일 후계자 문제가 완전히 해결되었음을 알게 되었다. 그런데 자세히 들여다보면 그 진행 과정에 차이가 있음을 알 수가 있다.

위에서 확인했던 것처럼 김정일은 1980년에 공식 등장하기 전에 이미 당의 비서와 부장으로 진출하여 김일성의 후원 아래 자신의 영역을 확장시키고 있었다. 당에서 실무 경험을 쌓고 능력을 인정받은 후 공식적으로 등장한 것이다.

그러나 김정은은 김정일처럼 긴 시간 실무 경험을 쌓고 당의 비서나 부장에 임명된 후 공식적으로 등장한 것이 아니었다. 김정일은 김정은을 2006년 이후 그의 현지 지도에 동행하게 하고 김정은을 정치적으로 보좌할 실무팀을 꾸렸으며 김정은의 당과 군 장악을 도울 인사들을 임명한다. 그리고 김정일은 김정은이 총정치국에서 일하며 군사를 장악할 수 있도록 한다. 또한 김정은을 국가안전보위부장에 임명하여 북한의 주요 인사들을 그가 통제할 수 있도록 한 후[293] 김정은을 공개한다.

김정일이 당을 기반으로 오랜 시간 자신의 영역을 확장시킨 후 등장했다면 김정은은 김정일의 지시를 받은 후원 세력의 지원과 총정치국으로 대변되는 군, 국가안전보위부장직을 바탕으로 김정일과 비교해서 상당히 단시간 내에 자신의 영역을 확장시키면서 등장했다고 볼 수 있다.[294]

이는 김정일이 후계자 수업을 받은 시기와 김정은이 후계자 수업을 받은 시기의 상황 차이 때문이다. 김정일이 본격적으로 후계 수업을 받았던 1970~80년대는 아버지의 건강 문제나 안보 환경 악화와 같은 급박한 상황이 있었다고 보기 어렵다. 그러나 김정은이 후계자

---

293) 김정은이 2006년 후계자로 결정되었다 설이 존재한다. 이것은 일본 마이니치신문이 입수해 보도했던 '존경하는 김정은 대장 동지의 위대성 교양자료'에서 김정은의 대학 졸업식과 그의 선군혁명위업 계승 의지를 연결한 것, 그리고 2007년부터 본격화된 과거 김정은이 생활했던 장소를 사적지화하는 작업 등에 근거한 것이다. 김정일과 김정은의 후계승계 과정과 김정은의 국가안전보위부 진출 문제는 정성장(2010b), 「김정은 후계체계의 공식화와 북한 권력체계 변화」, 『북한연구학회보』 14(2), 북한연구학회, 159~188쪽; 정성장(2013), 34~44쪽; 오경섭(2012), 『김정일과 김정은의 권력승계 비교: 제도와 리더십의 동학을 중심으로』, 세종연구소, 17~40쪽; 『세계일보』, 2011년 4월 12일; 『데일리NK』, 2011년 9월 27일 참조.

294) 정성장(2010ㄴ), 184쪽.

로 내정된 시기는 김정일의 건강 이상, 핵과 미사일로 인한 고립 등 1990년대와 유사한 상황이었으므로 단시간 내에 후계사업을 진행할 수밖에 없었을 것이다. 그런 의미에서 국가안전보위부와 총정치국으로의 진출은 중요 인물들에 대한 관리가 가능한 기관들이므로 단기간에 엘리트들을 김정일에게 충성시키는 데 유용했을 것이다. 그리고 이미 김정일이 정권을 이어받으면서 김일성의 일가가 후계를 이어가는 체계가 자리 잡았기 때문에 단기간에 김정은이 자리 잡는 것이 가능했다.[295]

그런데 김정일은 당의 중요 직위에 진출하기까지 후계자가 되기 위한 권력 싸움을 벌여야 했고 후계자가 된 후에도 자신을 위협할 만한 세력들이 등장하지 못하도록 많은 노력을 기울여야 했었다. 그러나 김정은은 그럴 필요가 없었다. 김정일이 후계자로 논의될 당시와 같이 그에 반대할 만한 세력이 존재하지 않았다. 김정일이 김정은을 후계자로 정했으면 김정은이 후계자가 되는 것이었다. 또한 김정일 당시에 '후계자론' 등을 통해 그의 아들이 다음 최고 지도자 자리를 이어받아야만 이유가 이론적으로 정립되어 있었고[296] 이미 앞에서 보았듯이 국민들에게 이에 대한 교육을 철저히 진행할 수 있는 체계도 구축되어 있었다. 이는 북한 엘리트들은 물론이고 주민들도 다른 생각을 할 새도 없이 김정은을 받아들이게 하였을 것이다.

그런데 위에서 잠시 언급했지만 김정일이 후계수업을 받고 있던 시기는 군사가 중요한 문제이긴 했으나 '선군시대'인 김정은의 시기

295) 오경섭(2012), 17쪽.

296) 김유민(1984), 『후계자론』, 출판지 불명: 신문화사 참조.

만큼의 중요도는 아니었다. 그래서 김정일은 긴 시간을 두고 세력을 확장할 수 있었던 것이다.

그러나 김정은은 군사 국가화가 극도로 진행된 나라를 급박한 상황 하에서 단기간에 물려받아야 했으므로 군사를 장악하는 것이 김정은을 위한 후계 작업에서 핵심이었다. 그래서 당에 대한 본격적인 진출은 후 순위로 할 수밖에 없었으며 김일성군사종합대학을 졸업하고 당이 아닌 군기관인 총정치국, 공안기관인 국가안전보위부에 먼저 진출한 것이다.297) 군사에 대한 능력과 군대에 대한 장악력, 엘리트들에 대한 통제와 관리가 군을 장악하고 권력을 이양 받는데 꼭 필요했기 때문이다.

〈김정일과 김정은이 함께 현지 지도한 모습들〉

『로동신문』, 2011년 10월 17일; 10월 19일; 10월 20일

또한 김정은이 김정일의 자리를 성공적으로 이어받기 위해서는 당에 대한 진출과 장악도 필수였다. 그러므로 김정은이 당에서 직책을 갖는 것은 당연한 것이었다. 그런데 특이하게도 당정치국 상무위원회나 당정치국 위원, 당비서로는 진출하지 않고 당중앙군사위원회 부위원장직에만 진출했다. 김정일이 당중앙위원회 군사위원회 위원

297) 정성장(2010ㄱ), 170~172쪽.

과 함께 당의 다른 요직들에 동시에 들어간 것과는 다른 모습이다. 이렇게 김정은이 당중앙군사위원회 부위원장을 첫 번째 당직으로 한 것은 다음과 같이 생각해 볼 수 있다.

우선, 군사 분야에 대한 중요성이다. 북한에서 군사가 차지하는 위상이야 말할 필요가 없으므로 군을 지도하는 당의 군사기관에 먼저 진출하여 후계자를 중심으로 한 영군 체계를 구축하는 것은 후계 작업에서 가장 중요하고 당연한 것이다. 그래서 김정은의 첫 당직을 군을 당적으로 지도하며 영향력을 높일 수 있는 당중앙군사위원회 부위원장으로 한 것이다.

다음으로 김정은의 짧은 후계수업 기간도 이유가 될 수 있다. 김정일은 당정치국 상무위원회에 진출하기까지 당에서 일을 처음 시작한 후 16년이란 시간이 걸렸다. 그리고 그 직위에 오르기까지 당비서와 부장으로, 권력을 차지하기 위한 투쟁으로 많은 정치 경험을 가지게 된다. 당의 모든 사업을 조직, 지도하는 데 참여할 수 있는 경험과 능력을 오랜 기간 노력을 통해 갖춘 것이다. 하지만 김정은에게 이러한 경험은 김정일에 비해 물리적으로 부족할 수밖에 없다. 이에 북한에서 최고의 연륜과 위상의 인물들만 들어갈 수 있는 당정치국 상무위원회 등으로의 진출은 시기상조라고 김정일은 판단한 것으로 보인다.

그러나 김정은은 후계자로 내정된 직후부터 짧은 기간이지만 김정일의 적극적인 지원 아래 군을 장악하기 위한 노력들을 지속했다. 그러니 당중앙군사위원회는 군사 분야에만 집중하면 되는 기관이므로 그를 보좌할 수 있는 적당한 엘리트들을 붙여주면 군에 대한 장악력을 더 키우고 당에 대한 경험도 더 쌓을 수 있다고 판단한 것으로 보인다.

또한 당중앙군사위원회로의 진출은 김정은 중심의 영군 체계 구축과 함께 당으로의 본격적인 진출이라는 의미도 있었을 것이다. 2010년 당중앙군사위원회의 구성원들은 당과 군의 주요 실력자들이 대거 진출하였다. 후계자인 김정은이 처음으로 당직을 맡게 되었는데 그 기관의 구성원들을 당과 군의 중요 인물들로 구성했다는 것은 당중앙군사위원회를 후계 작업의 교두보로 활용하고자 하는 의도였던 것이다. 특히, 군부 인사들은 김정은에게 군에 대한 지휘와 통제권을 충분히 보장해 줄 수 있는 인물들로 김정은 중심의 영군 체계 확립에 중대한 역할을 수행했을 것이다.

그런데 장성택이나 최룡해 같은 인물들은 그 기반이 군과는 거리가 있는 인물들로서 당중앙군사위원회와는 어울린다고 볼 수 없었다. 그런데도 이들을 이 기관에 넣었다는 것은 당중앙군사위원회를 통한 당의 다른 기관에는 진출하지 못한 김정은의 당내 기반 확보를 위한 조치였다고 생각된다.

최룡해는 2012년 4월 당대표자회를 통해 총정치국장이 되고 장성택은 국방위원회 부위원장이었지만 이들은 군사에 전문성이 있는 인사들은 아니었다. 하지만 이들이 당중앙군사위원회에 들어감으로 인해서 이 기관의 위상은 충분히 높아질 수 있었으며 다른 당 기관과 당중앙군사위원회 간의 군사 문제에 대한 조율을 통해 김정은을 보좌했을 것이다. 당내 다른 기관에 진출하지 않은 김정은과 당 기관들과의 연결고리가 된 것이다. 당중앙군사위원회를 강화함으로써 김정은은 군사 분야 외에도 당의 다른 분야에 대한 영향력 확대를 동시에 추구한 것이다. 이렇게 2010년 김정은을 공식적으로 등장시키기 위한 제3차 당대표자회가 열린 이후 당중앙군사위원회는 최고 군사 지도기관이라는 위상과 역할을 회복했고 김정은 후계 작업의 중심

기관이 되었다.[298]

결국, 위의 내용을 종합하면 2010년 9월 본격적으로 등장한 김정은은 이전부터 후계수업을 받고 있었지만 당중앙군사위원회 부위원장에 임명되며 후계자로서 당 진출과 영군 체계 구축을 본격화할 수 있게 되어 그 지위를 확고히 했다고 볼 수 있다. 김정일은 이를 위해 당중앙군사위원회를 정상화시킨 것이다. 그리고 이후의 당중앙군사위원회는 최고 군사 지도기관으로서 차기 지도자인 김정은의 입지를 강화시켰고 김정일 사후에는 김정은 체제를 군사적으로 보위하는데 충실한 모습을 보이고 있다고 여겨진다.

298) 이기동(2010), 215~242쪽; 정성장(2013), 35~48쪽.

제4장 국방위원회의 위상과 역할

1. 국가 주권의 최고 국방지도기관

1) 북한체제에서 국가기관의 위상과 역할

국방위원회의 근본적인 위상을 살피려면 국가기관에 대한 북한의 인식을 살피는 것이 우선이다. 국방위원회의 위상이 김정일 시대에 급상승했던 것은 사실이지만 근본적으로 국가기관이기 때문이다.

김일성은 국가 정권에 대해 "당과 인민대중을 련결시키는 가장 포괄적인 인전대이며 우리 당의 로선과 정책의 집행자이며 인민들의 생활을 책임진 호주"라고 이야기하였다.[299] 그리고 국가기관에

299) 김일성(1983), 「조선로동당 제5차대회에서 한 중앙위원회 사업총화 보고」, 『김일성 저작

대해서는 "우리의 국가기관은 우리 당의 총로선의 집행자이며 그 정책을 실시하는 수단입니다."[300]라고 이야기하였다. 인민과 함께하며 당과 인민을 연결하여 당의 의도와 정책을 실현하게 하는 것이라는 의미이다.

김정일 시대 이후에도 이러한 국가기관에 대한 기본적인 인식에는 변함이 없다. 김정일은 2008년 9월 『로동신문』과 『민주조선』에 준 담화에서 "공화국정권은 당의 로선과 정책에 기초하여 우리의 국가사회제도를 공고발전시키고 혁명과 건설의 모든 사업을 힘있게 밀고나가야 합니다."[301]라고 말하였다. 그리고 2010년 9월에 개정된 당 규약에서도 "당과 인민대중을 련결시키는 가장포괄적인 인전대이며 당의 로선과 정책의 집행자"라고 정의하였다.

김정은은 '당 제7차대회에서 한 당중앙위원회 사업총화보고'에서 국가의 모든 분야에 대한 당적 영도, 정책적·정치적 지도를 강조하면서 인민정권이 '사회주의강국건설의 강력한 무기'라고 하였다.[302] 이렇게 김일성, 김정일, 김정은 모두의 국가기관에 대한 인식은 인민과 함께하며 당의 의도를 인민들에게 전달하고 인민들이 이를 실행하게 하는 역할을 수행하는 곳이다. 그리고 이것은 당 규약에서도 마찬가지였다.

또한 북한은 국가기관에 대해 사전적으로 "공화국의 국가기구는 조선로동당의 로선과 정책을 집행하는 혁명과 건설의 강력한 무기

집 25』, 평양: 조선로동당출판사, 352쪽.

300) 사회과학출판사(1973), 『정치사전』, 평양: 사회과학출판사, 79~80쪽.

301) 김정일(2008), 「조선민주주의인민공화국은 불패의 위력을 지닌 주체의 사회주의국가이다」, 당보 『로동신문』과 정부기관지 『민주조선』에 준 담화 2008년 9월 5일(https://han.gl/VJuLt, 검색일: 2016년 6월 8일).

302) 『로동신문』, 2016년 5월 8일.

로서 우리 인민의 위대한 수령 김일성 동지의 현명한 령도밑에 인민자신에 의하여 조직되였으며 인민들과 혈연적련계를 맺고 사업하여 그들의 리익을 옹호하여 투쟁한다."[303]라고 정의하였다. 즉, 북한의 국가기관은 당의 노선과 정책을 집행하는 수단으로 당의 지도를 받아야 하는 위치에 있는 것이다.

2016년 6월 국무위원회가 등장하기 전까지 이 역할을 수행했던 대표적인 국가기관은 국방위원회이다. 국방위원회에 대해 북한은 다음과 같이 설명하고 있다.

> 국방위원회는 국가지도기관으로서 다른 국가기구들과 동등한 지위에 있거나 종속적인 지위에 있는 것이 아니라 그 중추로서 지도적 지위를 차지하고 있다. 국방위원회를 중추로 하여 사회의 모든 국가기관들이 구성되여 있는 것으로 하여 그것은 명실공히 선군정치를 실질적으로 보장해주는 기구로서의 사명을 수행하고있다. 국방중시의 국가관리체계는 국방위원회의 통일적지도 밑에 군사선행의 원칙에서 국가사회생활전반을 조직지휘해나가고있다.[304]

북한은 국방위원회를 당의 노선과 정책을 집행하는 국가기관들 중 최상위에 위치시킨 것이다. 그리고 이러한 국가기관체계를 '우리식의 국가기관체계'라고 이야기하고 있다.[305]

303) 사회과학출판사(1973), 80쪽.
304) 김창경(2014), 72쪽.
305) 『로동신문』, 2015년 12월 24일; 2016년 4월 9일.

2) 헌법에 나타난 위상

국방위원회가 헌법에 처음 명시된 것은 1972년 개정 헌법에서였다. 당시 국가 주권의 최고 지도기관이었던 중앙인민위원회의 예하 부분별 위원회 중 하나로서 그 기관의 국방 관련 임무를 보좌하는 것이었다.[306] 그리고 국방위원장은 국가의 수반이었던 주석이 맡았다. 이때부터 국방위원회, 국방위원장의 위상과 역할은 꾸준히 변화하게 되는데 이는 헌법상의 변화를 살피면 쉽게 확인할 수 있다.

북한은 헌법에 대해 "국가기관들의 구성과 임무, 활동원칙을 규제하고 있다."[307]고 밝히고 있으며 "당의 로선과 정책을 법적으로 옹호관철하며 우리 나라에서 사상혁명을 앞세우면서 사회주의 경제, 문화 건설을 힘있게 다그치는 프로레타리아독재의 강력한 무기"[308]라고도 이야기 했었다. 즉, 국가기관인 국방위원회의 위상과 역할은 국가기관들을 법적으로 규제하고 있는 헌법에 정리되어 있는 것이다. 다음 쪽의 〈표 11〉은 헌법에서 확인할 수 있는 국방위원장과 국방위원회의 변화를 정리한 것이다.

국방위원회는 1972년 처음 헌법에 등장했을 때만 해도 독립된 기관이 아니었다. 당시 국가 주권의 최고 지도기관이었던 중앙인민위원회의 군사부분을 보좌하는 기관으로서 선군시대와 같이 국정 전반에 관여하는 기능과 권한을 가지지 못했다. 하지만 주석이 위원장이었고 부위원장들도 당시 군의 실세들로 이루어져 있어 당시 군사

306) 법제처(1992), 「조선민주주의인민공화국 사회주의 헌법(1972)」, 법제처 편저, 『북한법제개요』, 한국법제연구원, 662쪽.

307) 사회과학원 언어학연구소(1992ㄴ), 937쪽.

308) 사회과학출판사(1973), 『정치사전』, 평양: 사회과학출판사, 986쪽.

〈표 11〉 국방위원장/국방위원회의 헌법상 위상·역할 변화

구분		1972년 헌법	1992년 헌법	1998년 헌법	2009년 헌법
국방위원장	위상	• 공화국 주석이 당연직으로 국방위원장 겸직	• 헌법에는 주석의 겸직 문구가 삭제되었으나 당시 주석 김일성이 1993년 김정일의 위원장 취임 전까지 위원장 겸직	• 주석제 폐지 • 국방위원장이 국가 최고 영도자가 됨	• 국가 최고영도자 • 국가 전반적 무력의 최고사령관 • 헌법에 국방위원장 관련 절을 신설 • 자기 사업에 대해 최고인민회의 앞에 책임짐
	역할	• 중앙인민위원회의 국방 부분 역할을 보좌했을 것으로 추정	• 일체의 무력을 지휘통솔	• 일체무력통솔 및 국방 사업전반 지도	• 국가의 일체 무력을 지휘통솔 • 국가의 전반사업 지도 • 국방부문의 주요 간부 임명, 해임 • 다른 나라와 맺은 중요조약 비준, 폐기 • 특사권 행사 • 국가 비상사태와 동원령 선포 • 명령을 냄
국방위원회	위상	• 중앙인민위원회 사업을 돕는 4개 부문별 위원회 중 1개로 설립	• 헌법에 독립 기관으로 처음 등장. • 국가 주권의 최고 군사 지도기관	• 국가 주권의 최고 군사 지도기관이며 전반적 국방관리기관	• 국가주권의 최고 국방지도기관
	역할	• 중앙인민위원회의 국방 분야 임무들을 보좌했을 것으로 추정 ◦ 국방사업지도 ◦ 국방 분야 정령·결정·지시·집행정형 감독 및 결정·지시 폐지 ◦ 중요 군 인사 참여 ◦ 군사칭호 제정 및 군 관련훈장·명예칭호 수여 ◦ 유사시 전시상태, 동원령 선포	• 국가의 전반적 무력과 국방건설사업 지도 • 중요 군사간부를 임명, 해임 • 군사칭호 제정 및 장령 이상의 군사칭호 수여 • 유사시 전시상태와 동원령 선포 • 결정과 명령 냄 • 자기 사업에 대해 최고인민회의 앞에 책임짐	• 국가의 전반적 무력과 국방건설사업 지도 • 국방 부문의 중앙기관 설립 및 폐지 • 중요 군사간부임명 또는 해임 • 군사칭호 제정 및 장령 이상의 군사칭호 수여 • 나라의 전시상태와 동원령 선포 • 결정과 명령 냄 • 자기 사업에 대해 최고인민회의 앞에 책임을 짐	• 선군혁명로선을 관철하기 위한 국가의 중요정책 수립 • 국가의 전반적 무력과 국방건설사업 지도 • 국방위원장 명령, 국방위원회 결정, 지시 집행정형을 감독하고 대책 수립 • 국방위원장과 국방위원회의 의도에 어긋나는 결정, 지시 폐지 • 국방 부문의 중앙기관 설립 및 폐지 • 군사칭호 제정 및 장령 이상의 군사칭호 수여 • 결정과 지시 냄 • 자기 사업에 대해 최고인민회의 앞에 책임을 짐

*출처: 법원행정처(2010), 468~555쪽의 1972년부터 2009년까지의 북한 헌법전문 및 정성장(2010ㄱ), 235~236쪽을 참조하여 작성.

문제들을 충분히 지도하고 실현할 수 있었을 것이다. 이는 최소한 중앙인민위원회의 다른 부분별 위원회 중에는 위상이 가장 높았을 것임을 추정하게 한다. 실제로『로동신문』에는 중앙인민위원회의 부분별 위원회들 중 국방위원회의 부위원장들만 소개되고 있다.[309]

그런데 1992년에 개정된 헌법에서는 독립된 국가기관으로서 '국가주권의 최고군사 지도기관'이 되었다. 사실 국방위원회는 1990년 5월 24일 최고인민회의 제9기 제1차 회의를 통해 이미 독립된 기관이 되어 있었다고 볼 수 있다.[310] 그러므로 1992년의 헌법에 실린 국방위원회 관련 내용은 이미 국방위원회가 독립되면서 행사하고 있던 군사 분야의 권한들을 명문화한 것이라고 할 수 있을 것이다.

또한 1998년에는 '전반적 국방관리기관'이라는 내용이 추가되었다. 그리고 주석제가 폐지되어 국방위원장이 국가 최고 영도자가 되어 국방위원회는 국방을 넘어선 국정의 다른 분야에도 관여할 수 있는 가능성이 열리게 된다. 2009년에는 국방위원장이 국가 최고 영도자로 규정되어[311] 법적, 공식적으로 국가의 군사 분야는 물론 외교를 비롯한 국가사업 전반을 지도하게 되었다. 그리고 국방위원

309)『로동신문』, 1972년 12월 29일.

310) 당시 북한은 국방위원회를 조직하고 중앙인민위원회 위원들을 선거하면서 국방위원회 조직을 먼저 언급하였다. 이때 국방위원회를 독립시키지 않았다면 중앙인민위원회 앞에 국방위원회를 따로 조직하지 않았을 것이며 언급하지도 않았을 것이다.『로동신문』, 1990년 5월 25; 정성장(2010ㄱ), 234쪽; 김동엽(2013), 171~172쪽.

311) 1992년과 1998년 헌법에는 국방위원장에 관한 명확한 법규가 없었다. 우선 1992년에는 1993년 김정일의 국방위원장 취임과 관련이 있었던 것으로 추정된다. 주석이 아닌 김정일이 국방위원장직을 맡으려면 주석이 국방위원장을 맡아야 된다는 것은 없어져야 했을 것이다. 그리고 1998년 헌법은 김일성을 '영원한 주석'으로 만들면서 주석직이 필요 없어졌고 당시 김정일이 국가기관 중 유일하게 최고직위를 맡고 있었던 것이 국방위원회였으므로 따로 국방위원장을 어떤 직위가 담당하는지에 대해 설명할 필요가 없었던 것으로 보인다. 그리고 1992년도 헌법의 국가주석에 대한 내용과 2009년도 국방위원회 위원장의 주요 내용이 대부분 일치한다.

회는 "선군혁명로선을 관철하기 위한 국가의 중요정책을 세운다."는 내용이 헌법에 추가되어 임무의 범위가 국방에서 국가 단위로까지 넓어진다. 국방위원회가 이미 가지고 있었던 군사기관 이상의 위상과 역할이 공식화된 것이다.

이는 북한이 2009년 헌법개정 이전부터 국가기관의 역할을 국가 방위와 국가 관리기능으로 나누면서 국가기관체계를 국방위원회 중심으로 개편하여 선군정치를 완성된 정치방식으로 만드는 체계가 완성되었다고 주장한 것에서 알 수 있다.[312] 2009년 헌법개정은 국방위원회가 이미 가지고 있었던 선군정치를 실현하기 위한 국가체계의 중심 기관으로서의 역할과 권위를 나중에 확인하고 뒷받침해 준 것이다. 즉, 2009년 헌법개정 이전부터 국방위원회는 당과 국민들을 연결하고 당의 노선과 정책을 집행하는 역할을 수행하는 국가의 중심 기관이었던 것이다.

그런데 왜 김정일은 국가주석이 아닌 국방위원회 위원장을 국가의 최고 영도자 직책으로 한 것일까?

우선 김정일은 선대에서부터 이어지고 있는 좋지 못한 국가 상황으로 인해 최고 지도자로서 받을 부담을 줄이고 싶었을 것이다. 김일성의 주석직을 그대로 이어받는다는 것은 김일성 시기의 실패에 대한 책임을 그대로 이어받는다는 것을 의미하므로 다른 직책을 국가 최고 직책으로 내세워 그러한 부담을 줄이고자 했을 것이다. 이것은 그동안 주석직이 가지고 있었던 국가에 대한 대표권을 국방위원장이 아닌 최고인민회의 상임위원회에 가지게 하고 행정적 집행권은 내각이 가지게 하여 최고 지도자의 책임을 분산한 것에서 알 수가

312) 강희봉(2008), 43쪽.

있다.[313]

다음으로는 김일성에 대한 존경의 표현이고 김정일이 뒤를 잇는 것에 대한 정당성 부여이며 '선군정치'로 대변되는 김정일 시대의 시작을 확고히 하기 위한 것이다. 북한은 김일성을 '영원한 주석'으로 추대하고 그의 업적을 이을 것이라고 헌법을 통해 말한다.[314] 이는 김정일은 김일성에 대한 최고 예우와 존경심의 표명이다. 또한 김정일이 추진하는 정책들은 김일성의 업적을 잇는 것이므로 정당하다는 것을 강조하는 것이다.[315]

김영남은 김정일을 국방위원장으로 추대하는 자리에서 "국방위원회 위원장의 중임은 나라의 정치, 군사, 경제 력량의 총체를 통솔지휘하여 사회주의조국의 국가체제와 인민의 운명을 수호하며 나라의 방위력과 전반적국력을 강화발전시키는 사업을 조직령도하는 국가의 최고직책이며 우리 조국의 영예와 민족의 존엄을 상징하고 대표하는 성스러운 중책"이라고 국방위원회 위원장을 설명하였다.[316] 이는 기존 국가주석이 가지고 있던 권한을 국방위원장이 그대로 수행한다는 것으로 이제 국가 최고의 영도자는 주석이 아닌 국방위원회 위원장임을 선언한 것이다.

새로운 시작을 위해선 새로운 직책이 필요했을 것인데 당시 상황은 북한의 입장에서는 군사를 강화해야만 하는 상황이었고 김정일이 가지고 있던 유일한 국가기관 직책이 국방위원회 위원장이었으므로 이에 국방위원장을 국가 최고 직책으로 정한 것이다.

---

313) 조재현(2012), 「북한헌법의 변화에 관한 연구」, 성균관대학교 박사논문, 189쪽.

314) 1998년 개정 『조선민주주의인민공화국 사회주의 헌법』 서문.

315) 조재현(2012), 189~190쪽.

316) 『조선중앙통신』, 1998년 9월 5일.

그런데 위와 같은 헌법의 변화에도 불구하고 1992년 이후 국방위원회에 변함없이 계속 부여된 군사 부문 임무들은 '국가의 전반적 무력과 국방건설사업 지도', '주요 군사간부들에 대한 인사', '결정과 명령 내리기' 등이다. 이 중 '국가의 전반적 무력과 국방건설사업 지도'에 주목할 필요가 있다. 다른 문구들은 명확히 그 뜻을 이해할 수 있으나 이 문구는 넓은 의미를 가지고 있어서 모든 단어들의 뜻을 알아야 북한이 헌법상으로 정의한 국방위원회의 임무를 이해할 수 있을 것이다.

북한은 '전반적'이라는 단어에 대해 "해당부문 전체에 관계되는 것"이라고 정의 내리고 있다.[317] 무력은 "무장을 갖춘 군사적력량"[318] 그리고 국방건설에 대해서는 "외래침략자들의 침해로부터 나라를 지켜내기 위하여 군사력을 강화하며 군수공업을 발전시키는 등의 일들을 통틀어 이르는 말"이라고 정의하고 있다.[319]

이를 적용하면 국방위원회는 무장을 갖춘 군사적 역량인 조선인민군, 조선인민내무군, 로농적위군, 교도대, 붉은청년근위대 등의 모든 무력 기관들과 이를 강화하는 모든 사업, 군수공업의 발전을 '가장 올바른 길로 이끌어주는 역할'을 부여받았던 것이다. 물론 북한군은 수령의 군대, 당의 군대이고 국방위원회의 구성원 자체가 군 지휘에는 어울리지 않은 인물들이었으므로 국방위원회가 군을 직접 지휘하고 운용하는 것은 아니었다. 국방위원회는 당에 의해 군이 운용되고 강화되는 데 필요한 부분을 채워주는 사업들에서 국가가 맡았던 부분들에 대한 지도를 담당한 것이다.

---

317) 사회과학원 언어학연구소(1992ㄴ), 140쪽.

318) 사회과학원 언어학연구소(1992ㄱ), 1153쪽.

319) 사회과학원 언어학연구소(1992ㄱ), 328쪽.

한편 김정은 시대에는 2016년 6월에 국방위원회가 개편되어 국무위원회가 신설되기 전까지 2012년 4월과 2013년 4월에 헌법 개정이 있었다. 2012년 4월의 개정은 사망한 김정일을 '영원한 국방위원장'으로 추서하고 김정은을 '국방위원회 제1위원장'으로 추대하여 김정일의 업적을 기리고 김정은이 김정일의 권한을 그대로 이어받아 국가 최고 영도자의 권한을 발휘할 수 있게 법적으로 뒷받침하게 하는 것이었다. 그리고 2013년 4월의 개정은 북한의 의무교육을 11년제에서 12년제로 변경한다는 것이 중심이었다. 그래서 2012년과 2013년의 헌법에서는 국방위원장과 국방위원회의 내용은 '국방위원장'이 '국방위원회 제1위원장'으로 바뀌었을 뿐 국방위원회에 근본적인 변화는 없었다.[320] 다음 그림은 북한 헌법 개정 내용을 바탕으로 한 국방위원회의 위상 변화를 나타낸 것이다. 국방위원회의 위상이 1972년 창설되었을 때부터 꾸준히 상승하였음을 확인할 수 있다.

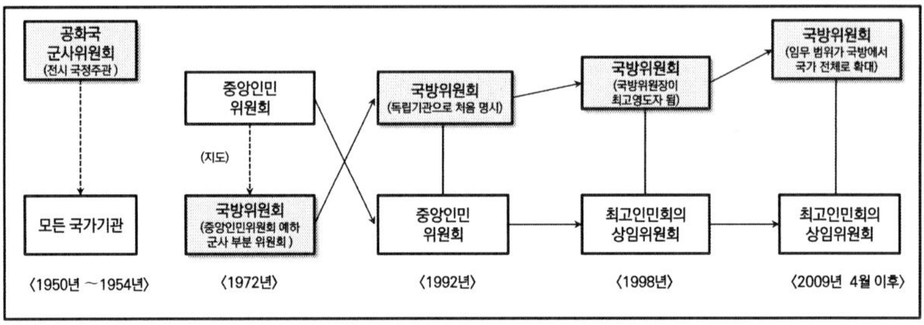

〈그림 10〉 국방위원회의 헌법상 위상 변화

*공화국 군사위원회는 헌법에 규정되었던 기관은 아니었으나 한국전쟁 당시 국가 전체를 장악하고 지도했던 국방위원회의 시초인 기관이므로 같이 표현하였다.

---

320) 조재현(2012), 208~212쪽; 법무부(2015), 『남북비교법령집 2015』, 법무부 통일법무과, 3~64쪽.

3) 구성원 분석을 통해서 본 위상

3장에서는 당중앙군사위원회의 구성원들을 살펴 그 기관이 당 규약에 규정된 대로 당 군사정책 토의, 결정, 전 무장력 강화, 군수산업 조직지도, 군 지휘에 적합한 당의 최고 군사 지도기관임을 확인하였다. 여기서는 국방위원회 구성원들을 살펴 이 기관의 위상과 역할을 분석하도록 하겠다. 그런데 이번에는 김정일 시대 이후를 살필 것이다. 그 이유는 국방위원회는 김정일이 권력을 계승한 후 위상과 활용도가 더욱 높아졌기 때문이며 김일성 시대 국방위원회는 부위원장 정도만 확인할 수 있기 때문이다.[321] 다음 쪽의 〈표 12〉는 김정일 시대의 국방위원회 구성원들을 정리한 것이다.

〈표 12〉에 제시된 인물들이 당시 담당하고 있던 직책들을 살펴보면 평균적으로 제2경제위원회와 군수공업부, 심지어 2000년대 초반까지는 북한의 군수공장들이 밀집되어 있는 자강도의 당책임비서 등 군수공업 운영과 직접 관련된 인물들이 상당수 차지하고 있었음을 알 수가 있다. 그리고 군대의 후방사업과 군사 외교를 담당하는 인민무력부 성원들이 많이 참여하고 있었다.

그런데 국방위원회의 역할 중 가장 큰 관심사 중 하나인 군 지휘와 직접 관련되는 주요 군지휘관은 김정일 시대 후반부로 갈수록 점차 참여하지 못하였으며 총참모장 직위도 2009년부터는 국방위원회에 자리하지 못하였음을 볼 수 있다. 물론 '최광'이 잠시 부위원장 자리를 차지하고 있었으나 그는 97년 사망하므로 김일성 시대의 국방위원회

321) 『로동신문』 등을 통해 확인할 수 있는 구성원들은 2장에서 언급한 최현, 오백룡, 오진우, 최광 정도이다.

〈표 12〉 김정일 시대 국방위원회 구성원 변화

구분	제1부위원장	부위원장	위원
1994.7	오진우 (인민무력부장)	최광 (총참모장)	김광진(인민무력부 제1부부장), 김철만(제2경제위원장), 리을설(호위사령관), 전병호(군수공업담당비서), 김봉률(인민무력부 부부장), 리하일(인민군 차수)
1998.9	조명록 (총정치국장)	김일철(인민무력상) 리용무(인민군 차수)	김영춘(총참모장), 연형묵(자강도당 책임비서), 리을설(호위사령관), 백학림(법제위위원장), 전병호(군수공업담당비서), 김철만(제2경제위원회 위원장)
2003.9		연형묵 (자강도당책임비서) 리용무(인민군 차수)	김영춘(총참모장), 김일철(인민무력부장), 백세봉(제2경제위원회 위원장), 최용수(인민보안상), 전병호(군수공업담당비서)
2007.7		김영춘(인민군 차수) 리용무(인민군 차수)	백세봉(제2경제위원회 위원장), 최용수(법제위원회 위원장), 전병호(군수공업담당비서), 김일철(인민무력부장), 김격식(총참모장)
2009.4		김영춘(인민무력부장) 리용무(인민군 차수) 오극렬(인민군 대장)	전병호(군수공업담당비서), 김일철(인민무력부 제1부부장), 백세봉(제2경제위원회 위원장), 장성택(당행정부장), 주상성(인민보안상), 우동측(국가안전보위부 부부장), 주규창(당군수공업부 제1부부장), 김정각(총정치국 제1부국장)
2010.6		김영춘(인민무력부장) 리용무(인민군 차수) 오극렬(인민군 대장) 장성택(당행정부장)	전병호(군수공업담당비서), 주상성(인민보안부장), 백세봉(제2경제위원회 위원장), 우동측(국가안전보위부 제1부부장), 주규창(당군수공업부 제1부부장), 김정각(총정치국 제1부국장)
2011.4	·	김영춘(인민무력부장) 리용무(인민군 차수) 오극렬(인민군 대장) 장성택(당행정부장)	박도춘(군수공업담당비서), 백세봉(제2경제위원회 위원장), 우동측(국가안전보위부 제1부부장), 주규창(당기계공업부장), 김정각(총정치국 제1부국장)

*출처: 정성장(2010ㄱ), 263쪽을 기본으로 통일연구원(2011), 『김정일 현지 지도 동향 1994~2011』, 통일연구원; 통일부 정세분석국 정치군사분석과(2015)와 『로동신문』 등을 참고하여 작성.

에서는 오래 임무를 수행하지 못했다. 그리고 그 이후에 참여했던 총참모장들은 위원 자격으로 참여하였다. 또한 리용무와 오극렬과 같은 군 인사들이 부위원장직을 수행하였으나 이들은 군부대를 지휘하는 지휘관도 아니고 군내 주요 직위를 가진 인물들도 아니었다.

오히려 공안기관, 즉 인민보안부나 국가안전보위부의 주요 인사들이 많이 참여하고 있다는 것이 눈에 띈다. 이러한 국방위원회의 인원 구성은 국방위원회가 군 지휘보다는 군을 지원하는 분야에 초점이 맞추어진 구조로 되어 있었으며 사회의 안정에도 관여하고 있었음을 보여주는 것이다. 그러므로 엘리트 구성으로 본 김정일 시대의 국방위원회는 당의 지도 아래 군 지휘는 제외되었지만 군을 강화하는 모든 사업을 지도하는 역할을 수행한 것이다.

이러한 구성은 김정은 시대에 들어서도 특별한 변화가 없었다. 다음 〈표 13〉은 김정은 시대의 국방위원회 구성원 변화이다.

〈표 13〉 김정은 시대 국방위원회 구성원 변화

구분	제1위원장	부위원장	위원
2012.4	김정은	김영춘(당군사부장), 리용무(인민군차수), 오극렬(인민군대장), 장성택(당행정부장)	박도춘(군수공업담당비서), 백세봉(제2경제위원회 위원장), 주규창(당기계공업부장), 김정각(총정치국 제1부국장), 최룡해(총정치국장), 김원홍(국가안전보위부장), 리명수(인민보안부장)
2013.4		김영춘(당군사부장), 리용무(인민군차수), 오극렬(인민군대장), 장성택(당행정부장)	박도춘(군수공업담당비서), 백세봉(제2경제위원회 위원장), 주규창(당기계공업부장), 김격식(인민무력부장), 최부일(인민보안부장)
2014.4		최룡해(총정치국장), 리용무(인민군차수), 오극렬(인민군대장)	장정남(인민무력부장), 박도춘(군수공업담당비서), 김원홍(국가안전보위부장), 최부일(인민보안부장), 조춘룡(제2경제위원회 위원장)
2014.9		리용무(인민군차수), 오극렬(인민군대장), 황병서(총정치국장)	박도춘(군수공업담당비서), 김원홍(국가안전보위부장), 최부일(인민보안부장), 조춘룡(제2경제위원회 위원장), 현영철(인민무력부장), 리병철(항공 및 반항공군 사령관)
2015.4		리용무(인민군차수), 오극렬(인민군대장), 황병서(총정치국장)	김원홍(국가안전보위부장), 최부일(인민보안부장), 조춘룡(제2경제위원회 위원장), 현영철(인민무력부장), 리병철(당중앙위원회 제1부부장), 김춘섭(군수공업부장)

*출처: 『로동신문』; 『조선중앙통신』; 『연합뉴스』; 통일부 정세분석국 정치군사분석(2015) 등을 참조하여 작성.

〈표 13〉에서 보았듯이 김정일 시대와 기본적인 구성에서 커다란 변화는 없다. 제2경제위원회와 기계공업부와 같은 군수분야와 공안기관인 인민보안부와 국가안전보위부에 속한 인물들이 주로 위치해 여전히 위치해 있었다. 그리고 여전히 군 지휘와 관련된 인물은 드물

위대한 김정일동지를
조선민주주의인민공화국의 영원한
국방위원회 위원장으로 높이 모시였다

대양조선의 새로운 100년대의 진군길에서 소집된 최고인민회의 제12기 제5차회의는 우리 당과 우리 인민의 위대한 령도자 김정일동지를 조선민주주의인민공화국의 영원한 국방위원회 위원장으로 높이 모시였다.

회의는 전당, 전군, 전민의 절절한 념원과 의사에 따라 우리 혁명의 최악의 역경속에서 선군정치를 혁명과 건설에 전면적으로 실현해나갈수 있는 국가정치체제를 확립하시여 나라의 정치군사적위력을 최상의 경지에 올려세우시고 반만년민족사에 일찌기 없었던 사회주의강성대국건설의 일대 전성기를 펼치신 위대한 김정일동지를 조선민주주의인민공화국의 영원한 국방위원회 위원장으로 높이 모실데 대하여 《조선민주주의인민공화국 사회주의헌법》에 수정보충하고 최고인민회의 법령으로 채택하였음을 내외에 엄숙히 선언하였다.

경애하는 김정은동지를
조선민주주의인민공화국 국방위원회 제1위원장으로 높이 추대

위대한 김일성, 김정일조선의 앞길에 끝없이 광명한 미래가 펼쳐지고있는 력사적시기에 소집된 최고인민회의 제12기 제5차회의에서는 조선로동당 제1비서이시며 조선인민군 최고사령관이신 우리 당과 인민의 최고령도자 김정은동지를 조선민주주의인민공화국 국방위원회 제1위원장으로 높이 추대하였다.

최고인민회의에서는 온 나라 전체 인민군장병들과 인민들의 한결같은 념원을 담아 문무를 겸비하신 위대한 정치가이시며 비범한 예지와 탁월한 령도력, 무비의 담력과 숭고한 혁명적동지애를 지니시고 거창한 혁명실천으로 위대한 김일성동지께서 개척하시고 위대한 김정일동지께서 령도하여오신 주체혁명위업을 곧바른 승리의 한길로 전진시켜나가시는 경애하는 김정은동지를 조선민주주의인민공화국 국방위원회 제1위원장으로 높이 추대하였음을 내외에 엄숙히 선언하였다.

〈사망한 김정일을 '영원한 국무위원장'으로 김정은을 국방위원회 제1위원장으로 추대한다는 기사〉

『로동신문』, 2012년 4월 14일

었다. 리병철이 공군 즉, 항공 및 반항공군 사령관으로 있을 때 잠시 포함되기는 했지만 그는 얼마 있지 않아 당으로 자리를 옮기게 된다.[322] 그리고 리용무(1925년생), 오극렬(1930년생)은 고령의 인사들로 당정치국위원과 후보위원이긴 했으나 군 지휘와 관련된 직함을 가지고 있는 것은 아니었다.[323] 또한 총정치국장들이 김정일 시대와 마찬가지로 계속해서 포함되어 있었는데 이 직책도 군의 작전지휘와는 거리가 있다. 그러므로 김정은 시대의 국방위원회도 김정일

322) 2014년 12월 8일자 『로동신문』을 보면 김정은이 항공 및 반항공군 제458군부대를 현지지도 할 때 동행한 리병철을 '당중앙위원회 책임일군'으로 소개하고 항공 및 반항공군 사령관으로는 항공군 중장 최영호를 소개했다.

323) 이들은 제7차 당대회에서 당정치국위원과 후보위원회 선출되지 못하였고 당중앙위원회 위원으로만 선출되었다. 『로동신문』, 2016년 5월 10일.

시대와 마찬가지로 군 작전지휘와는 거리가 있고 군을 지원하는 분야에 더욱 적합한 구성을 가지고 있었던 것이다.

2. 국가의 군사 분야 사업지도

1) 평시 전시 대비 사업과 군 지원 사업 담당

북한의 헌법에서 국방위원회의 임무를 구체적으로 명시하기 시작한 것은 알다시피 1992년부터이다. 국방위원회가 독립되면서 군사 전문기관으로서의 임무가 명문화된 것이다. 이후 국방위원회의 군사 분야 역할은 이 기관이 관여한 관련 명령, 결정, 지시 등을 살펴보아도 파악할 수 있다. 〈표 14〉는 김정일이 집권한 후 군사와 관련되어 국방위원회가 참여한 명령, 결정, 지시이다.

〈표 14〉 김정일 시대 국방위원회의 군사 관련 명령, 결정, 지시

시기	내용
1992.04.21	• 조선인민군 차수 칭호를 수여함에 대한 결정(최광, 리을설, 백학림, 김광진, 김봉률, 주도일, 리두익, 최인덕)
1995.10.08	• 인민무력부장 임명에 대하여 • 조선인민군 원수칭호, 차수칭호를 수여함에 대한 결정
1998.09.07	• 인민무력부장 임명과 인민무력부를 인민무력성으로 개칭
1998.09.08	• 리용무, 김룡연에게 차수 칭호 수여
1998.09.26	• 인공위성(장거리미사일)발사 관계자들을 위한 연회 개최
1999.04.00	• 주민대피호 건설을 다그쳐서 후방의 요새화를 빨리 꾸릴데 대하여
2000.09.00	• 인민무력성의 인민무력부 환원 명령
2002.03.00	• 군복무 미실시자 군사복무 명령
2002.04.13	• 장성우의 차수 임명
2003.02.00	• 국가안전보위부 비상경계태세 명령

시기	내용
2009.02.11	• 인민무력부장, 조선인민군 총참모장 임명
2009.02.20	• 오극렬을 국방위부위원장으로 임명
2010.05.13	• 김일철 인민무력부제1부부장 해임
2010.09.27	• 리영호에게 차수 칭호 수여
2011.03.16	• 주상성 인민보안부상 해임
2011.04.07	• 리명수 인민보안부상 임명

*출처: 『로동신문』; 『조선중앙통신』; 정성장(2010ㄱ), 250~255쪽; 고재홍(2008), 228쪽; 김동엽(2013), 176~177쪽.

〈표 14〉를 보면 1992년 헌법 개정 이후 국방위원회는 군사와 관련하여 헌법에 명시되어 있는 대로 명령, 결정, 지시 등을 내고 군 인사나 군사기관의 개편, '후방지역 요새화' 같은 전시를 대비한 후방지역 방어 준비와 '군사 복무 명령'과 같은 군사동원 등에 관련된 일들을 하고 있었음을 알 수 있다. 그러나 위의 표만 가지고는 국방위원회가 군사 지휘권을 발휘하고 있다고 확실히 이야기할 수 없다. 그리고 군수공업이나, 군사력 증강 등과 같은 부분에 대해서도 다 확인할 수가 없다.

그래서 위에서 살핀 국방위원회의 역할에 대해 더욱 명확히 확인하기 위해서는 김정일의 군사 관련 현지 지도 내용을 확인해 볼 필요가 있다. 현지 지도는 북한의 입장에서 현지에 직접 내려가서 하는 가장 혁명적이고 인민적인 대중지도 방법으로[324] 혁명과 건설의 모든 사업을 혁신하고 발전시키기 위한 방향과 방법들을 제시하는 김정일의 독특한 영도방식이다.[325] 즉, 김정일은 현지 지도를 통해 모든 분야의 현황을 이해한 후 이를 발전시키기 위한 새로운 정책들을

324) 사회과학원 언어학연구소(1992ㄴ), 954쪽.

325) 『로동신문』, 2002년 2월 20일.

제시하여 이를 인민들에게 설명하고 이의 관철을 독려한 것이다.[326] 실제로 '선군정치'의 본격적인 시작은 1995년 1월 1일 김정일이 '다박솔 초소'를 현지 지도 한 이후부터이다. 그러므로 김정일의 군사 분야 현지 지도를 살피면 김정일이 국방위원회를 통해 군사에 대해 무엇을 하려 했는지 살필 수 있을 것이다.

우선 김정일의 군사 분야 현지 지도의 제목을 보면 '조선인민군 최고사령관' 명의로 현지 지도를 실시하고 있음을 확인할 수 있다. 군부대에 대한 시찰이나 훈련 지도는 물론이고 군부대에서 운영하는 목장이나 공장, 농장 등의 경제시설을 시찰할 때도, 군부대의 예술 공연 등을 관람할 때도 항상 국방위원장이 아니라 최고사령관 명의로 현지 지도를 하였다.[327] 이것은 군에 대한 직접적인 지휘는 국방위원장이 아닌 최고사령관 명의로 이루고 지고 있음을 의미하는 것이다. 국방위원회 명의로 된 군사작전이나 훈련, 즉 군사 지휘와 직접 관련된 명령, 결정, 지시가 없는 이유가 설명된다.

물론 김정일의 현지 지도 기사의 본문을 보면 김일성 때와는 다르게[328] "조선로동당 총비서이시며 조선민주주의인민공화국 국방위원회 위원장이시며 조선인민군 최고사령관이신 우리 당과 우리 인민의 위대한 령도자 김정일동지께서는"이라는 문구로 김정일이 지칭되었다. 그러나 여기에서 언급된 직위들은 김정일이 맡고 있었던

326) 이교덕(2002), 『김정일 현지 지도의 특성』, 통일연구원, 1쪽.

327) 김일성의 사후인 1994년 7월 8일 이후『로동신문』에 실린 김정일의 군부대 관련 현지 지도 기사를 보면 모두 "조선인민군 최고사령관 김정일동지께서 조선인민군 ○○○을 ○○하시였다"라는 제목을 제시하고 있다. 김정일의 군사 관련 시찰은 '최고사령관' 명의로 실시하였음을 확인할 수 있는 것이다.

328) 김정일의 현지 지도 보도에는 그가 맡고 있던 당, 정, 군의 직위가 현지 지도하는 장소에 따라 본문에 소개되었으나 김일성의 현지 지도 보도에는 대부분 "우리 당과 우리 인민의 위대한 수령"이라고만 본문에 소개하였다.

당, 정, 군의 최고 직함들로서 김정일의 권위를 높여주기 위한 것으로 볼 수가 있다.

한편 김정일이 군부대가 아닌 다른 곳들을 현지 지도 할 때는 '위대한 령도자'라는 칭호를 제목으로 붙이고 본문에 들어가 있던 직위들 중 '최고사령관'은 대부분 제외되어 있다.[329] '최고사령관'직은 군사부문 외에는 영향력을 행사하지 않으며 '국방위원회 위원장'직은 헌법에 명시된 것 같이 다른 분야에도 관여하고 있음을 알게 해주는 것이다. 그리고 군에 대한 직접 지휘는 '최고사령관'의 이름으로 진행하고 군에 대한 지원을 '국방위원회'가 담당함을 짐작하게 해준다. 이는 김정일이 군수공업에 관련된 곳들을 현지 지도할 때 잘 나타난다. 〈표 15〉는 김정일이 현지 지도했던 주요 군수 기업들을 정리한 것이다.

〈표 15〉 김정일이 현지 지도 한 주요 군수공장

공장명	생산품	주요 수행 인물	방문 횟수
강계뜨락또르공장	박격포탄, 방사포탄, 대전차포탄	연형묵, 전병호, 박도춘, 주규창 등	6회
구성공작기계공장	소화기, 군용차량 부속품	김영춘, 김일철, 주규창 등	6회
금성뜨락또르공장	전차 및 부속품, 대형포차, 군용차량, 기지수송장비	박남기, 주규창, 리재일	1회
대관유리공장	군용렌즈, 프리즘	김정은, 박도춘, 주규창 등	1회
대안중기계련합기업소	·	주규창, 리재일	2회
라진조선소	방사포정, 어뢰정, 잠수함	장성택, 주규창, 현철해 등	1회
락원기계공장	각종 병기부속품 및 공병장비품	주규창, 전병호, 김평해 등	13회
룡성기계련합기업소	각종 포신가공, 야포·자주포의 기계장치	김정은, 장성택, 주규창, 박도춘 등	12회

329) '최고사령관'직이 제목에는 없어도 본문에 언급되는 경우도 상당수 발견되는데 이 경우는 군부대가 건설에 참여하는 등의 관여를 한 경우가 대부분이다.

공장명	생산품	주요 수행 인물	방문 횟수
북중기계공장	각종 병기부속품 및 공병장비품	전병호, 주규창, 김평해 등	9회
운산공구공장	·	장성택, 주규창 등	2회
장자강공작기계공장	·	장성택, 연형묵, 박도춘, 주규창 등	4회
천마전기기계공장	·	장성택 등	1회
청진조선소(함북조선소련합기업소)	어뢰정	리근모, 박송봉 등	1회
태성기계공장	미사일	김정은, 장성택, 박도춘 등	1회
희천공작기계공장	소화기, 군용차량 부속품	박도춘, 전병호, 주규창, 장성택 등	6회
1월18일 기계종합공장	미사일 부품	박도춘, 주규창 등	2회
2.8기계련합기업소	각종 소화기, 박격포	박송봉, 박도춘, 주규창, 김정은 등	3회
2.8비날론공장	화학무기 제조용 원자재	장성택, 주규창 등	13회
2월26일공장(희천정밀기계공장)	소화기, 군용차량 부속품	박도춘, 전병호, 장성택 등	4회

*출처: 백환기(1996), 「북한 군수산업의 현황과 전망」, 『국방연구』 39(1), 국방대학교 안보문제연구소, 80~85쪽; 임강택(2000), 『북한의 군수산업 정책이 경제에 미치는 효과 분석』, 통일연구원, 78~84쪽; 한국정책금융공사 조사연구실(2010), 『북한의 산업』, 한국정책금융공사, 169쪽에 제시된 군수공장들을 『로동신문』; 『조선중앙통신』; 『한국일보』, 2011년 1월 19일; 『연합뉴스』, 2013년 6월 23일; 2014년 5월 27일, 2016년 3월 2일 등의 기사 및 통일연구원(2011)의 내용과 대조하여 확인.
*자강도 내의 공장 대부분, 공장 명칭에 사람 이름이나 날짜가 있는 공장 대부분은 군수공장으로 추정되나 명확히 확인 가능한 공장들만 정리.
*주요 수행 인물들은 국방위원회와 군수공업, 군과 관련된 인사들 중 복수로 수행한 인물들을 중심으로 선정.

위의 기업들은 군수품과 민수품 생산을 동시에 생산하고 있는 준군수공장들이다. 이들을 현지 지도 할 때 김정일은 '위대한 령도자'라는 명칭을 내세웠고 본문에서는 '총비서'와 '국방위원회 위원장'직만 언급되었다.330) 그리고 동행하는 인물들도 그 공장이 위치한 지역의 당책임비서와 국방위원회나 군수산업에 관련된 인물들인 당의

330) 『조선중앙통신』, 1998년 6월 3일, 1999년 3월 30일, 2009년 12월 9일; 『로동신문』, 2011년 1월 16일, 2011년 1월 19일, 2011년 4월 8일, 2011년 4월 23일; 2011년 10월 30일, 2011년 11월 4일 등을 참조.

군수공업부 비서나 군수공업부 제1부부장 등이 주로 동행하였다. 물론 군 인사들도 동행하는 경우가 있었으나 이들도 상당수는 국방위원회와 관련된 인물들이었고 군이 직접 관리하는 공장이 아닌 경우에는 앞서 언급한 직책의 인물들보다는 그 횟수가 적었다. 이는 군을 지원하는 역할은 당의 지도 아래 국방위원회가 담당하고 있었음을 보여주는 사례라고 볼 수 있다.

사실 92년의 헌법 개정 이후 당중앙군사위원회의 기능을 대신하고 있다는 의견들이 있다.[331] 그러나 이러한 주장들이 근거로 하고 있는 92년 헌법에서조차 11조에서 "조선민주주의인민공화국은 조선로동당의 령도밑에 모든 활동을 진행한다."는 것을 고려치 않았고 당이 국가를 지도하는 당-국가체제의 특성도 고려하지 않은 해석이라고 볼 수 있다. 물론 국가기관으로서 국방위원회는 제2경제위원회와 인민무력부를 지휘하여 군수공업을 움직였던 것은 사실이다. 하지만 이는 헌법에 명문화되어 있듯이 당의 지도 아래 이루어졌을 가능성이 높다.[332] 그리고 당 규약에도 군수산업은 당중앙군사위원회에서 지도하게 되어 있다.[333]

이러한 양상은 김정은 시대에서도 계속되었던 것으로 보인다. 이는 우선 김정은의 군수공업과 후방사업 관련 현지 지도를 살피면 알 수가 있다. 다음의 〈표 16〉은 김정은이 국무위원회 등장 직전인 2016년 6월까지 군수산업과 후방사업에 관련된 곳들을 현지 지도한

331) 백환기(1996), 77쪽; 임강택(2000), 69쪽.

332) 정유진(1997), 「북한 군수산업의 실태와 운영」, 『북한조사연구』 1(1), 국가안보전략연구소, 89쪽.

333) 1980년 10월 개정 『조선로동당 규약』 27조; 2010년 9월 개정 『조선로동당 규약』 27조; 2012년 4월 개정 『조선로동당 규약』 27조; 2016년 5월 개정 『조선로동당 규약』 29조; 2021년 1월 개정 『조선로동당 규약』 30조 참조.

것을 정리한 것이다.

〈표 16〉 김정은의 주요 군수·후방사업 관련 현지 지도

지도 장소	주요 수행 인물	방문 횟수
허철용이 사업하는 기계공장	장성택, 박도춘, 최룡해, 홍영칠 등	5회
인민군 무장장비관 개관식	최룡해, 김정각, 장성택, 박도춘, 김영춘, 리용무, 김원홍, 오극렬 등	1회
대관유리공장	최룡해, 장성택, 리만건, 홍영칠 등	3회
군수공업부분 일군협의회	박도춘	1회
인민군 2월20일 공장	최룡해, 전창복, 황병서 등	2회
인민군 제549군부대 돼지공장	박정천, 안지용, 최휘, 박태성	1회
1월18일 기계종합공장	최룡해, 홍영칠, 윤동현 등	3회
강계뜨락또르종합공장	최룡해, 황병서, 윤동현 등	1회
강계정밀기계종합공장	최룡해, 윤동현, 김춘섭 등	1회
장자강공작기계공장	최룡해, 홍영칠, 윤동현 등	1회
룡성기계연합기업소 2월11일공장	박태성, 황병서, 홍영칠, 윤동현	3회
룡성기계연합기업소 동흥산기계공장	조용원, 홍영칠, 윤동현	1회
강동정밀기계공장	최룡해, 황병서, 홍영칠	2회
제534군부대 산하 1116호 농장의 버섯공장	최룡해, 장정남, 전창복 등	1회
인민군 과학기술전람관	최룡해, 장정남, 리영길, 윤동현	1회
인민군 제621호 육종장	최룡해, 장정남, 황병서, 홍영칠	1회
새로 건조한 전투함선들 시찰 및 기동훈련 지도	리영길, 김명식, 주규창, 홍영칠	1회
인민군 11월2일 공장	최룡해, 황병서, 서홍찬 등	3회
인민군 제354호 식료공장	최룡해, 장정남, 서홍찬, 황병서	1회
인민군 설계연구소	최룡해, 장정남, 황병서	1회
평양약전기계공장	황병서, 홍영칠, 윤동현 등	2회
천마전기기계공장	황병서, 장정남, 운동현 등	1회
전동렬이 사업하는 기계공장	황병서, 리병철, 조춘룡 등	2회
인민군 2월20일 공장	최룡해, 황병서, 서홍찬 등	2회
제534군부대 산하 종합식료 가공공장	황병서, 서홍찬	1회
5월9일메기공장	한광상	1회
인민군 6월8일 농장 남새온실	황병서, 현영철, 박영식 등	1회
인민무력부 기공구전시회장	황병서, 현영철 등	1회
해군 제597군부대 관하 10월3일 공장	윤동현, 홍영칠	1회

지도 장소	주요 수행 인물	방문 횟수
인민군 어구종합공장	·	1회
인민군 제580군부대 산하 7월18일 소목장, 안변양어장	황병서	1회
인민군 제810군부대 산하 서막대서양연어종어장, 낙산바다연어양어사업소	황병서 등	1회
인민군대에서 새로 꾸리고 있는 종합양묘장	황병서, 박영식 등	1회
인민군 제810군부대 산하 1116호 농장	황병서, 서홍찬 등	2회
신의주측정계기공장	김춘섭, 조춘룡, 윤동현 등	1회
군수공업부문 생활필수품 품평회장	김춘섭, 조춘룡, 홍영칠 등	1회
인민군 122호 양묘장	황병서, 김경준, 마원춘 등	2회
태성기계공장	조용원, 김정식	1회
해군 제597군부대 관하 10월3일 공장 신흥기계공장	황병서, 리명수, 윤동현, 조용원, 김정식, 마원춘	1회
리철호가 사업하는 기계공장	조용원, 홍영칠, 김창광, 김여정	1회
비고	*2012년 1월 1일부터 2016년 6월 30일까지의 활동 정리 *문헌과 언론보도 등을 통해 군수공장으로 확인된 곳만 정리 *주요 수행 인물은 국방위원회 위원들과 국방위원회 산하 기관에 소속된 인물들, 군수공업 관련 인물들을 중심으로 선정 *평양약전기계공장은 미사일 부품, 전동렬이 사업하는 기계공장은 항공기 부품을 생산	

*출처: 『로동신문』 각호; 『조선중앙통신』 각호; 『연합뉴스』, 2013년 6월 24일; 2013년 7월 3일; 2014년 5월 27일; 2015년 1월 16일; 2016년 3월 2일; 2016년 3월 22일; 2016년 3월 24일; 2016년 4월 2일; 2016년 4월 8일; 『데일리NK』, 2015년 4월 8일; 통일부 정세분석국 정치군사분석(2015); 북한정보포털 https://han.gl/zMBvx(검색일: 2016년 2월 16~17일)을 바탕으로 정리.

〈표 16〉에 정리되어 있지만 김정은도 군수산업이나 후방사업에 관련된 현지 지도를 실시할 때 대부분 국방위원회에 소속된 인물들이나 국방위원회 예하의 기관에 소속된 인물들을 대동하고 움직이는 것을 확인할 수 있다. 이는 국방위원회가 김정일 시대와 마찬가지로 군을 지원하는 분야를 계속 지도하고 있음을 보여주는 것이다. 그리고 그 분야는 장비, 기술, 건설, 먹는 문제 등 군수지원과 관련된 전반에 걸쳐 있는 것도 확인할 수 있다.

그런데 국방위원회의 군사적 역할에서 가장 관심이 많은 부분인 군에 대한 작전 지휘권에 대해 앞에서는 김정일과 김정일 시대의 국방위원회 구성원의 변화를 살펴 국방위원회가 군 지휘권과는 거리가 있음을 확인할 수 있었다. 이것은 군 인사를 내는 명령이나 결정 주체, 내용에서도 확인할 수 있다.

김정은이 집권한 후 국방위원회가 관여한 군 인사에 대한 명령은 현영철(당시 총참모장), 황병서(총정치국장)의 차수 칭호 수여, 김정은의 원수 칭호 수여였다. 그런데 이러한 결정은 국방위원회 단독으로 이루어 진 것이 아니다. 현영철과 황병서는 당중앙군사위원회와 같이 결정을 발표하였고 김정은에 대해서는 당중앙위원회, 당중앙군사위원회, 최고인민회의 상임위원회가 같이 발표하였다.[334] 국방위원회는 군 최고 수뇌부에 대한 인사에 관여하고 있지만 단독으로는 군 인사를 발표하지 못하였다.

하지만 최고사령관 명의의 군 인사명령은 다른 양상을 보인다. 김정은은 집권 이후 2016년 6월까지 최고사령관 단독 명의로 모두 10여 차례의 인사명령을 단행한다.[335] 이 명령들은 국가공훈합창단, 모란봉악단에 대한 진급 명령이나 백세봉 등에 군사칭호를 수여한 일부를 제외하고는 군 지휘 성원들에 대한 인사다. 즉, 최고사령관의 명령을 받아 군부대를 실제로 움직여 작전을 수행하는 지휘관들에 대한 인사권은 국방위원회가 행사하지 않은 것이다. 이는 군의 작전 지휘권이 국방위원회에 있지 않음을 보여주는 사례일 것이다.

이렇게 국방위원회의 군사 분야 역할은 김정일 시대, 김정은 시대

---

334) 『조선중앙통신』, 2012년 7월 17일; 2012년 7월 18일; 『로동신문』, 2014년 4월 28일.

335) 『로동신문』, 2012년 2월 16일; 2012년 4월 14일; 2013년 2월 15일; 2013년 6월 11일; 2014년 2월 16일; 2014년 6월 13일; 2014년 7월 26일; 2015년 2월 16일; 2016년 2월 13일; 『조선중앙통신』, 2015년 10월 25일.

모두 큰 변화는 없어 보인다. 그들의 헌법에 명시한 대로 "국가의 전반적무력과 국방건설사업을 지도"의 역할을 계속해서 수행한 것이다.

2) 전시 국가사업 통제

국방위원회의 전시 임무를 살피기 위해선 먼저 '공화국 군사위원회'의 임무를 살펴볼 필요가 있다. 이는 전시사업세칙에서 규정되어 있는 국방위원회의 전시 임무가 한국전쟁 당시 비상 국가기관이었던 '공화국 군사위원회의' 그것과 상당 부분 닮아 있기 때문이다.

공화국 군사위원회의 역할은 김일성이 군사위원회 제1차 회의에서 한 연설에 잘 나타나 있다. 이를 정리하면 1. 국가의 전시체제 전환 및 전국의 모든 역량을 전쟁에 조직·동원, 2. 전체 국민과 군인들을 대상으로 하는 정치선전사업 강화, 3. 대외 선전강화, 4. 인적(초모 사업), 물적(군수물자공급) 자원의 조직·동원, 5. 후방 안전보장－적 게릴라 색출, 민심 안정, 공습으로 인한 피해 대비, 6. 해방된 남한 지역에 대한 관리 등이다.[336]

위의 임무들을 달성하기 위한 공화국 군사위원회의 사업은 활발하게 진행된다. 미군의 공습에 대한 대책을 지시하였고[337] 부족한 군인들을 보충하기 위해 공화국 군사위원회 산하에 군사동원국과 인민의용군 조직위원회 만들어 초모 사업을 진행하였다.[338] 그리고

336) 김일성(1995), 「군사위원회의 임무에 대하여」, 『김일성 전집 12』, 평양: 조선로동당출판사, 24~28쪽.

337) 『로동신문』, 1950년 8월 5일; 김일성(1995), 「방공사업을 강화할데 대하여」, 『김일성 전집 12』, 평양: 조선로동당출판사, 194~195쪽.

일시적으로 연합군에게 점령되었던 지역에서 한국과 미군에 협조했던 사람들에 대한 처벌을 명령하기도 하였다.[339]

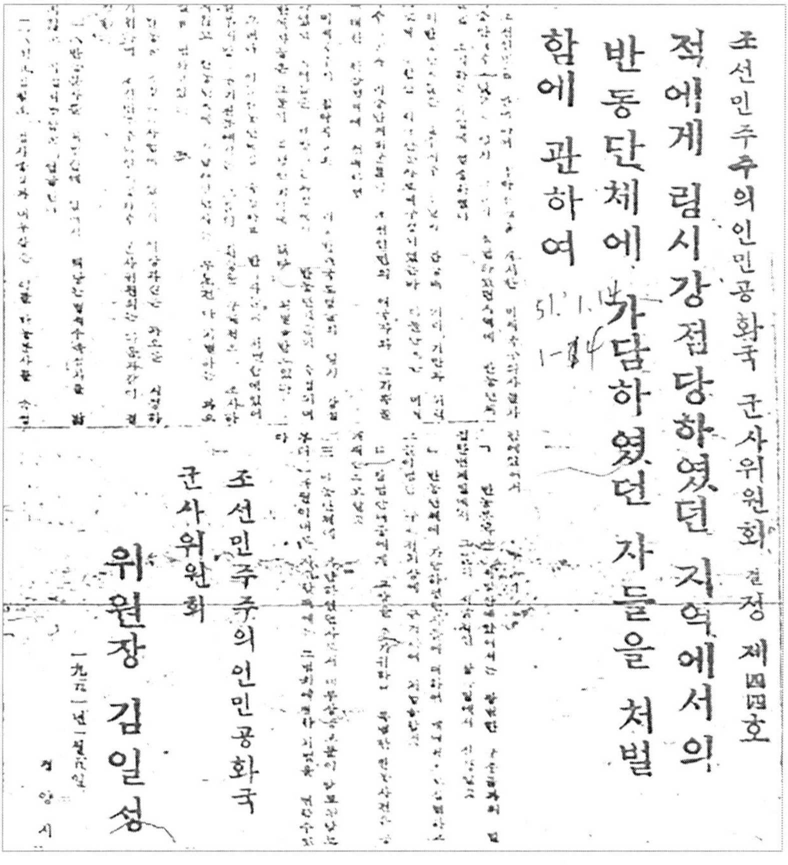
조선민주주의인민공화국 군사위원회 결정 제四四호

적에게 림시강점당하였던 지역에서의 반동단체에 가담하였던 자들을 처벌함에 관하여

[illegible]

조선민주주의인민공화국 군사위원회

위원장 김일성

一九五一년 一월 [illegible]일

평양시

〈한국전쟁 당시 한국과 미군에게 협력했던 사람들을 처벌한다는 공화국 군사위원회 결정〉

『로동신문』, 1951년 1월 14일

---

338) 김일성(1995), 「인민의용군을 조직할데 대하여」, 『김일성 전집 12』, 평양: 조선로동당출판사, 76~79쪽; 김일성(1995), 「당면한 군사정치과업에 대하여」, 『김일성 전집 12』, 평양: 조선로동당출판사, 157쪽.

339) 『로동신문』, 1951년 1월 5일; 1951년 1월 14일; 김일성(1995), 「반동단체가담자들을 정확히 처리할데 대하여」, 『김일성전집 13』, 평양: 조선로동당출판사, 17~19쪽.

또한 소련으로부터 원조 된 물자에 대한 분배 명령, 세균전에 대한 대비,[340] 농작물의 병충해 방지를 위한 비상 대책을 강구하기도 하였다.[341] 그리고 지방의 치안과 안정을 위하여 공화국 군사위원회 직속으로 각 도에 지방자위위원회를 설치하였으며[342] 군대에 대한 정치 사업을 강화하기 위해 군사위원들을 중대 단위까지 파견하여 당의 노선과 정책, 당의 전략, 전술적 방침이 철저히 집행되도록 지도·통제하여야 한다는 지침을 내렸다.

이외에도 군관 이상 간부 임면 절차에 대해서도 관여하였으며[343] 전투에서 우수한 전공을 세운 부대나 장병들에게 격려나 훈장을 수여하였다.[344] 그리고 긴급을 요하는 시설에 대한 복구공사나 철도, 후방지역의 복구, 해방된 지역의 관리, 군수물자 수송 등을 공화국 군사위원회의 명령으로 진행되었다.[345] 또한 경제를 전시체제로 개

---

340) 『로동신문』, 1952년 4월 25일; 김일성(1980), 「적세균무기와의 투쟁대책에 대하여」, 『김일성 저작집 7』, 평양: 조선로동당출판사, 82~87쪽.

341) 『로동신문』, 1953년 6월 28일.

342) 이들은 관할구역내의 반동분자들, 패잔병들을 색출 토벌하고 예상되는 연합군의 공습 및 해병의 상륙에 대비하며 철도, 교량, 공장, 기업소, 발전소, 체신기관, 비행장, 국가기관들을 보위하는 사업을 조직·지도하는 임무를 부여 받았다. 그리고 도당위원장이 최고책임자였다. 김일성(1980), 275쪽.

343) 김일성(1980), 「인민군대내 당정치사업을 강화하기 위한 몇 가지 과업에 대하여」, 『김일성 저작집 7』, 평양: 조선로동당출판사, 315쪽; 김일성(1995), 「조선민주주의인민공화국 군사위원회 제10차회의에서 한 결론」, 『김일성 전집 12』, 평양: 조선로동당출판사, 149~150쪽; 김일성(1995), 「인민군대내에 조선로동당 단체를 조직할데 대하여」, 『김일성 전집 12』, 평양: 조선로동당출판사, 354쪽.

344) 김일성(1980), 「대전해방전투에 참여한 인민군 부대들에게」, 『김일성 저작집 6』, 평양: 조선로동당출판사, 43쪽; 김일성(1995), 「남반부해방지역의 산업시설과 건물을 보호관리하며 전시조건에 맞게 로동조직을 개선할데 대하여」, 『김일성 전집 12』, 평양: 조선로동당출판사, 93쪽.

345) 김일성(1980), 「전시조건에 맞게 체신사업을 개선강화할데 대하여」, 『김일성 저작집 6』, 평양: 조선로동당출판사, 121쪽; 김일성(1995), 「전시철도복구련대를 조직할데 대하여」, 『김일성 전집 12』, 평양: 조선로동당출판사, 105~107쪽; 「조선민주주의인민공화국 정부대

편하여 각 기업소들이 군수품을 생산하도록 하였으며 군수품 생산을 위한 새로운 기업소들을 세웠고 중요 기업소들을 안전지대로 이전하였다.

거기에 인민 경제계획을 전시에 맞게 다시 수립하여 원자재의 군수공업에 우선 공급, 군대에 대한 생필품, 식료품 공급 우선 증대, 농촌의 생산 확대 독려, 군수품 수송의 선차적 보장 등의 대책을 수립하기도 하였다. 또한 김일성은 공화국 군사위원회 위원장 명의로 모택동으로부터 감사 답전을 받기도 하였다.[346] 즉, '공화국 군사위원회'는 군 지휘권은 행사하지 못했지만 군에 대한 지원과 후방안정 임무를 중심으로 전시 국정 운영의 중심 역할을 수행한 것이다.

북한은 위와 같은 임무를 수행한 공화국 군사위원회에 대해 김일성의 영도 밑에 한국전쟁 시기 "국가의 일체 주권을 장악하고 나라의 군사, 정치, 경제적 지도를 실현함으로써 모든 력량을 전쟁승리에로 조직동원한 전권기관"으로 정의하며 김일성의 영도 밑에 국가의 모든 역량을 미국과의 투쟁에 성과적으로 동원할 수 있게 하여 한국전쟁의 승리에 크게 기여하였다고 평가하였다.[347]

한편, 국방위원회의 전시 임무는 2004년에 내려진 북한의 전시작전명령인 '전시사업세칙'에 명시되어 있었다. 그 주요 내용을 정리하면 1. 국방위원회에 집중된 정치, 군사, 경제, 외교 등 나라의 모든 사업을 주관, 2. 각종 근무를 전시상태로 이전하며 지휘소와 지휘지

표위원회를 설치하며 후방복구련대를 조직할데 대하여」, 『김일성 전집 12』, 평양: 조선로동당출판사, 116~122쪽; 「조선민주주의인민공화국 군사위원회 제10차회의에서 한 결론」, 『김일성 전집 12』, 평양: 조선로동당출판사, 145~149쪽; 김일성(1996), 388~396쪽.

346) 김일성이 중국인민해방군 건군 23주년 축하전문을 보낸 것에 대한 답전 이었다. 『로동신문』, 1950월 8월 7일.

347) 사회과학출판사(1973), 113쪽.

점, 대상물에 대한 반 특공대 방어와 반 항공 방어 강화, 3. 간첩, 불순 이색분자들을 색출 및 분쇄, 4. 중요 도시들에 대한 인원 출입 통제, 5. 야간 통행 및 등화관제 통제, 6. 각종 문건 이관 및 소각, 7. 군인 가족들의 소개 및 생활 보장 등이다. '공화국 군사위원회'와 마찬가지로 후방지역을 방어하고 통제하는 임무의 비중이 큰 것을 볼 수가 있다. 그리고 더 큰 틀에서는 2차 대전 당시 소련의 비상기관인 국가방위위원회와 같이 전시 국가의 모든 기능을 주관하고 가진 역량을 총동원하여 군의 전쟁 수행을 지원하는 역할을 수행했던[348] 한국전쟁 당시 '공화국 군사위원회'처럼 국가의 주요 기능을 장악하고 지도하게 계획되어 있었음을 볼 수 있다.

3. 국가의 비군사 분야 중요 사업 집행 주도

1) 비사회주의권 주요 국가들과의 정상외교 수단

김일성 사망 직후 김정일은 국방위원회 위원장 직함을 가지고 국가 최고 지도자로서 외교에 나서게 된다. 김일성 사망 직후의 『로동신문』 기사들을 보면 외국에서 보내온 김일성 사망에 대한 조의문에는 대부분 김정일이 맡고 있던 직책 중 '국방위원회 위원장'직을 제일 먼저 적고 있다. '조선로동당 중앙위원회 정치국 상무위원회 위원', '당중앙위원회 비서', '조선인민군 최고사령관'직을 내세운 조의문들도 일부 확인할 수 있으나[349] 대부분은 '국방위원회 위원장'인

---

348) 정성장(2015), 9~10쪽; 오항균(2012), 51~52쪽; 고재홍(2006), 12~13쪽.

김정일에게 조의문을 보냈다.

김정일도 '국방위원회 위원장'직을 내세워 답전을 보내는데 같은 공산권 국가인 중국에 축전을 보낼 때도 당에서 맡고 있는 직책이 아닌 '국방위원회 위원장'직 명의로 하였다.[350] 이때는 김정일이 당총비서직을 맡기 전이므로 당연한 것이었다. 그리고 이 당시 국방위원회는 국가를 대표하는 기관이 아니었으므로 '국방위원회 위원장' 앞으로 보낸 전문들은 국방위원회 위원장이 아닌 '후계자 김정일'에게 보낸 것으로 볼 수 있다. 김정일도 군의 최고 직책인 '최고사령관'이나 아직 이어받지 못한 '당총비서'직으로 외교에 나설 수는 없었으므로 '국방위원회 위원장'직으로 외교에 나선 것이다.

그런데 위와 같이 '국방위원회 위원장'직으로 외교에 나서는 상황은 김정일이 당총비서에 추대된 1997년 10월 8일 이후에도 계속되었다. 이후의 『로동신문』들을 보면 다른 국가나 외국의 단체들과 서신을 주고받을 때 총비서와 국방위원회 위원장이 혼용되어 사용되었음을 확인할 수 있다.[351]

중국이나 쿠바와 같은 사회주의권 국가들과는 주로 '당총비서'직을 제일 앞에 내세워 서신을 주고받았고 비사회주의권 국가들과는 두 직책이 혼용되어 사용되었다. 비사회주의권 국가들은 당의 직책이나 국가수반으로서의 직책 중 어느 것이 우선인지 구분하지 않고 사용했으며 북한도 당 대 당 외교가 아닌 경우에는 '국방위원회 위원장'직을 활용했다.

---

349) 『로동신문』, 1994년 7월 11일; 1994년 7월 12일; 1994년 7월 13일.

350) 『로동신문』, 1995년 10월 1일; 1997년 10월 1일.

351) 『로동신문』, 1998년 7월 26일; 1998년 8월 20일; 1998년 9월 12일; 1999년 9월 15일; 2000년 2월 25일 등을 참조.

한편 김정일의 정상외교를 살펴보는 것도 국방위원회가 외교에 나서고 있었음을 확인할 수 있는 방법이다. 김정일이 살아있을 동안 정상외교에 나선 사례는 한국, 중국, 러시아, 일본, 베트남, 라오스 정도이다.

이 중 러시아와는 두 차례의 선언 즉 '조로공동선언'과 '모스크바 선언'을 하게 되는데 이 선언서에 서명을 김정일은 국방위원회 위원장 명의로 하였다.[352] 그리고 2000년 푸틴의 방북을 축하하는 연회에서 당시 외무상이었던 백남순은 김정일의 직책 중 국방위원장직만 언급하며 연설하게 된다.[353] 또한 두 차례의 남북정상회담 후 나온 6.15, 10.4 남북공동선언에 대한 서명과 일본 총리였던 고이즈미와 정상회담 후 그와 같이 서명했던 '조일평양선언'에서도 김정일은 국방위원장 명의로 서명한 것을 확인할 수 있다.[354]

그런데 중국과 베트남, 라오스와의 외교에서는 총비서 직을 제일 앞에 내세웠다. 후진타오는 김정일과 만나서 한 연설들에서 김정일을 총비서로 칭하였다. 그리고 베트남 총비서는 2007년 방북해서 한 연설에서 김정일의 직책 중 총비서 직을 제일 먼저 언급하였다.[355] 또한 라오스 총비서도 2011년 9월 방북해 김정일에게 보낸 감사 편지에서 김정일의 총비서 직책을 제일 먼저 언급하였고 북한의 언론들도 두 정상의 직책들 중 당 총비서 직을 제일 먼저 언급하였다.[356] 그러므로 북한은 외교에 당과 국가기관을 모두 사용하는데

---

352) 『로동신문』, 2000년 7월 21일; 『조선중앙통신』, 2001년 8월 4일.

353) 『로동신문』, 2000년 7월 20일.

354) 『로동신문』, 2002년 9월 18일.

355) 『로동신문』, 2005년 10월 29일; 2007년 10월 17일; 『조선중앙통신』, 2010년 8월 30일.

356) 『조선중앙통신』, 2011년 9월 22일; 2011년 9월 23일; 2011년 9월 26일.

사회주의권 국가들과는 당 대 당 외교로 당을 앞세우게 되고 비사회주의권 국가와는 국가기관인 국방위원회가 나섰던 것이다. 이것은 중국이 사회주의권 국가들과의 외교에는 당의 대외연락부를 앞세우고 비사회주의권 국가들과의 외교는 외교부가 담당하고 있는 것과 비슷한 구조라고 할 수 있다.

하지만 모든 비사회주의권 국가들과의 외교에 국방위원회가 나선 것은 아니다. 북한 최고인민회의 상임위원회 위원장이었던 김영남의 활동 사항을 보면 최고인민회의 상임위원회의 활동에서 외교가 큰 비중을 차지하고 있음을 알 수 있다.[357] 김영남은 김정은이 외국을 방문하지 못하고 있는 상황 속에서 비동맹운동 정상회의나 외국 대통령의 취임식에 참석하고 싱가포르나, 인도네시아, 이란 등을 방문하여 외교활동을 펼쳤다. 그리고 로동신문 등을 확인하면 외국 정상을 포함한 주요 인사들에 축전이나 조전 등의 서신을 보내는 활동도 지속적으로 펼쳤음을 볼 수 있다. 또한 부위원장이었던 양형섭도 북한 주재 외국 대사관 주최행사들에 참여하였으며 외국에서 대표단이 방북하면 접견하는 활동을 펼쳤다. 이는 북한 입장에서 자신들에게 중요한 영향을 끼치는 비사회주의권의 중요 국가들을 대상으로 하는 외교활동에는 국방위원회를 이용했으며 상대적으로 비중이 떨어지는 국가들을 대상으로 하는 외교에는 최고인민회의 상임위원회가 나섰음을 보여주는 것이다.

357) 이에 대한 자세한 내용은 정성장(2014), 『김정은 시대 북한 최고인민회의 상임위원회의 위상과 역할』, 세종연구소, 39~44쪽 참조.

2) 외자 유치 및 대규모 건설 사업 관여

국방위원회의 역할을 구체적으로 살피려면 이 기관이 참여한 명령, 결정, 지시 등을 분석하는 작업이 필요하다. 〈표 17〉은 김정일 시대에 군사 문제를 제외하고 국방위원회가 관여한 명령, 결정, 지시, 발표를 정리한 것이다.

〈표 17〉 김정일 시대 국방위원회 관여 명령, 결정, 지시, 발표

시기	내용
95.06.12	결정서 "위대한 수령 김일성동지를 영생의 모습으로 길이 모실데 대하여" 채택
95.11.00	금강산발전소 제1단계 공사를 1996년 상반기까지 완성할데 대하여
97.07.09	'주체연호' 제정 및 '태양절' 명명
97.07.16	인민군 군인들과 인민들의 건강증진에 보가지(복어)를 적극 동원 이용할데 대하여
98.07.00	전국이 총동원되어 강원도 토지를 정리할데 대하여
99.01.00	전당, 전군, 전민이 총동원되어 대규모 수력발전소 건설을 다그칠데 대하여
99.07.00	평안북도 토지를 정리할데 대하여
00.02.00	산림조성과 보호 사업을 잘할데 대하여
00.02.00	전당, 전군, 전민이 총동원되어 대규모 개천-태성호 물길공사를 진행할데 대하여
00.06.29	황해남도 토지를 정리할데 대하여
00.09.00	양식장 건설 관련 지시
00.12.00	전력증산 관련 지시
01.02.28	전당, 전군, 전민이 철길의 불량개소들을 시급히 퇴치하고 열차 운행의 안정성과 정시 운행을 철저히 보장할데 대하여
01.08.18	김정일의 러시아 공식방문 후 귀국 공동보도
01.11.00	평양시 개보수 관련 명령
01.12.05	전당, 전국이 총동원되어 객차 혁명을 일으킬데 대하여
02.05.02	평양시와 평남도, 남포시 토지를 정리할데 대하여
02.12.27	평북 백마-철산 물길공사를 진행할데 대하여
03.07.00	평양시 보수사업 명령
03.09.00	대형주택 거주자 벌금 징수 명령
03.10.00	중고차 운행 중지 명령
04.04.16	군민의 힘을 합쳐 금성 간석지 건설을 완전히 끝낼 데 대하여

시기	내용
04.05.15	이동통신망 손전화기를 일체 이용하지 말 데 대하여
05.04.00	국제전화 축소 명령
06.01.00	철광석·아연정광 수출 금지 지시
07.02.00	일제 자동차를 회수할데 대하여
07.04.00	수산물 수출 금지 지시
10.01.00	조선 대풍 국제투자 그룹의 활동을 보장할데 대하여
10.01.00	국가개발 은행을 설립함에 대하여, 조선 대풍 국제투자 그룹 조정위원회를 설립함에 대하여

*출처: 정성장(2010ㄱ), 252쪽, 260쪽; 고재홍(2008), 228쪽; 김동엽(2013), 176~177쪽; 오항균(2012), 81쪽을 정리.

〈표 17〉을 분석하면 국방위원회가 외자 유치, 대규모 건설 공사와 이를 위한 주민동원 등에 관여하였음을 확인할 수 있다.[358] 먼저 외자 유치를 위한 노력을 보면 국방위원회가 조선 대풍 국제투자 그룹과 국가개발 은행의 설립, 활동을 주도한 것이 가장 눈에 띈다. 국방위원회는 조선 대풍 국제투자 그룹의 활동을 보장하는 명령을 내린 후 2010년 1월 20일 평양에서 처음 열린 조선 대풍 국제투자 그룹의 첫 이사회에 국방위원회 대표를 참여시켰다. 그리고 2010년 3월 10일 국가개발 은행의 이사회를 개최하여 이사장으로 국방위원회 대표 전일춘을 선출한다.

조선 대풍 국제투자 그룹은 "대외경제협력기관으로서 국가개발 은행에 대한 투자유치 및 자금원천을 보장하는 경제연합체"이며[359] 국가개발 은행은 "국제금융기구, 국제상업은행들과 거래할 수 있는

358) 이외에도 산림총국이 국방위원회 산하로 전환되어 국방위원회가 산림 관련 사업을 담당했다는 뉴스와 국가체육지도위원회가 국방위원회 산하의 기관이라는 보도들이 있었으나 이러한 기사들은 정확한 근거가 확인되지 않아 본 논문에서는 논의에서 제외하였다. 『노컷뉴스』, 2015년 4월 2일; 『연합뉴스』, 2015년 4월 19일; 2015년 6월 1일.

359) 『조선중앙통신』, 2010년 1월 20일.

현대적 금융규범과 체계를 갖추고 국가정책에 따르는 중요대상들에 대한 투자업무와 함께 상업은행의 기능을 수행하는 종합적인 금융기관"이었다.[360] 즉, 국방위원회는 비록 실패로 끝났지만 외화 유치 및 국가개발을 위한 계획을 수립하고 추진하는 경제개발기관의 역할도 시도했다고 여겨진다.

외화 유치와 관련한 다른 활동으로는 양식장, 수산물, 지하 지원에 대한 생산과 수출 등을 들 수 있다. 현실적으로 북한이 외화벌이를 할 수 있는 품목은 제한 되어 있다.[361] 그리고 곡물의 생산량이 만성적으로 부족한 북한은 이를 보완해줄 만한 품목들에 관심을 가질 수밖에 없는 것이 현실이다.[362] 이러한 현실에서 국방위원회가 외화벌이와 식량 확보에서 중요한 역할을 하는 품목들을 통제한 것이다.

한편 발전소 건설, 물길 건설, 토지정리 등 각종 대규모 건설공사 등이 포함된 국토개발을 위한 결정과 명령, 이의 진행을 위한 대규모 국민 동원을 지시했었던 것도 볼 수가 있다. 이러한 모습은 자본과 기술의 부족, 그리고 개혁, 개방할 의도가 없는 상황에서 이를 대체할 수단이 대규모 인력 동원밖에 없는 북한의 현실을 그대로 보여주는 것이다.

사회주의권이 완전히 붕괴한 지금은 대부분 국가들이 국토개발과 사회 간접시설 등의 확장을 위한 계획은 하지만 그 추진은 민간 기업

---

360) 『조선중앙통신』, 2010년 3월 10일.

361) 김정일 시대 들어서 2004년까지 북한의 주요 수출 품목은 농수산물이었고 특히, 어패류가 많이 수출되었다. 그리고 2005년 이후에는 지하자원의 수출이 급증하여 광산물이 북한의 최대 수출 품목이 되었다. 세종연구소(2011), 『통계로 보는 남북한 변화상 연구』(통계청 정책연구용역), 세종연구소, 75쪽.

362) 실제로 김정은은 2013년 말부터 부족한 식량 문제 해결을 위해 수산물 증산을 독려하고 있으며 이로 인해 무리한 조업으로 표류하다 어민들이 사망하는 사고들이 많이 늘어났다. 『연합뉴스』, 2014년 1월 7일; 2014년 6월 21일; 『뉴스1』, 2015년 12월 19일.

체에 맡기는 것이 일반적이다. 그러나 북한은 그 체제의 특성상, 자신들의 여건상 그 계획과 집행, 그리고 집행을 위한 국민 동원까지 국가 최고 기관인 국방위원회가 담당한 것이다. 실제로 북한에서는 국방위원회 등에서 대규모 건설공사를 지시하게 되면 전국 각지에서 사람들을 동원하여 건설공사를 진행하였다. 그리고 이러한 모습들에 대해 대대적인 선전 활동에 나서는 것을 볼 수가 있었다.[363] 국방위원회의 국민 동원에 대한 지시가 실제로 작동하고 있었음을 확인할 수 있는 것이다.

그런데 국방위원회 산하에 건설 관련 부서가 있었다는 것은 국방위원회가 건설 분야를 직접 지도하였음을 알 수 있게 해준다. 이것은 국방위원회 설계국장으로 소개된 마원춘의 행보에서도 확인할 수 있다. 〈표 18〉은 마원춘이 2014년 5월 19일 처음으로 국방위원회 설계국장으로 소개된 후 2016년 6월까지 김정은의 현지 지도를 수행한 것을 정리한 것이다.

〈표 18〉 마원춘 동행 김정은 현지 지도

보도일자	내용
2014.05.19	대성산종합병원
2014.05.21	김책공업종합대학 교육자살림집건설장
2014.05.27	허철용이 사업하는 기계공장
2014.05.29	과학자 휴양소 건설장
2014.05.31	만경대 학생소년궁전-새로 개건할 것 지시
2014.06.02	쑥섬 개발사업 현지 지도

363) '수력발전소 건설'에 대한 선전은 『로동신문』, 1999년 5월 24일; 1999년 6월 16일 등을 '개천-태성호' 물길공사에 대한 선전은 『로동신문』, 2000년 6월 24일; 2000년 6월 27일; 2000년 7월 9일 등을 '토지정리' 사업에 대한 선전은 『로동신문』, 2000년 1월 29일; 2000년 2월 5일; 2000년 3월 8일 등을 참조.

보도일자	내용
2014.06.02	새로 제작한 급강하 물미끄럼대
2014.06.07	만경대혁명학원
2014.06.20	위성과학자거리 건설장
2014.06.20	5.1 경기장 개건현장
2014.06.25	평양육아원, 평양애육원 건설장
2014.07.06	새로 급강하 물미끄럼대가 설치된 송도원국제소년단 야영소
2014.07.11	평양국제비행장 항공역사건설장
2014.07.18	인민군 제1521호기업소의 성천강그물공장과 수지관직장
2014.08.13	김책종합공업대학 교육자살림집 건설장
2014.08.13	평양육아원, 평양애육원 건설장
2014.08.18	연풍과학자 휴양소 건설장
2014.10.26	평양육아원, 평양애육원(완공 후 현지 지도)
2014.10.29	새로 건설한 군인식당
2014.11.01	평양국제비행장 건설장
2015.10.08	수해복구 된 라선시 선봉지구 백학동
201510.21	완공된 미래과학자 거리
201510.28	완공된 과학기술전당
2015.12.01	개건된 만경대학생소년궁전
2015.12.03	인민군 제122호 양묘장–현대화 지시
2016.03.22	조선인민군 해군 제597군부대 관하 10월3일공장
2016.03.28	새로 건설된 미래상점과 종합봉사기지
2016.04.19	새로 건설된 민들레 학습장공장
2016.05.15	조선인민군 제122호 양묘장
2016.05.21	완공을 앞둔 자연박물관과 중앙동물원
2016.05.27	류경안과종합병원 건설장
2016.05.30	보건산소공장 건설장
2016.06.04	룡악산 비누공장 건설장
2016.06.04	새로 개건된 만경대 소년단 야영소
2016.06.10	새로 건설된 류경김치공장

*출처: 『로동신문』 각호; 『조선중앙통신』 각호.
*북한정보포털(http://nkinfo.unikorea.go.kr/nkp/trend/publicEvent.do).

〈표 18〉을 보면 알겠지만 마원춘이 주로 동행한 곳은 주요 대상에 대한 건설과 관련되어 있는 현장들이다. 사실 마원춘은 국방위원회

설계국장으로 소개되기 전부터 이미 김정은의 마식령 스키장과 같은 주요 대상 건설장 현지 지도에 자주 동행하였다.[364] 이는 그가 설계국장에 임명되기 전부터 건설 관련 분야에서 활동하였고 북한이 건설 분야의 지도를 강화하기 위해 설계국을 설치하며 그 수장으로 건설전문가인 마원춘이 임명되었음을 추정하게 한다.[365]

북한의 언론에서 위원급 이상 외에 국방위원회에 소속되어 업무 중인 사람의 구체적인 직책을 언급했던 것은 국방위원회 안전담당 참사라고 밝힌 서대하와 국방위원회 설계국장이라고 한 마원춘 정도이다. 좀처럼 밝히지 않는 국방위원회 구성원의 이름을 밝힌 것은 그가 그만큼 해당 분야에서 중요한 역할을 수행했었고 그 분야에 많은 관심을 기울였었다는 것을 의미할 것이다.

사실 김정은은 김정일보다 상대적으로 대규모 건설에 더 많은 관심을 기울이고 있다. 공개된 김정일과 김정은의 현지 지도를 살펴보면 김정일은 김일성 사후 공식적으로 건설, 준공, 완공, 개건 된 현장에 모두 127회 현지 지도를 실시하였다. 김정은은 2012년 1월부터 국방위원회가 폐지되기 직전인 2016년 6월 25일까지 준공, 완공, 개건 된 현장에 모두 70회 현지 지도를 실시하였다. 김정은은 4년만에 김정일이 최고 지도자 자리에 있었던 동안 건설 현장을 방문했던 횟수의 55% 이상 방문했던 것이다.[366]

김정은이 대규모 건설에 관심을 더욱 기울였던 것은 그의 치적

---

364) 통일부 정세분석국 정치군사분석과(2015), 317~318쪽.

365) 마원춘은 북한의 대표적 건축 설계기관은 '백두산건축연구원' 출신으로 김정일 일가의 관저나 특각의 설계, 건축에 관여해 왔던 것으로 알려져 있다. 『연합뉴스』, 2013년 7월 5일; 2014년 5월 19일.

366) 통일연구원(2011); 북한정보포털(https://han.gl/OzKBN, 검색일: 2016년 6월 25일)의 내용을 분석.

쌓기와 인민생활향상에 대한 관심과 성과를 보여주기 위한 것이었다. 김정은은 집권 후 2018년 3월 시진핑과 만나기 전까지 외국과 정상외교도 하지 못했고 경제문제도 의도만큼 개선되었다고 보기 어렵다. 계속된 핵실험과 미사일 발사로 군사 역량은 발전했을지 모르나 국민들의 생활에 직접적 영향을 미칠 수 있는 분야의 성과는 없었다. 오히려 핵과 미사일에 대한 집착으로 고립만 심화되고 있었을 뿐이다. 이런 상황에서 국민들에게 자신을 가장 잘 드러낼 수 있는 것은 대규모 건설공사였을 것이다. 그리고 이것을 국가 최고기관인 국방위원회가 담당했던 것이다.

3) 공안기관 통한 주민 통제

앞에 정리된 국방위원회의 비군사 분야 관련 명령, 결정, 지시 등을 보면 북한 주민들의 일상생활과 연관된 결정서나 '태양절'과 같은 기념일 제정, 건강 문제, 차량 운행 문제 등에도 관여하고 있음을 알 수가 있다. 국방위원회는 국가적인 문제는 물론이고 주민들의 생활에까지 영향력을 발휘한 것이다.

거기에 민심을 관리하는 역할을 수행했었던 모습도 확인할 수 있다. 국방위원회는 3차 핵실험이 성공하자 이를 격려하고 선전하기 위해 관계자들에게 특별감사를 보냈다.[367] 그리고 국방위원회 예하기관인 인민보안부와 국가안전보위부는 주민들의 마음을 다잡기 위해 외부 영상물을 금지하는 포고문을 발표하고 장성택의 사형을 국가안전보위부 특별 군사재판을 통해 결정한다.[368]

---

367) 『조선중앙통신』, 2013년 2월 21일.

그런데 북한으로서는 상당히 이례적인 방식으로 민심을 수습하는 모습을 보이기도 했다. 2014년 5월 13일 평양시 평천구역에서는 건설 중인 아파트가 붕괴되었는데 이 사건에 대한 책임자로서 인민보안부장 최부일은 주민들 앞에서 사과를 하게 된다. 그는 “인민의 생명재산에 위험을 줄수 있는 요소를 제때에 찾아내고 철저한 대책을 세우지 못하여 상상도 할 수 없는 사고를 발생시킨데 대하여 반성한다.”고 하였다.[369] 그리고 이 사건의 책임으로 소장으로 강등된 것으로 보인다.[370] 이는 인민보안부가 건설 현장의 감독 업무를 맡고 있었다는 것도 보여주는 것이다.

하지만 북한 주민들의 생활에 가장 큰 영향력을 끼치는 것은 공안기관들의 사회통제일 것이다. 앞에서 보았듯이 국방위원회의 구성원들에는 북한의 공안기관 수장들이 포함되어 있었다. 이들은 벌금 징수, 핸드폰이나 국제전화 통화 통제, 일제 자동차 운행 통제 등을 지휘했을 것이다. 특히, 핸드폰이나 국제전화를 통제하는 문제는 외부 정보나 문화의 유입에 민감할 수밖에 없는 북한의 사정상 상당히 중요한 문제이다. 이를 국방위원회가 직접 관여했던 것이다. 이 문제에 대해 이해하려면 국방위원회에 수장들이 소속되었던 북한의 대표적인 공안기관들인 인민보안성(현 사회안전성)과 국가안전보위부(현 국가보위성)의 역할을 간편하게라도 확인할 필요가 있다.[371]

---

368) 『조선일보』, 2013년 10월 30일; 『로동신문』, 2013년 12월 13일.

369) 『로동신문』, 2014년 5월 18일.

370) 『연합뉴스』, 2014년 12월 18일.

371) 인민보안성은 2016년 6월 국무위원회가 신설되면서 인민보안부에서 ‘인민보안성’으로 명칭이 변경되었었고 2020년 6월에 다시 사회안전성으로 개칭되었다. 그리고 국가안전보위부도 2016년 국무위원회가 국방위원회를 대체해 신설되면서 국가보위성으로 개칭되었다. 그래서 이 글에서는 인민보안성과 국가안전보위부를 현재의 명칭인 사회안전성과 국가보위성으로 설명할 것이다.

사회안전성(전 인민보안성)은 북한의 치안과 사회질서를 유지하는 기관으로서 한국으로 치면 경찰이다. 리, 동의 단위까지 보안소를 두고 임무를 수행하는데 보안소에 근무하는 보안원들은 주민들의 생활을 관리 감독하고 범죄예방 활동 및 사건 발생 시 수사, 주민들의 이동을 통제하는 임무 등을 수행한다.[372)]

국가보위성(전 국가안전보위부)의 기본 임무는 북한체제 수호이다. 기존 법체제와는 별도로 운영되는 정보수사기관이며 한국의 국정원과 비교할 수 있는 기관으로 정치문제에 대한 통제를 담당하고 있다. 이들은 중앙조직으로부터 각 행정 단위와 군의 최하위 단위까지 요원을 배치하여 북한 사회를 통제하고 있는데 반국가단체와 반체제 활동가 색출 및 주민 사상 감시, 각종 검열, 통신 감청, 대남 및 해외 공작, 간첩 수사, 정보수집, 국경통제, 출입국관리 등의 임무를 수행하고 있다.[373)] 한마디로 사회안전성(전 인민보안성)과 국가보위성(전 국가안전보위부)은 북한 사회를 통제하여 체제를 유지하는 역할을 수행하고 있는 것이다.

그런데 이 기관들은 국방위원회의 예하 기관들이었다. 그리고 주요 인사들이 국방위원회에 소속되어 있었다. 또한 사회 통제와 관련된 명령 등을 국방위원회가 내렸었다. 이것은 국방위원회가 예하 공안기관들을 활용하여 사회를 통제하고 외부의 정보가 북한 내에서 유통되는 것을 차단, 관리하였음을 보여주는 것이다. 국방위원회는 북한 사회를 통제하여 체제를 유지하기 위한 기관이었던 것이다.

---

372) 길화식(2010), 「북한공안기관의 사회통제 기능에 관한 연구」, 동국대학교 박사논문, 83쪽.

373) 길화식(2010), 85쪽.

살림집건설장에서 발생한 사고와 관련하여 책임일군들

유가족들에게 심심한 위로의 뜻을 표하고 수도시민들에게 사과

인민의 리익과 편의를 최우선, 절대시하고 인민의 생명재산을 철저히 보호하는것은 우리 당과 국가의 시종일관한 정책이다.

그러나 13일 평양시 평천구역의 건설장에서는 주민들이 쓰고 살게 될 살림집시공을 되는대로 하고 그에 대한 감독통제를 바로하지 않은 일군들의 무책임한 처사로 엄중한 사고가 발생하여 인명피해가 났다.

사고가 발생한 즉시 국가적인 비상대책기구가 발동되여 생존자들을 구출하고 부상자들을 치료하며 사고현장을 정리하기 위한 긴장한 전투가 벌어졌다.

17일 구조전투가 결속된 사고현장에서 최부일 인민보안부장, 선우형철 조선인민내무군 장령, 차희림 평양시인민위원회 위원장, 리영식 평천구역당위원회 책임비서 등 관계부문 책임일군들이 피해자유가족들과 평천구역주민들을 비롯한 수도시민들을 만나 심심한 위로의 뜻을 표하고 사과하였다.

최부일 인민보안부장은 이번 사고의 책임은 우리 당의 인민사랑의 정치를 잘 받들지 못한 자신에게 있다고 하면서 인민의 생명재산에 위협을 줄수 있는 요소를 제때에 찾아내고 철저한 대책을 세우지 못하여 상상도 할수 없는 사고를 발생시킨데 대하여 반성하였다.

인민들앞에 지은 이 죄는 무엇으로써도 보상할수 없으며 용서받을수 없다고 하면서 그는 유가족들과 평양시민들에게 거듭 심심히 사과하였다.

그는 앞으로 인민대중을 제일로 내세우는 당의 숭고한 의도를 받들어 인민보안부가 언제나 인민의 리익과 생명재산을 철저히 보위하는 진정한 인민의 보안기관이 되도록 하기 위하여 모든것을 다 바치겠다는것을 굳게 맹세하였다.

선우형철 조선인민내무군 장령은 사고의 장본인은 건설을 담당한 자기자신이라고 하면서 피해자들과 유가족들에게 심심한 애도의 뜻과 위로를 표하고 이번 사고로 큰 충격을 받은 평양시민들에게도 머리숙여 사과한다고 말하였다.

당에서는 건축물의 질을 높일데 대하여 그처럼 강조하고있는데 인민에 대한 복무관점이 바로서있지 않은데로부터 공사를 날림식으로 하여 오늘과 같은 엄중한 사고를 빚어냈다고 하면서 그는 하루빨리 피해를 가시고 유가족들의 생활을 안착시키기 위하여 모든것을 다하겠다는것을 엄숙히 결의하였다.

차희림 평양시인민위원회 위원장은 당에서는 우리 일군들이 인민의 참된 복무자, 충복이 되라고 늘 강조하고있는데 자신이 수도시민들의 생활을 책임진 호주로서 살림집건설에 대한 장악통제를 바로하지 못하여 이번에 엄중한 사고가 발생하였다고 말하였다.

유가족들과 수도시민들앞에 면목이 없고 죄스러운 마음 금할수 없다고 하면서 그는 시인민위원회 일군들이 피해자들과 유가족들의 친혈육이 되여 그들의 아픈 마음을 조금이나마 가셔주고 생활을 시급히 안착시키기 위하여 최선을 다하며 이번과 같은 불상사가 다시는 나타나지 않게 할것이라는것을 굳게 결의하였다.

리영식 평천구역당위원회 책임비서는 사고현장에서 피해자들을 직접 목격하면서 가슴이 통채로 무너져내리는것만 같았다, 너무도 억이 막혀 눈물도 나오지 않았다고 하면서 당에서 그토록 아끼고 사랑하는 인민들의 귀중한 생명을 지켜주지 못한 자책감으로 하여 머리를 들수 없다고 말하였다.

그는 유가족들과 구역안의 주민들에게 다시한번 용서를 빈다고 하면서 이제라도 정신을 차리고 구역안의 일군들을 발동하여 유가족들의 생활을 안착시키고 잘 돌봐주며 사고요소들을 빠짐없이 찾아 대책하여 인민들의 생명안전을 철저히 담보할것을 다짐하였다.

김수길 평양시당위원회 책임비서는 이번에 뜻하지 않은 사고로 하여 피해가 발생하였지만 우리에게는 온 나라 천만자식모두를 한품에 안아 보살펴주고 마음속상처까지 가셔주는 어머니당의 따뜻한 손길이 있다고 강조하였다.

경애하는 원수님께서 이번 사고에 대하여 보고받으시고 너무도 가슴이 아프시여 밤을 지새우시며 당과 국가, 군대의 책임일군들이 만사를 제쳐놓고 사고현장에 나가 구조전투를 지휘하도록 하시였을뿐아니라 피해를 하루빨리 가시도록 구체적인 가르치심을 주신데 대하여 그는 말하였다.

그는 지금 온 평양시민들이 유가족, 피해자들과 슬픔을 함께 나누고있으며 피해자가족들의 생활을 안착시키고 새 보금자리를 마련해주기 위한 당과 국가의 강력한 긴급조치들이 취해지고있다고 하면서 모두가 슬픔을 이겨내면서 용기를 내여 일떠설것을 호소하였다.

【조선중앙통신】

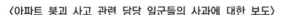

〈아파트 붕괴 사고 관련 담당 일군들의 사과에 대한 보도〉

『로동신문』, 2014년 5월 18일

4) 대외 선전기관 역할 수행

북한은 김정일이 사망한 후 국방위원회 관련 담화, 성명, 명령, 결정 등의 발표를 급속히 늘린다. 이를 확인하면 김정은 시대 국방위원회의 역할에 대해 확인할 수 있다. 그런데 이러한 국방위원회가 관여한 발표들의 급속한 증가는 김정일 시대에는 거의 보이지 않았던 현상이었다. 다음 표들은 이를 정리한 것들이다.

〈표 19〉 김정은 시대 국방위원회 관여 발표 현황

구분	계	2012년	2013년	2014년	2015년	2016년
계	93	16	16	31	20	10
명령	0	0	0	0	0	0
결정	6	5	0	1	0	0
지시	0	0	0	0	0	0
성명	26	4	4	8	9	1
담화	25	0	6	8	6	5
대답	9	3	2	2	2	0
기자회견	2	2	0	0	0	0
통지문	6	0	1	3	0	2
중대제안	1	0	0	1	0	0
특별제안	1	0	0	1	0	0
공개서한(질문)	3	1	0	1	0	1
중대보도	1	0	0	1	0	0
비망록	1	0	0	1	0	0
기타	12	1	3	4	3	1
비고	·	• 대답은 기자가 제기한 질문에 대한 대답 임 • 담화 및 성명은 국방위, 국방위 대변인, 정책국, 정책국 대변인 명의로 발표 된 모두를 합한 것 • 2012년 기타: 국방위원회 예하 인민보안부(현 인민보안성)와 몽골 사법성 협조에 관한 합의서 조인 • 2013년 기타: 3차핵실험 관계자들 위한 특별감사, 인민보안부 포고문, 국가안전보위부 특별군사재판(장성택 사형선고) • 2014년 기타: 무인기사건 진상공개장, 전병호 사망부고, 대북 전단 살포 저지 의사전달 전통문, 백안관에 보낸 영화 '인터뷰'제작 항의 서한 • 2015년 기타: 김격식, 리을설 부고, 인민무력부(현 인민무력성)와 라오스 국방성사이의 협조 양해문 체결 • 2016년 기타: 정책국 상보					

*출처: 『로동신문』; 『조선중앙통신』; 『경향신문』; 『한국일보』; 『조선일보』; 『노컷뉴스』; 『동아일보』; 『연합뉴스』 각호.

〈표 20〉 김정은 시대 국방위원회 관여 발표 내용 분류

구분	계	2012년	2013년	2014년	2015년	2016년
계	93	16	16	31	20	10
군사칭호수여	6	5	0	1	0	0
대남비방	23	8	4	7	4	0

구분	계	2012년	2013년	2014년	2015년	2016년
대내결속	3	0	3	0	0	0
북한 측 의사 전달	35	2	6	11	8	8
외국 기관과의 협조	2	1	0	0	1	0
유엔 제재비난	2	0	1	1	0	0
대미 제안, 비난	17	0	2	9	4	2
기타	5	0	0	2	3	0
비고	·	• 2013년 대내결속: 3차핵실험 관계자들 위한 특별감사, 인민보안부 포고문, 국가안전보위부 특별군사재판(장성택 사형선고) • 2014년 기타: 전병호 부고, 북한 비판 영국 드라마 제작 비난 • 2015년 기타: 김격식, 리을설 부고, 일본 총리 아베의 태평양전쟁 패전 70주년 담화 비난				

이렇게 국방위원회 명의의 담화, 성명, 명령, 결정이 이전 시대와는 다르게 많다는 것은 김정은 시대에는 국방위원회를 선전기관으로 적극 활용하고 있다는 것을 의미한다.374) 그리고 국방위원회 명의의 발표 내용의 범위가 매우 넓었다는 것도 알 수 있다. 남북관계와, 대미관계를 포함하여 대외관계, 내부 문제에까지 다양한 문제들에 대해 언급했었다. 대외에 북한의 입장을 적극적으로 대변하였던 것이다. 이는 국가 최고 기관인 국방위원회 명의로 이야기하는 것이 상대방이 받아들이는 무게감이 기존의 '외무성'이나 '조국평화통일위원회' 등의 국가기관이나 외곽단체가 하는 것과는 달랐을 것이기 때문이다.

374) 앞으로 논의되는 김정은 시대 국방위원회가 관련된 발표들에 대한 개별적 내용은 '부록'을 참조.

5) 남북대화 및 대외협상 관여

김정은 시대 국방위원회 관련 발표들의 내용을 보면 남북관계가 상당한 비중을 차지하고 있음을 알 수 있다. 천안함이나 무인기 사건, 한미연합훈련과 같은 군사적 문제는 물론이고 개성공단 문제와 드레스덴 선언과 같은 남북관계의 중요한 현안들에 대해서도 언급하였다.

실제로 북한은 국방위원회를 남북대화의 전면에 내세우기도 했다. 이산가족 상봉을 합의했던 2014년 2월 12일의 남북고위급접촉은 국방위원회가 직접 청와대에 통지문을 보내 이루어졌고 북측의 단장은 원동연 당중앙위원회 부부장이었으나 구성원들은 국방위원회 성원들로 구성되었다. 이 접촉을 북한은 국방위원회와 청와대 간의 접촉으로 정의하고 있다.[375]

2014년 10월 15일에 있었던 남북군사 당국간 접촉에서도 북한 측에서는 국방위원회가 참여하였다. 단장으로 당시 김영철 국방위원회 서기실 책임참사 겸 정찰총국장, 리선권 국방위원회 정책국장, 곽철희 국방위원회 정책부국장이 참석하여 천안함, 연평도 사건과 대북전단살포, NLL 등의 문제를 논의하였다.[376] 즉, 김정은 시대의 국방위원회는 김정일 시대와 구분되는 점으로 대남관계에 대해서 직접 나서고 있다는 것을 들 수 있을 것이다. 물론 김정일 때도 대남관계에 관여했을 수도 있지만 2010년 전에는 외부로 발표한 국방위

375) 『조선중앙통신』, 2014년 2월 12일; 2014년 12월 19일; 『중앙일보』, 2014년 2월 12일; 『연합뉴스』, 2014년 2월 12일; 2014년 2월 14일.

376) 『세계일보』, 2014년 10월 15일; 『동아일보』, 2014년 10월 16일; 『조선중앙통신』, 2014년 10월 16일; 『연합뉴스』, 2014년 10월 16일; 2014년 10월 17일.

원회 관련 성명, 담화 등이 없고 이와 연관된 당시의 다른 자료들도 아직은 확인되지 않고 있다.

한편 김정은 시대의 국방위원회는 외국과의 외교 현안에도 관여하였음을 확인할 수 있다. 김정일 시대에는 국가 최고 지도자로서 김정일이 외교무대에 나서는 것이 주로 확인되었다. 하지만 최고 지도자가 외국에 한번도 나가지 못했던 김정은 시대 초기에는 국방위원회가 유엔에 자신들의 미사일 발사나 인권 문제에 대한 국제사회의 문제 제기를 배격하는 성명을 발표한다.[377] 그리고 미국에 회담을 제의하거나 자신들의 의사를 전달하고 미국의 대북정책을 비난하는 등의 역할도 수행하였다.[378] 또한 국방위원회 예하의 인민보안부와 인민무력부는 직접 외국의 유관기관들과 협조 조약을 체결하는 등의 활동도 하였다.[379] 그리고 국방위원회는 중요한 외교 현안 해결을 위해 직접 나서기도 하였다.

2014년 7월 4일 일본은 그동안 북한에 대해 취하고 있었던 각종 제재들을 해제하고 북한은 납북자들을 조사하는 조치를 취하게 된다. 이때 북한은 납북자들을 조사하기 위한 '특별조사위원회' 조직한다. 그런데 '특별조사위원회'에 "모든 기관을 조사할 수 있으며 필요에 따라 해당 기관 및 관계자들을 조사사업에 동원 시킬 수 있는 특별한 권한"을 국방위원회가 부여한다. 그리고 위원장에는 서대하 국방위원회 안전담당 참사 겸 국가안전보위부 부부장이, 부위원장에는 김명철 국가안전보위부 참사와 박영식 인민보안부 국장이 임

---

377) 『조선중앙통신』, 2013년 1월 24일; 2014년 11월 23일.

378) 『조선중앙통신』, 2013년 6월 16일; 2013년 10월 12일; 2014년 3월 15일; 2014년 8월 20일; 2015년 1월 7일, 2015년 2월 4일 등을 참조.

379) 『조선중앙통신』, 2012년 11월 27일; 『로동신문』, 2015년 7월 14일.

명되었다.[380] 국방위원회가 일본과의 관계 개선에 중요한 계기가 될 수 있는 일을 직접 지도하고 실행하기 위해 나선 것이다.

김정은 시대 들어서 예전 같지 않았던 대중 관계로 인한 고립 문제와 회복이 더딘 경제문제에 대한 돌파구를 일본과의 현안인 납치자 문제 해결을 통해 찾으려 했던 것으로 보인다. 이 문제가 잘 해결되었다면 일본과의 수교는 물론 과거 한국이 했던 것과 같이 과거사 문제에 대한 협상을 통해 상당한 보상금을 얻을 수 있는 기회가 생겼을 수도 있었을 것이다. 북한의 가장 큰 어려움인 고립과 경제문제를 해결할 계기가 될 수 있었던 중요한 문제에 국방위원회가 직접 관여한 것이다. 이렇게 김정은 시대의 국방위원회는 외교 현안이나 남북대화에 관여하여 의견을 교환하고 합의된 사항을 실현하는 창구역할을 했던 것이다.

6) 역할 범위의 지속적인 확대

위의 내용을 자세히 보았으면 알겠지만 국방위원회는 역할을 지속적으로 확대하였다. 처음 등장했을 때만 해도 이 기관에 대해 명확한 역할 부여가 있었던 것은 아니다. 단지 중앙인민위원회 예하 기관이었기에 중앙인민위원회에 헌법을 통해 군사 분야 임무들인 국방사업지도, 국방 분야 정령·결정·지시·집행정형 감독 및 결정·지시 폐지, 중요 군 인사 참여, 군사칭호 제정 및 군 관련훈장·명예칭호 수여, 유사시 전시상태와 동원령 선포[381]를 돕는 역할을 했을 것이

380) 『조선중앙통신』, 2014년 7월 4일.

381) 1972년 개정 『조선민주주의인민공화국 사회주의 헌법』 7장.

라는 추정만 가능할 뿐이다. 그리고 92년 헌법개정을 통해 국방위원회가 완전히 독립되기 전까지 국방위원회 명칭이 사용된 명령, 결정, 지시 등을 찾아볼 수가 없으므로 국방위원회는 중앙인민위원회의 보좌기관 역할에 충실했던 것으로 보인다.

하지만 김정일이 국방위원회에 진출하고 92년 헌법개정을 통해 독립되면서 그 역할과 위상에 많은 변화가 있게 된다. 우선 92년 헌법에는 자신의 상위기관이었던 국가 주권의 최고 지도기관인 중앙인민위원회 앞에 위치하여 위상이 중앙인민위원회 위에 위치했음을 시사하였다. 그리고 이때부터 국방위원회는 비록 단독은 아니지만 국가의 중요사항의 결정 등에 참여하게 된다. 〈표 21〉은 92년 헌법개정 후 김일성 사망 전까지 국방위원회가 참여했던 주요 발표를 정리한 것이다.

1992년 헌법 수정 이후에도 시각에 따라서는 국방위원회의 노출은 그렇게 많았다고 볼 수 없을 것이다. 그러나 아래의 표를 분석하

〈표 21〉 1992년 4월~1994년 7월간 국방위원회 참여 주요 발표

시기	내용	참여주체
1992.04.14	김일성에게 공화국 대원수 칭호를 수여함에 대한 결정	당중앙위원회, 당중앙군사위원회, 국방위원회, 중앙인민위원회
1992.04.21	김정일에게 공화국 원수 칭호를 수여함에 대한 결정	당중앙위원회, 당중앙군사위원회, 국방위원회, 중앙인민위원회
1992.04.21	인민무력부장 오진우에게 공화국 원수 칭호를 수여함에 대한 결정	당중앙위원회, 당중앙군사위원회, 국방위원회, 중앙인민위원회
1992.04.21	조선인민군 차수칭호를 수여함에 대한 결정	당중앙위원회, 당중앙군사위원회, 국방위원회, 중앙인민위원회
1994.07.03	조선인민군 차수 주도일의 사망에 대한 부고	당중앙위원회, 당중앙군사위원회, 국방위원회
1994.07.09	김일성 사망 발표, 장의위원회 구성	당중앙위원회, 당중앙군사위원회, 국방위원회, 중앙인민위원회, 정무원

*출처: 『로동신문』 각호.

면 알겠지만 국방위원회가 자신의 이름을 걸고 참여한 결정들의 무게감은 확실히 다르다. 이전에 자신의 이름을 앞세우지 못한 채 중앙인민위원회의 명의로 군인들에게 훈장이나 메달을 수여하고 일부 장령 인사에나 참여했던 것과는 비교할 수 없는 무게감이다. 이는 국방위원회가 국가의 중요 결정에 참여하기 시작하였다는 것을 의미한다. 그리고 이때부터 국방위원회가 다른 국가기관들과 같이 이름을 올리게 될 때는 가장 앞에 위치하게 된다. 국방위원회가 국가기관들에서 차지하는 위상이 이전과는 확실히 달라지기 시작한 것이다.

이후 김정일 시대의 국방위원회는 앞에서 살펴보았듯이 군수공업이나 군 인사, 군사기관의 개편, 후방지역 방어와 군사동원 같은 국가의 전반적무력과 국방건설사업을 지도하는 임무들을 수행한다. 국가 주권의 최고 국방지도기관으로서의 본연의 임무에 충실한 것이다. 그리고 비사회주의권 국가들과의 외교, 경제 분야, 사회질서 유지 및 일상생활 선도, 대규모 건설공사와 이를 위한 주민동원 등 군사 분야가 아닌 부문에도 관여하였다. 2009년 헌법에서부터 규정된 선군혁명로선을 관철하기 위한 국가의 중요정책을 세우고 국가 전반사업을 지도하는(국방위원장) 역할에 충실했던 것이다.

이러한 국방위원회의 역할은 김정은 시대에 들어서도 변함이 없었다. 오히려 확대되었다. 위상은 김정은이 당을 정상화시키면서 김정일 시대만큼 가지고 있지 못했지만 역할에서는 이전 시대에 발견하지 못했던 점들을 확인할 수 있다.

우선 김정일 시대에서는 말기에 가서 겨우 발견할 수 있었던 대외선전기관으로서의 모습을 살필 수가 있다. 김정은 시대의 국방위원회는 남북문제, 대미문제를 비롯한 대외관계, 대내 질서 유지를 위한 사안들에 문제가 발생했을 때 자신들의 의견을 전달하는 대내외 창구로써의 모습을 보였다. 그리고 대변인 등을 통한 성명이나 담화 발표에서 그치는 것이 아니라 남북문제나 외교에서는 직접 전면에 나서서 남북군사 당국 간 접촉 등에 참여하고 일본인 납북자 문제 해결, 외국 공안기관들과 협조 조약체결 등을 직접 담당하기도 하였다. 또한 대규모 건설 사업에서 그 역할을 점차 확대했으며 민심을 통제하는 일에 가담하고 있었음이 명확해지고 있다.

이러한 역할 범위의 확대 흐름은 국무위원회가 이어받았다. 국방위원회가 법적으로 국방 분야의 지도기관이었던 반면에 국무위원회는 국가 최고의 정책지도기관으로 국방 분야를 넘어선 국정의 전반에 대해 지도하는 기관이 되었다. 그리고 엘리트들도 국방위원회보다 다양한 분야의 인사들로 구성되어 있어서 더욱 많은 분야의 일들을 할 수 있게 된 것이다.[382)]

---

382) 『로동신문』, 2016년 6월 30일.

제5장 국무위원회의 위상과 역할

1. 헌법으로 규정된 국가 주권 최고 지도기관

김정은의 국무위원회는 선군시대의 상징인 국방위원회 대신 만들어진 국가 주권의 최고정책적 지도기관이다. 그래서 국방위원회가 실제로 수행했던 역할을 승계하면서 김정은만의 통치 방식을 보여주어야 했다. 이러한 고민은 헌법에 잘 담겨 있다.

다음 쪽의 〈표 22〉를 보면 점차 국방 영역에 해당하는 조문들을 삭제해 갔음을 알 수 있다. 2016년에는 기관 성격을 정의하는 내용인 '국가 주권의 최고국방지도기관'을 '국가 주권의 최고정책적 지도기관'으로 먼저 수정했고 2019년부터는 일부 남아 있던 국방에서의 역할을 규정하는 다른 문구를 완전히 삭제했다. 그리고 동시에 외교와 국가정책, 인사권, 법령 공포 등 국정 전반에 걸쳐 권한을 점차 확대했다. 이는 국방위원회가 수행하던 역할을 국무위원회에 안정적으로 흡수시키기 위한 노력이었을 것이다. 그리고 '국가 주권의 최고 정책적 지도기관'이라는 문구에 특정 분야를 규정하지 않은 것은

〈표 22〉 국무위원회(장) 역할 관련 헌법 조문 주요 내용

구분	2016년 6월	2019년 4월	2019년 8월
위원장	• 국가의 최고령도자 • 국가 전반적 무력의 최고사령관, 국가 일체 무력 지휘통솔 • 국가 전반사업 지도 • 국무위원회 사업 직접 지도 • 국가 중요 간부 임명, 해임 • 타국과의 중요조약 비준, 폐기 • 특사권 행사 • 국가 비상사태, 전시상태, 동원령 선포 • **전시 국가방위위원회 조직 지도(신설)** • 명령 하달	• **국가 대표하는** 국가 최고령도자 • **국가 무력 총사령관**, 국가 일체 무력 지휘통솔 • 국가 전반사업 지도 • 국무위원회 사업 직접 지도 • 국가 중요 간부 임명, 해임 • 타국과의 중요조약 비준, 폐기 • 특사권 행사 • 국가 비상사태, 전시상태, 동원령 선포 • 전시 국가방위위원회 조직 지도 • 명령 하달	• 국가 대표하는 국가 최고령도자 • 국가 무력 총사령관, 국가 일체 무력 지휘통솔 • 국가 전반사업 지도 • 국무위원회 사업 직접 지도 • **최고인민회의 법령, 국무위원회 중요 정령과 결정 공포** • 국가 중요 간부 임명, 해임 • **외교대표 임명 또는 소환** • 타국과의 중요조약 비준, 폐기 • 특사권 행사 • 국가 비상사태, 전시상태, 동원령 선포 • 전시 국가방위위원회 조직 지도 • 명령 하달
위원회	• 국가주권의 **최고정책적지도 기관** • 위원장, 부위원장, 위원 구성 • 국방건설사업을 비롯한 국가 중요정책 토의결정 • 국무위원회 위원장 명령, 국무위원회 결정·지시집행 정형 감독 및 대책 수립 • 국무위원회 위원장 명령, 국무위원회 결정·지시에 어긋나는 국가기관 결정·지시 폐지 • 결정과 지시 하달	• 국가주권의 최고정책적지도 기관 • 위원장, 부위원장, 위원 구성 • 국가 중요정책 토의결정 • 국무위원회 위원장 명령, 국무위원회 결정·지시집행 정형 감독 및 대책 수립 • 국무위원회 위원장 명령, 국무위원회 결정·지시에 어긋나는 국가기관 결정·지시 폐지 • 결정과 지시 하달	• 국가주권의 최고정책적지도 기관 • 위원장, **제1부위원장**, 부위원장, 위원 구성 • 국가 중요정책 토의결정 • 국무위원회 위원장 명령, 국무위원회 결정·지시집행 정형 감독 및 대책 수립 • 국무위원회 위원장 명령, 국무위원회 결정·지시에 어긋나는 국가기관 결정·지시 폐지 • **내각 총리 제의로 내각 성원 임명, 해임** • 결정과 지시 하달
비고	• 국방 부분 중요 간부를 국가의 중요 간부로 • 최고국방지도기관을 최고정책적지도기관으로 • 제1부위원장 폐지 • 국방 부분 중요기관 관련 내용과 군사칭호 제정 내용 삭제	• '국가를 대표하는' 추가 • '국방건설사업을 비롯한' 삭제	• 법령 공포, 대사 임명권 추가 • 제1부위원장 신설 • 내각 인사권 추가

*출처: 2016년 6월 29일, 2019년 4월 12일, 2019년 8월 29일 개정 『조선민주주의인민공화국 사회주의 헌법』.

*2016년 6월의 비고는 국방위원회와의 차이점을 설명한 것이며 굵은 글씨는 새로 추가된 내용임.

위대한 김일성동지와 김정일동지의 혁명사상으로 철저히 무장하자!

로동신문

조선로동당 중앙위원회기관지

주체105(2016)년 6월 30일 (목요일)

위대한 김정은동지 따라 최후의 승리를 향하여 앞으로!

우리 당과 인민의 최고령도자이신

경애하는 김정은동지께

최대의 영광을 드립니다

경애하는 김정은동지를

조선민주주의인민공화국 국무위원회 위원장으로 높이 추대

〈김정은의 국무위원장 취임을 알리는 기사〉

국무위원회가 국정 전 분야를 관장하는 기관임을 보여주는 것이고 새 시대에는 국방지도기관 대신 국가 최고정책적 지도기관을 국가관리체계의 중심으로 활용하겠다는 김정은의 의지가 드러난 것이다.

한편, '국방' 관련 조문 삭제는 국방이 '국가 중요정책'에 포함됨을 의미한다.383) 김정은 시대 군 위상은 김정일 시대만큼은 아닌데 이는 헌법에도 반영되어 '선군' 관련 조문이 2019년부터 서문의 김정일 관련 부문에만 언급된다. 그만큼 국정 운영에서 국방의 비중이 줄어 국방을 국가 중요정책과 별도로 명시할 필요가 없어진 것이다. 이것은 국가 중요 간부 인사권, 국가사업 지도권에 국방 관련 인사권 및 정책 권한이 포함됨을 의미하며 국무위원회가 국방 임무를 수행함을 시사하는 것이다. 거기에 위원장이 국가 무력 총사령관을 맡고 전시에는 국가방위위원회의 조직지도 권한을 가진다.384) 국무위원장이 직접 국방을 지휘하는 것이다. 결국 2016년부터의 헌법은 국무위원회가 국방을 포함한 국가 운영 전반을 지도할 수 있게 해주는 법적 기반인 것이다.

2. 헌법 규정대로 수행하고 있는 국정 지도

그러면 헌법으로 규정된 국무위원회의 역할이 실제로 수행되고 있는가? 다음의 〈표 23〉은 국무위원회 관련 활동들을 정리한 것으로 이 기관의 실제 역할을 살펴볼 수 있다.

---

383) 북한은 김정은의 국무위원장 취임 후 최우선 국사는 국방력 강화라고 설명한다. 이는 국무위원회 역할에 국방이 포함됨을 보여주는 것이다. 김성남(2020), 「조국강산에 넘치는 인민의 끝없는 영광」, 『로동신문』, 2020년 6월 29일.

384) 이 기관은 국방위원회에는 없던 것이다. 국방위원회는 국방기관으로 전시에 별도 기관 설치 없이 전쟁 수행 계획인 '전시사업세칙'에 규정되어 있는 임무를 수행하게 되어 있었다. 그러나 국무위원회는 국방기관이 아니므로 전시에 국방 관련 임무를 수행할 별도 기관이 필요했을 것이다.

〈표 23〉 국무위원회(장) 관련 명령·결정·지시·발표

시기	내용(확인 매체 및 게시일자)
2016.08.07	부위원장 최룡해 브라질 임시 대통령과 면담 및 제31회 올림픽 관계자들과 만남
2016.12.30	조선인민군 제4차 수산부문열성자회에서 어업활동에서 성과 거둔 모범 수산사업소들에 국무위원회 명의 ≪황금해≫ 애국주의우승컵,≪황금해≫ 애국주의상장 수여
2017.04.13	려명거리 건설한 군 장병, 돌격대원, 지원자들에게 감사문 전달
2017.04.00	총동원되어 단천발전소건설을 최단기간에 완공할데 대한 공동결정서
2017.08.00	• 국경 지역 해외통화, 송금, 밀수, 마약 등 불법행위에 대한 직접 검열 • 지역별 군입대 탄원 행사 진행 긴급명령서 하달
2017.09.21	미 대통령의 동맹 방어 위해 북한 완전 파괴 가능 언급 UN연설 비난 위원장 성명
2018.02.07	당중앙위원회 등과 혁명열사릉, 애국열사릉, 조국해방전쟁참전열사묘에 화환 진정
2018.02.09	수풍발전소 생산 전력 중국 수출 결정
2018.03.20	위원장 명의로 러시아 대통령에게 재선 축하 축전 발송
2018.03.23	위원장에게 중국 주석 시진핑의 주석, 중앙군사위원회 주석 재선 축하에 대한 사의 답전
2018.04.20	청와대, 국무위원회 간 남북정상 직통 전화 연결
2018.04.27	판문점 선언에 국무위원회 위원장 명의로 서명
2018.06.12	싱가포르 정상회담 공동성명에 국무위원회 위원장 명의로 서명
2018.08.17	당중앙위원회 등과 공동으로 김영춘 국가장의위원회 구성
2018.12.05	당중앙위원회 등과 공동으로 김철만 국가장의위원회 구성
2019.04.11	국무위원회 산림정책 감독국 신설
2019.04.12	중국 주석 시진핑 국무위원장 앞으로 국무위원장 추대 축하 축전
2019.06.12	이희호 여사 가족에게 국무위원장 명의로 조전
2019.11.13	한미연합훈련 비난 대변인 담화
2020.01.18	당중앙위원회, 최고인민회의 상임위원회와 공동으로 황순희 국가장의위원회 구성
2020.04.11	공동결정서 '세계적인 대류행 전염병에 대처하여 우리 인민의 생명안전을 보호하기 위한 국가적 대책을 더욱 철저히 세울데 대하여' 발표
2020.08.13	국무위원회 정령 제01호 내각 총리 해임 및 임명에 대하여 발표 군민의 대단결과 협동작전으로 10월 10일까지 큰물피해복구를 기본적으로 끝내고 주민들을 안착시킬데 대한 공동명령서 시달
2020.08.15	푸틴 러시아 대통령 대상 광복절 축하 축전 수신 및 답전 발신
2020.10.03	미국 트럼프 대통령에게 코로나 양성 판정에 대한 위문전문 발송
2020.10.05	당중앙군사위원회 등과 정치국 상무위원 리병철, 총참모장 박정천에게 원수칭호 수여 결정

시기	내용(확인 매체 및 게시일자)
2021.01.00	군 지휘부, 각 군사령부 및 교육기관 등에 원격 조종 접이식 자동 차단문 교체 지시
2021.03.26	1호 행사 차량, 군수공업 부문 관계자만 통행 가능한 평안북도 소재 '123호 도로'를 7·27도로로 명칭 바꾸고 국가보위성이 관리할데 대한 지시
2021.07.09	조중우호, 협조 및 호상원조에 관한 조약체결 60돐 즈음한 연회 개최
2021.10.00	사회안전성에 '사회질서를 파괴하는 범죄자들이 활개 치지 못하게 하라' 지시
2022.05.20	당중앙위원회 등과 공동으로 현철해 국가장의위원회 구성

*출처: 『로동신문』 각호; 『조선중앙통신』 각호; 『데일리 NK』 각호; 『자유아시아방송』 각호; 『연합뉴스』 각호

먼저 국무위원회는 국가를 대표하는 기관으로 활동하고 있다. 최룡해가 국무위원회 부위원장 자격으로 제31회 올림픽에 대표단을 이끌고 참석했었고 김정은은 국무위원장 명의로 한국, 미국과의 정상회담에 나서 주요 문건에 서명했으며 러시아 대통령, 중국 주석과 서신을 주고받는 등의 정상외교에 나서고 있다.[385] 또한 미국 대통령의 북한 관련 언급과 한미연합훈련 등에 대해 자신들의 입장을 밝히기 위한 위원장 성명, 대변인 담화를 발표하기도 했다. 이 외에도 북한 대사가 외국에 부임할 때 국무위원장 명의의 인사말을 전하고 있다.[386] 국가를 대표하는 최고 영도자의 역할과 그의 지도를 직접 받는 기관으로서의 역할을 수행하고 있는 것이다.

국무위원회는 경제 분야에 관여하고 있다. 예하 설계국을 통해 단천 발전소, 려명거리, 각종 산업시설, 병원, 관광지구건설, 도시개발계획 및 건설 등의 각종 대규모 건설 사업에 관여하고 있다.[387]

385) 중국 등 공산 국가와의 교류 시에는 주로 당 직책으로 나서나 〈표 23〉에서 시진핑이 보낸 축전은 국무위원장 추대를 축하하는 것으로 국무위원장 앞으로 보낸 것이고 김정은이 보낸 축전은 시진핑의 국가직 취임을 축하하는 것으로 국무위원장 명의로 발송했고 답전도 국무위원장 명의로 받았다.

386) 『조선중앙통신』, 2021년 3월 14일; 2021년 9월 6일 등 참조.

그리고 전력이 부족한 상황에서도 수풍발전소에서 생산한 전력을 수출하는 결정을 내렸다.[388] 또한 식량 증산 독려를 위해 우수 어업 종사자들에 대한 격려에 나서기도 했다. 즉, 국토개발, 외화획득, 식량 문제 해결 및 인민 생활 향상 등 경제 분야 전반에 관여하고있는 것이다.

또한 사회질서 유지와 주민 선전선동에도 참여하고 있다. 국경 지역 질서 유지와 탈북을 방지하기 위한 불법행위 단속을 직접 진행했고 사회안전성에 범죄단속에 대한 명령을 하달했다.[389] 공권력을 동원한 치안유지를 관장하고 있는 것이다. 그리고 2017년 7월 두 차례에 걸친 ICBM 화성-14형 시험발사로 인한 안보리 대북 제재 결의 채택에 대한 대응으로 주민들을 동원한 군 입대 탄원 행사들을 명령하여 동요할 수 있는 주민들의 단결을 선동하였다.[390] 거기에 국무위원회 연주단을 구성한 후 주요 국가 행사가 있을 때마다 공연에 나서게 하고 있다.[391] 이는 국무위원회가 주민 대상 선전선동

387) 국무위원회 설계국장도 마원춘으로 김정은의 중요대상 건설장 현지 지도 시 수 차례 동행하여 국무위원회가 각종 건설 사업에서 주도적 역할을 하고 있음을 보여주었다. 『로동신문』, 2016년 7월 27일; 2020년 7월 23일 등 참조.

388) 2018년~2020년간 북한 발전량은 한국의 1/23 수준이며 2021년에는 1월~10월간 약 140억 원 정도의 전기를 중국에 수출했다. 한국은행 홈페이지(https://han.gl/TgSgY, 검색일: 2021년 12월 7일); 『한겨레』, 2021년 10월 25일.

389) 2017년 7월 검열은 당 간부 일가가 탈북을 시도하다 체포된 후 자살한 것이 계기이다. 대상이 당 간부라는 점에서 북한의 충격은 상당했을 것이며 이것이 국무위원회가 국경 단속에 직접 나선 이유일 것이다. 『데일리 NK』, 2017년 8월 18일.

390) 『연합뉴스』, 2017년 8월 10일; 『자유아시아방송』, 2017년 8월 20일.

391) 국무위원회 연주단이 처음 공개된 것은 2020년 1월 25일 개최된 김정은이 관람했던 설 명절 기념공연이었다. 이후 제6차 당세포비서대회, 태양절, 당중앙위원회 전원회의, 조선인민군 제1차 지휘관, 정치인군강습회, 공화국창건 73주년 경축 민간 및 안전무력열병식 등의 주요 행사에 참여하였다. 로동신문 홈페이지에서 '국무위원회연주단', '국무위원회 연주단'으로 검색(http://rodong.rep.kp, 검색일: 2022년 1월 17일.)

활동에 직접 나서고 있음을 보여주는 것이다.

국무위원회는 군사 분야에도 관여하고 있다. 원수 칭호 수여 결정에 참여했고 군 지휘부의 보안 관련 시설물 설치와 군 관련 도로관리도 지시했음을 확인할 수 있다. 그런데 군 인사 관여는 제한적인 것으로 보인다. 현재까지 확인된 국무위원회 관련 군 인사 명령은 위에 제시된 것 하나뿐이고 대부분 당중앙군사위원장 명의로 명령이 내려지고 있다.[392] 이것은 군 인사권은 당에 있고 국무위원회는 국가 대표기관으로 군 최고위급 인사에만 상징적으로 참여하고 있음을 시사한다. 즉, 북한군은 당의 군대이므로 국무위원회의 군 관련 역할은 제한적인 것이다.

국무위원회는 남북문제에도 관여하고 있다. 청와대와 직통 전화를 연결했었고, 판문점 선언에 국무위원장 명의로 서명했으며 이희호 여사가 별세했을 때 국무위원장 명의의 조전을 보내왔다. 그리고 한미연합훈련에 대한 담화도 남북문제와 관련된 것이다.

하지만 김정은 시대의 국방위원회에서는 남북 현안에 대해 적극적인 의사 표현을 했고 이산가족 문제나 군사 당국 간 접촉에도 직접 나섰던 것에 비하면 국무위원회의 남북관계 관련 활동은 상대적으로 활발하지 못한 편이다. 이는 북미정상회담 결렬, 코로나-19 등 남북이 만나기 어려운 환경의 영향으로 국무위원회가 남북관계 전면에 나설 기회가 상대적으로 적었기 때문으로 보인다. 그리고 2018년을 기점으로 남북관계에 대한 비난과 의견제시는 국무위원회가

392) 2017년~2021년간 군 진급 명령은 총 9회였다. 그중 7회가 당중앙군사위원장 명령, 2회가 최고사령관 명령이었다. 조선중앙통신과 로동신문 홈페이지에서 '군사칭호를 올려줄데 대하여'로 검색(http://kcna.kp, 검색일: 2022년 1월 18일; http://rodong.rep.kp, 검색일: 2022년 1월 18일).

(3) 로동신문 주체107(2018)년 4월 28일 (토요일)

경애하는 최고령도자 김정은동지께서 문재인대통령과 함께 《조선반도의 평화와 번영, 통일을 위한 판문점선언》에 서명하시였다

조선반도의 평화와 번영, 통일을 위한 판문점선언

1. 북과 남은 북남관계의 전면적이며 획기적인 개선과 발전을 이룩함으로써 끊어진 민족의 혈맥을 잇고 공동번영과 자주통일의 미래를 앞당겨나갈것이다.

2. 북과 남은 조선반도에서 첨예한 군사적긴장상태를 완화하고 전쟁위험을 실질적으로 해소하기 위하여 공동으로 노력해나갈것이다.

3. 북과 남은 조선반도의 항구적이며 공고한 평화체제구축을 위하여 적극 협력해나갈것이다.

2018년 4월 27일 판문점

조선민주주의인민공화국 국무위원회 위원장 김정은

대한민국 대통령 문재인

〈판문점 선언에 국무위원장 명의로 서명한 김정은〉

아닌 김여정 당부부장 개인 명의로 주로 했다.[393] 이는 향후 남북관계를 고려한 수위 조절로 분석할 수 있을 것이다.

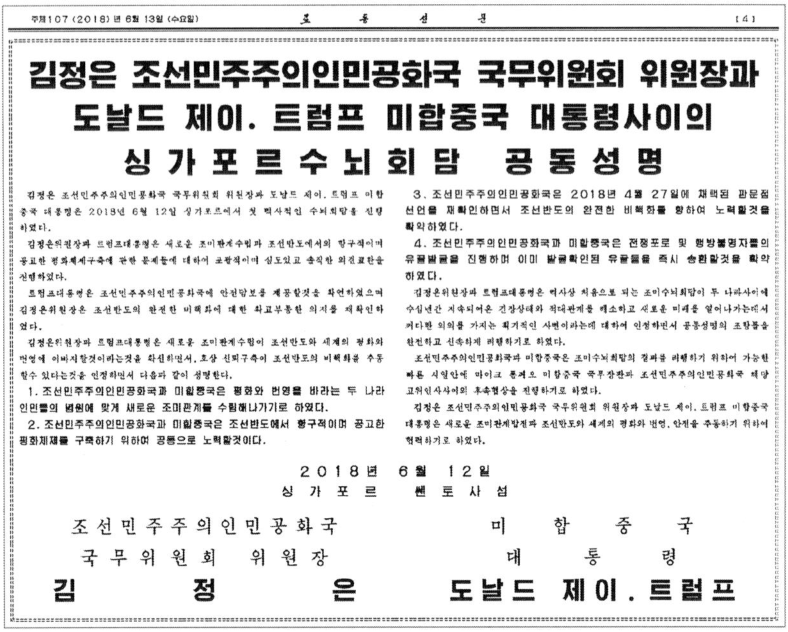

주체107 (2018)년 6월 13일 (수요일) 로 동 신 문 [4]

김정은 조선민주주의인민공화국 국무위원회 위원장과 도날드 제이. 트럼프 미합중국 대통령사이의 싱가포르수뇌회담 공동성명

김정은 조선민주주의인민공화국 국무위원회 위원장과 도날드 제이. 트럼프 미합중국 대통령은 2018년 6월 12일 싱가포르에서 첫 력사적인 수뇌회담을 진행하였다.

김정은위원장과 트럼프대통령은 새로운 조미관계수립과 조선반도에서의 항구적이며 공고한 평화체제구축에 관한 문제들에 대하여 포괄적이며 심도있고 솔직한 의견교환을 진행하였다.

트럼프대통령은 조선민주주의인민공화국에 안전담보를 제공할것을 확언하였으며 김정은위원장은 조선반도의 완전한 비핵화에 대한 확고부동한 의지를 재확인하였다.

김정은위원장과 트럼프대통령은 새로운 조미관계수립이 조선반도와 세계의 평화와 번영에 이바지할것이라는것을 확신하면서, 호상 신뢰구축이 조선반도의 비핵화를 추동할수 있다는것을 인정하면서 다음과 같이 성명한다.

1. 조선민주주의인민공화국과 미합중국은 평화와 번영을 바라는 두 나라 인민들의 념원에 맞게 새로운 조미관계를 수립해나가기로 하였다.

2. 조선민주주의인민공화국과 미합중국은 조선반도에서 항구적이며 공고한 평화체제를 구축하기 위하여 공동으로 노력할것이다.

3. 조선민주주의인민공화국은 2018년 4월 27일에 채택된 판문점선언을 재확인하면서 조선반도의 완전한 비핵화를 향하여 노력할것을 확약하였다.

4. 조선민주주의인민공화국과 미합중국은 전쟁포로 및 행방불명자들의 유골발굴을 진행하며 이미 발굴확인된 유골들을 즉시 송환할것을 확약하였다.

김정은위원장과 트럼프대통령은 력사상 처음으로 되는 조미수뇌회담이 두 나라사이에 수십년간 지속되여온 긴장상태와 적대관계를 해소하고 새로운 미래를 열어나가는데서 커다란 의의를 가지는 획기적인 사변이라는데 대하여 인정하면서 공동성명의 조항들을 완전하고 신속하게 리행하기로 하였다.

조선민주주의인민공화국과 미합중국은 조미수뇌회담의 결과를 리행하기 위하여 가능한 빠른 시일안에 마이크 폼페오 미합중국 국무장관과 조선민주주의인민공화국 해당 고위인사사이의 후속협상을 진행하기로 하였다.

김정은 조선민주주의인민공화국 국무위원회 위원장과 도날드 제이. 트럼프 미합중국 대통령은 새로운 조미관계발전과 조선반도와 세계의 평화와 번영, 안전을 추동하기 위하여 협력하기로 하였다.

2018년 6월 12일
싱가포르 쎈토사섬

조선민주주의인민공화국	미합중국
국무위원회 위원장	대통령
김정은	도날드 제이. 트럼프

〈싱가포르 정상회담 공동성명에 국무위원장 명의로 서명한 김정은〉

한편, 국무위원회는 재난 대응에도 관여하고 있다. 이는 코로나-19 대응과 수해 피해 대응을 위한 결정, 명령에 국무위원회가 참여하고 있는 것을 보면 알 수 있다. 그리고 신설된 산림정책 감독국도 북한이 수해 예방에서 산림이 가져다주는 효과를 강조한 것으로 볼 때 재난 대응에 간접적으로라도 관련되어 있는 것을 알 수 있다.[394] 거기에 확인 가능한 사례는 하나뿐이나 내각 인사에 관여하고 있음

---

393) 김여정의 남북관계 관련 개인 명의 담화는 18건 확인할 수 있다(http://kcna.kp, 검색일: 2022년 1월 19일).

394) 북한은 "산림조성사업을 잘하지 못하면 사막화와 큰물피해를 막을수 없다. 산에 나무가 많아야 무더기비가 내려도 큰물과 산사태로 인한 피해를 미리막을수 있으며…"라며 산림의 재해 예방 효과를 강조하였다. 『로동신문』, 2021년 2월 26일.

을 볼 수 있으며 화환 증정과 장의위원회 구성 주체로 참여하고 있는 것은 국가 주권의 최고정책적 지도기관으로서 권위를 인정받고 있음을 증명하는 것이다.

3. 국가 주권 최고 지도기관다운 간부 구성

국무위원회의 역할은 이 기관에 소속된 간부들 분석을 통해서도 알아낼 수 있다. 다음 쪽의 〈표 24〉에 나와 있듯 국무위원회에는 위원장이 국가 최고 영도자고 군사, 외교, 대남, 경제, 사회질서 유지 등 이미 앞에서 살펴본 역할들을 다루는 데 부족함 없는 인원 구성을 하고 있다.

우선, 행정적 집행기관이며 전반적 국가관리기관인 내각의 총리들이 항상 부위원장에 위치함을 볼 수 있다. 내각 총리들은 경제를 비롯한 국가사업이 진행 중인 현장들을 돌아다니며 현황을 확인하고 관계자들을 격려하며 당, 국가의 방침과 그에 따른 개선방안들을 제시하고 있다. 이렇게 현장을 직접 찾아 확인하는 인물은 김정은과 내각 총리 외에는 제1부위원장인 최룡해밖에는 없다.[395] 국무위원회가 국가사업 진행을 현장에서 직접 챙기고 있는 것이다.

국무위원회에 소속되는 군 인사들의 직책은 시기별로 약간의 차이는 있으나 일반적으로 당중앙군사위원회 위원, 인민무력상과 이를 대체한 국방상, 그리고 총정치국장, 군 관련 당비서나 전문부서의

395) 2021년 1월~11월 간 『로동신문』 보도에서 최룡해 7회, 김덕훈 37회의 경제 현장 방문을 확인할 수 있다.

〈표 24〉 국무위원회 인원 구성

구분	제1부위원장	부위원장	위원(고딕 강조는 처음 진출한 인물들)
2016. 06		황병서(총정치국장), 박봉주(내각총리), 최룡해 (당중앙위 부위원장)	김기남(선전담당 부위원장), 박영식(인민무력부장), 리수용(국제담당 부위원장), 리만건(군수공업담당 부위원장), 김영철(대남담당 부위원장), 김원홍(국가안전보위부장), 최부일(인민보안부장), 리용호(외무상)
2017. 04	·	황병서(총정치국장), 박봉주(내각총리), 최룡해 (당중앙위 부위원장)	김기남(당중앙위 위원), 박영식(인민무력상), 리수용(국제담당 부위원장), 리만건(조직지도부 제1부부장), 김영철(대남담당 부위원장), 김원홍(당중앙위 위원), 최부일(인민보안상), 리용호(외무상)
2018. 04		최룡해 (당중앙위 부위원장), 박봉주(내각총리)	**박광호**(선전선동부장), **김정각**(총정치국장), 박영식(인민무력상), 리수용(국제담당 부위원장), **태종수**(군수공업담당 부위원장), 김영철(대남담당 부위원장), 리용호(외무상), 최부일(인민보안상), **정경택**(국가보위상)
2019. 04		박봉주 (당정치국 상무위원)	**김재룡**(내각총리), 리만건(조직지도부 제1부부장),리수용(국제담당 부위원장), 김영철(대남담당 부위원장), 태종수(군수공업담당 부위원장), 리용호(외무상), **김수길**(총정치국장), **노광철**(인민무력상), 정경택(국가보위상), 최부일(인민보안상), **최선희**(외무성 제1부상)
2020. 04	최룡해 (당정치국 상무위원)	박봉주 (당정치국 상무위원)	김재룡(내각총리), 리만건(당중앙군사위원), 김영철(대남담당 부위원장), 김수길(총정치국장), 정경택(국가보위상), 최선희(외무성 제1부상), **리병철**(군수공업부장), **김형준**(국제부장), **김정관**(인민무력상), **리선권**(외무상), **김정호**(인민보안상)
2021. 09		**김덕훈** (내각총리)	**조용원**(조직비서), **박정천**(당 비서), **오수용**(경제부장), **리영길**(국방상), **장정남**(사회안전상), **김성남**(국제부장), **김여정**(당 부부장), 김영철(통일전선부 부장), 정경택(국가보위상), 리선권(외무상)

*출처: 2017, 2018년 통일부 발행, 『북한 주요인사 인물정보』와 『북한 주요기관 단체 인명록』; 2019, 2020년, 2021년 통일부 발행, 『북한 주요인물 정보』와『북한 기관별 인명록』; 통일부. 북한정보포털(https://han.gl/xJmfY, 검색일: 2022년 1월 5일) 해당 인물 검색.

부장 등이다. 국가의 군 운용을 지도, 지원하고 군사 외교에 나서는 데는 충분한 구성이다. 그러나 총참모장은 소속된 적이 없으므로 군 작전을 지휘할 수 있는 권한은 없는 것으로 판단된다.[396)]

국무위원회에는 남북관계에서 일정한 역할을 할 수 있는 간부들이 소속되어 있다. 대남정보업무를 담당하는 국가보위성상과 대남 전략을 총괄하는 통일전선부장이 소속되어 있고 2021년 9월에는 2018년부터 대남 접촉이나 메시지 전달의 전면에 나서고 있는 김여정도 합류했다. 정보, 전략, 메시지 전달 등 남북관계 전반을 종합적으로 관리할 수 있는 구성이다.

국무위원회에는 외교 전문가들도 꾸준히 포함되고 있다. 당 국제부장과 외무상은 항상 소속되어 있고 미국과의 대화가 활발하던 시기에는 외무성 제1부상도 소속된 적이 있었다. 외교는 국가의 일반적인 활동이므로 당연히 소속되어 있는 것이다. 그리고 고립된 상황을 극복하기 위해선 외교의 비중을 높일 수밖에 없으므로 외교 간부들을 꾸준히 포함시키고 있는 것이다.

또한 국무위원회는 공안기관들을 담당하는 사회안전상과 국가보위상을 계속해서 포함되고 있다. 체제 유지를 위해 필요한 사회 안정과 통제를 위해선 필수적인 간부들이다. 그리고 조직지도부와 선전선동부 인사들도 포함되고 있다. 특히, 조직지도부와 선전선동부는 당권 장악과 간부, 조직들에 대한 생활지도의 핵심인 조직과 사상생활을 통제하는 노동당의 기본부서이다.[397] 그러므로 이 기관 인사들의 소속은 국가 운영에 대한 당적 지도를 강화하고 김정은의 유일적 영도를 실현하는 중추적 기관으로서의 국무위원회 위상을 강화시켜주고 있는 것이다.

한편 국무위원회는 신설된 후 인원들이 교체되더라도 항상 이전

---

396) 군을 실제로 움직이는 장성급 지휘관들에 대한 인사는 당중앙군사위원장과 최고사령관 명의로 내려지고 있다. 이는 국무위원회에는 군 지휘권이 없음을 시사하는 것이다.

397) 김정일(2011), 『김정일 선집 증보판 (8)』, 평양: 조선로동당출판사, 39쪽; 현성일(2007), 118~125쪽.

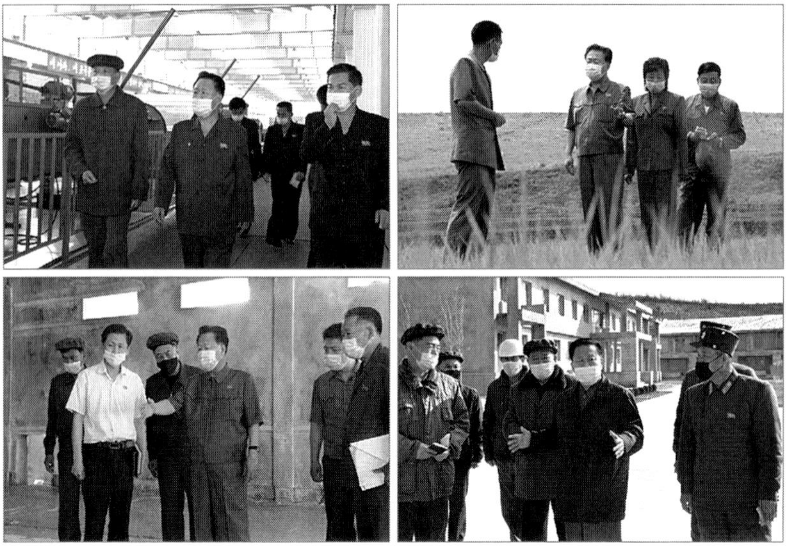

〈경제 현장들을 돌아보고 있는 최룡해〉

『로동신문』, 2021년 10월 16일; 2021년 6월 29일; 2021년 6월 25일; 2021년 3월 11일

인원이 담당하던 분야의 인사들로 교체가 이루어지고 인원수도 일정 수준이 유지되고 있다. 그리고 최고인민회의를 통해 즉, 정상적인 절차를 거쳐 인원 교체가 이루어지고 있다. 이는 국무위원회의 '국가주권의 최고정책적 지도기관'이라는 역할이 완전히 보장되고 있음을 보여주는 것이다.

제6장 북한 군사 지도기관 및 국가 주권 최고 지도기관의 관계와 변화 특징

1. 사회주의 체제의 군사 지도기관 및 최고 국가 권력기관 운용 특징

1) 소련의 군사 지도기관과 최고 국가 권력기관 운용 특징

이 글에서는 2장에서 소련 군사 지도기관과 최고 국가 권력기관들의 변화를 살펴보았다. 이를 바탕으로 소련의 군사 지도기관과 국가 권력기관 운용 특징을 정리하면 다음과 같다.

첫째, 소련의 군사지도는 군의 창군 때부터 당이 그 정점에 위치해 있었고 당의 지도를 받는 군과 군사 관련 기관들이 당의 지도를 집행하는 특징을 가지고 있었다. 그리고 소련은 전쟁, 냉전과 같은 상황들의 영향을 받아 군 지도체계를 변화시켰지만 당이 군사의 정점에

위치하여 군사 분야를 지도한 큰 틀은 변하지 않았다.[398)]

백군과의 내전과 1차 대전에 대응키 위해 모든 기관과 조직을 정치적·경제적·군사적(지휘권 제외)으로 통합하여 지휘하는 전시 최고 기관이었던 노동자·농민 국방위원회,[399)] 그리고 군을 통합적으로 지휘할 수 있는 '공화국 혁명군사위원회(Revvoyensoviet of the republic, RVSR)'는 당에 의해 만들어졌다. 또한 국가의 역량을 집중하고 이를 통일적으로 운영할 수 있었던 전시 최고 권력기관이었던 국가방위위원회(State defense committee)를 당이 통제했다. 국가방위위원회는 2차 대전 당시 정치, 외교, 경제 등 국가의 모든 기능을 주관하고 전 자원을 동원할 수 있는 권한 등 군사력을 건설하는 데 필요한 권한들이 주어졌으며 당, 군, 국가의 모든 기관들을 지도할 수 있었다.[400)] 또한 소련은 군을 통합적으로 지휘하는 최고총사령부를 설립하여 운용했는데 이 기관은 당정치국과 국가방위위원회의 지도와 동의 아래 군사적 결정을 내리고 군대를 지휘했다.

둘째, 위에서 보았다시피 전쟁 등이 발생했을 때 국가의 역량을 하나로 모아 군을 지원하고 전시체제로 전환된 국가의 모든 분야를 통제할 수 있는 기관과 군을 총지휘할 수 있는 사령부를 만들었다. 전시 비상 기관(당이 통제) → 군 최고사령부 → 야전부대로 이어지는 지휘체계를 만들어 전쟁을 수행한 것으로 단일 지휘체계를 만들어 전쟁 수행의 효율성을 기한 것이다.

---

398) 소련의 이러한 당-군 관계에 대해 군인들은 당의 우위에 대해 인정하고 따르면서 당이 군 문제에 대한 자신들의 전문성을 인정해 주기를 바랬다. 이 문제에 대해선 Condoleezza Rice(1987), "The party, the military, and decision authority in the soviet union", *World politics*, Volume XL, Number 1, Princeton University Press, pp. 55~81 참조.

399) Hariet Fast Scott & William F. Scott(1981), p. 98.

400) 이대근(2004), 151~152쪽.

셋째, 당의 통제 아래 군인들의 전문성을 활용할 수 있는 기관들을 군과 국가에 만들었다. 당이 군사정책의 방향성을 설정하고 결정을 내렸지만 당의 부족한 전문성을 보완하기 위해 당정치국 예하의 국방회의와 국가기관인 국방부, 군기관인 총참모부 등의 기관들을 활용하였다. 국방회의와 국방부에서 군사정책에 대한 계획을 수립하고 건의하면 정치국이 결정하고 총참모부에서 실행에 옮기는 구조였다. 당이 군사정책 계획과 결정의 중심에 위치하고 있었던 것이다. 〈표 25〉는 이러한 내용들을 정리한 것이다.

〈표 25〉 소련 군사지도·지휘기관의 변화와 특성

시기	변화 내용	특성
1917~1920 (내전, 1차대전)	• 전시비상기관: 노동자·농민국방위원회 • 군 지휘기관: 공화국 혁명군사위원회	• 당이 영도 • 전시 비상기관과 최고사령부 설립, 지휘체계 일원화 • 당의 통제 아래 군, 국가의 전문기관들이 역할 수행
1921~1938 (평화기)	• 군 지휘기관: 육·해군인민위원회 → 방위인민위원회 • 군 지원기관: 노동국방위원회 → 국방위원회	
1939~1945 (2차대전)	• 전시비상기관: 국가방위위원회 • 군 지휘기관: 최고총사령부	
냉전기	• 당정치국: 군사문제 최종 결정 • 국방회의: 당정치국 보좌 주요 국방현안 결정 • 총참모부: 당정치국, 국방회의의 집행기관 • 최고군사회의: 군의 전략방향 결정, 전시 총사령부 • 국방위원회: 당 정치국 지도 아래 군수지원, 전시동원 등 담당	

넷째, 소련의 최고 국가 권력기관의 실제 위상과 역할은 15년이 되지 않은 기간 동안 변화가 심했다. 1977년 개정 헌법상 최고 국가 권력기관은 소련 최고 소비에트였는데 이 기관은 1년에 2번만 소집되었으므로 실제 최고 국가 권력기관 역할을 수행한 것은 휴회 기간 소련 최고 소비에트 역할을 대신했던 소련 최고 소비에트 상임간부

회였다. 소련 최고 소비에트 상임간부회는 입법. 사법, 외교, 군사, 전쟁과 같은 비상사태 대응 등에서 최고 국가 권력기관으로서 역할을 수행할 수 있었고 상임간부회 의장은 사실상의 국가원수로서 인정받았다.

하지만 1988년의 헌법 개정을 통해 소련 최고 소비에트가 상설기관이 된다. 그리고 소련 최고 소비에트 의장이 법적으로 국가원수가 되어 상임간부회도 운영하게 되었고 상임간부회의 역할도 일부 흡수한다. 소련 최고 소비에트가 실제로도 최고 국가 권력기관의 역할을 수행하게 되었으나 상임간부회는 소련 최고 소비에트를 보좌하는 기관으로 역할이 축소된 것이다.

한편 소련 해체 직전 마지막 개정인 1990년 헌법에서 소련 최고 소비에트는 "국가권력을 가진 상설의 입법기관인 동시에 감독기관"으로 정의되었다. 그리고 국가 원수로는 대통령직이 신설되어 소련 최고 소비에트와 국가 원수가 분리되었으며 의장은 대통령을 보좌하는 역할을 부여받았다. 하지만 역할에는 큰 변화가 없었다. 오히려 상임간부회 역할을 대부분 흡수하였다.

그런데 이 당시 국가 최고 권력기관은 소련 인민 대의원 대회로 1년에 1회 이상 개최되는 비상설기관이었다. 이 기관은 헌법을 제정 및 개정할 수 있었고 국가정책의 기본방침을 결정할 수 있었으며 중요 국가기관들에 대한 인사권을 가지고 있었다. 소련 최고 소비에트 구성원은 소련 인민 대의원 중에서 선출되었고 소련 인민 대의원 대회에 보고 해야 할 의무를 가졌다. 소련 최고 소비에트는 소련 인민 대의원 대회의 실무기관이 된 것이다.

이러한 변화는 아무래도 냉전기와 냉전이 종료되어 가는 시점의 상황이 반영된 것으로 보인다. 1977년은 냉전이 한창 치열하던 시기로 간혹 개최되는 비상설기관보다는 항시 운용되는 상설기관이 국정 운영에 더 효율적이었을 것이므로 상임간부회에 힘을 실어주었을 것이다. 그리고 1988년과 1990년은 공산권 체제 위기가 가속화되던 시기로 이의 극복을 위한 새로운 동력을 찾기 위한 노력의 일환으로 국가 최고 권력기관에 변화를 준 것으로 판단된다.

2) 중국의 군사 지도기관과 최고 국가 권력기관 운용 특징

2장에서 살펴본 중국의 군사 지도기관과 최고 국가 권력기관들의 변화를 바탕으로 운용 특징을 정리하면 첫째, 소련과 마찬가지로 군은 당의 지도 아래 있다는 것이다. 그리고 이러한 당의 군 지도의 중심에는 당중앙군사위원회가 있다. 중국공산당은 공산혁명과 항일전쟁, 국공내전을 수행하기 위해 당에 '중앙군사위원회'를 설립해 운용하였다. 중화인민공화국 건국 후 잠시 군이 국가기관의 통솔하에 있기도 했으나 1954년부터 당의 군 영도가 강화되면서 중앙군사위원회가 설립되어 운용되고 있다. 그리고 중국은 국가의 군사 지도기관인 국가중앙군사위원회도 만들어 운용하고 있다. 법적으로 이 기관은 중국의 무장력들을 지도·지휘하게 되어 있다.

그러나 국가중앙군사위원회를 군대의 지도·지휘기관이라고 명확히 한 국방법에서도 19조에 중국의 무장병력은 공산당의 지도를 받는다고 하며 당에 의한 군대 영도를 명시하고 있다. 그리고 국방법의 상위법인 헌법도 그동안의 성과가 당의 영도 때문이고 앞으로도 당의 영도 아래 중국을 발전시켜 나가겠다고 이야기함으로써 군대가 당의 영도 아래 있음을 간접적으로 시사하고 있다.401) 당 규약에서도 당은 군대에 대한 영도와 국방과 국가 보위, 사회주의 현대화건설 등에서 군의 능력을 발휘시키는 역할을 수행한다고 명기하고 있다.[402] 이를 고려해 생각하면 당중앙군사위원회가 중국의 군대들을 지도하는 최고정점에 있는 기관임을 알 수 있다.[403] 즉, 국방법에 명시된 국가중앙군사위원회의 기능을 실질적으로는 당중앙군사위원회가 수행하고 있는 것이다.

그러면 실질적인 권한이 없는 기관을 왜 만들었을까?[404] 이는 중국이 당이 국가를 영도하는 국가이지만 형식적으로는 국가기관인 전국인민대표대회를 최고 권력기관으로 규정하고 있는 중국의 정치제도에서 나온 것으로[405] 중국의 군대는 당의 절대적 영도 아래 있는 국가의 무장력이라는 점을 나타내기 위한 것일 수 있다.[406]

둘째는 당중앙군사위원회가 시대의 환경에 영향을 받으며 변화되어 왔다는 것이다. 당과 국내의 정치 상황이 당중앙군사위원회의 위상이나 규모 등의 변화에 영향을 준 것이다.

중화인민공화국 건국 당시에는 공산당이 정부를 100% 장악할 수 없었다.[407] 그렇기에 통일전선의 일환으로 군 지휘권을 잠시 국가기관인 '중앙인민정부 인민혁명군사위원회'에 두게 하였다. 하지만 당이 정국을 완전히 장악하자 1954년 9월 당 정치국, 서기처 산하에

---

401) 국회도서관 법률자료과(2013), 429~430쪽.

402) 중국공산당 규약 전문은 인민넷 홈페이지 https://han.gl/NvzYT(검색일: 2015년 7월 24일) 참조.

403) 이건일(2005), 104쪽.

404) 그렇다고 국가중앙군사위원회가 아무런 역할이 없는 기관은 아니다. 이에 대해서는 강우철(2012), 77~82쪽, 166~171쪽 참조.

405) 오규열(2000), 『중국군사론』, 지영사, 164쪽.

406) 浦興祖(2005), 『中華人民共和國政治制度』, 上海: 上海人民出版社, 377쪽: 이도기(2008), 507쪽에서 재인용.

407) 중화인민공화국 건국 시 정부는 거의 공산당 50%, 다른 당파 50% 정도의 비율로 구성되었다. 중국공산당중앙당사연구실(2014ㄱ), 38쪽.

'중앙군사위원회'를 설치하고 군 지휘권을 당이 회수한다. 이렇게 형성된 당중앙군사위원회를 중심으로 하는 군 영도체제는 중국공산당이 군대에 대해 절대적인 영도력을 발휘하는 원칙을 구현한 것이었다.[408]

이후 중국의 당중앙군사위원회는 국내 정치 상황의 영향을 받게 된다. 기관 자체의 기능이나 명칭 등이 변화된 것은 아니지만 문화혁명 등을 거치면서 보수 강경파가 득세할 때는 그 규모가 늘어났으며 덩샤오핑이 정권을 잡고 정군운동을 할 때는 축소되었고 현재의 모습을 갖추게 되는 기반이 되었다.

셋째는 당중앙군사위원회가 최고 지도자들의 권력 유지와 승계에 중대한 역할을 수행했으며 최고 군사기관으로서 권위와 전문성을 갖추고 군과 국가 군사기관들을 지휘하고 있다는 것이다. 마오쩌둥은 사망할 때까지 당중앙군사위원회 주석직을 놓지 않았을 정도다. 그리고 덩샤오핑은 당중앙군사위원회 주석직을 자신의 모든 직책 중 가장 나중에 내려놓았으며 그의 후계자인 장쩌민은 군 경험이 없어 군의 지지기반이 부족한 것을 보완하기 위해 덩샤오핑의 지원을 빌어 당중앙군사위원회 관련 모임 등에 적극 참여하는 등 당중앙군사위원회를 적극 활용하였다.[409] 또한 장쩌민도 자신의 모든 직책 중 당중앙군사위원회 주석직에서 가장 나중에 물러났으며 현직에 있을 때는 후계자의 군내 지지기반 확대를 위해 당중앙군사위원회의 구성원을 개편해 주었다.[410] 후진타오는 사전에 시진핑이 당중앙

408) 중국공산당중앙당사연구실(2014ㄱ), 442~443쪽.

409) 장쩌민 이전의 지도자들은 항일 무장투쟁, 국공내전에 참여했던 인물들로 군의 원로로서 이는 군의 지지를 이끌어 내는 원동력이었다. 정성장(2011ㄱ), 14~15쪽; 나영주(2000), 178~198쪽.

군사위원회 부주석에 오를 수 있도록 배려하여 차기 지도자인 그의 군내 지지기반 확보를 도왔으며 시진핑은 이 자리에 오름으로 인해 차기 최고 지도자로서 그 입지를 명확히 할 수 있었다.411)

이처럼 중국의 최고 지도자들은 자신들의 권력 유지를 위해 당중앙군사위원회를 끝까지 붙잡았고 승계를 위해 이 기관을 적극활용하였다. 이는 중국의 최고 지도자들이 군의 지도기관인 당중앙군사위원회의 장악이 군을 확보하고 정권을 획득, 유지하는데 가장 중요한 부분이라고 인식하고 있음을 보여주는 것이다.

한편 당중앙군사위원회 구성원들은 주석과 부주석의 일부를 제외하면 중국군의 현역 장성들로서 군을 움직이는 기관들과 각 군의 책임자들로 구성되어 있다. 그리고 이들은 국가중앙군사위원회의 구성원들이다. 이는 앞서도 이야기했었지만 최고 군사기관으로서 최고의 권위와 전문성을 보장해 주어 군과 국가 군사기관들을 지휘할 수 있게 해준다. 위의 내용들을 정리하면 다음 쪽의 〈표 26〉과 같다.

넷째 중국의 최고 국가 권력기관의 운용은 소련의 그것과 비슷하나 변화는 상대적으로 적다. 1년에 제한된 횟수와 기간만 소집되는 비상설 기관(전국인민대표대회)이 최고 국가 권력기관으로 정의되고 위상을 가지고 있으나 이 기관의 상설기관으로 실무를 담당하는 기관이(전국인민대표대회 상무위원회)가 사실상의 최고 국가 권력기관으로서의 역할을 수행하고 있는 구조는 소련의 모습과 비슷하다.

그런데 중국의 이러한 구조는 오랜 기간 변화가 없다. 15년도 되지 않는 짧은 기간 동안 여러 차례 최고 국가 권력기관에 변화를 가져갔

---

410) 정성장(2011ㄱ), 위의 책, 15쪽.

411) 『경향신문』, 2010년 10월 18일; 『한국일보』, 2010년 10월 18일; 『국민일보』, 2010년 10월 18일 기사 참조.

〈표 26〉 중국 군사 지도·지휘기관의 변화와 특성

시기	변화 내용
1925~1949 (항일투쟁, 국공내전)	• 중국공산당 중앙군사운동위원회(1925) → 중앙군사부 → 중앙군사위원회(1930, 이후 중앙군사위원회가 지휘)
1949~1954 (국공내전, 한국전쟁)	• 중앙인민정부 인민혁명군사위원회(1949~1954 군 지휘, 통일전선기관)
1954~1982 (대약진운동, 문화대혁명, 군 정돈)	• 당중앙군사위원회 설립, 운영(1954~) • 국가기관: 국방위원회(1954~1975), 국방부(1954~) 설립, 운영
1982~ (천안문 사태, 혁명 후 세대 집권)	• 당중앙군사위원회 운영 • 국가중앙군사위원회 설립, 운영(1982~)
특성	• 당이 군을 지도·지휘 • 시대의 환경에 따른 당중앙군사위원회의 변화 • 당중앙군사위원회-권력유지·승계에 영향, 최고군사기관으로서 권위와 전문성 가지고 군, 국가 군사기관 지휘

던 소련과는 분명 다른 모습이다. 위기 극복을 위한 동력을 얻기 위해 변화가 필요했던 해체 직전의 소련과는 다르게 정치적 상황이 안정되어 있는 상태가 반영된 것으로 보인다.

2. 북한 군사 지도기관의 위상·역할 변화요인

1) 안보 위기 극복을 위한 변화

소련과 중국의 군사 지도기관들의 공통점 중 하나는 변화하는 정세에 따라 운용되었다는 것이다. 이는 북한도 마찬가지였다. 국가적인 위기나 권력승계 등의 문제가 발생했을 때 당중앙군사위원회와 국방위원회를 적극 활용하여 당면한 상황들을 풀어나간 것이다.

먼저 당중앙군사위원회가 처음 창설되었을 때를 살피면 대외 상황이 북한에 우호적인 것이 아니었다. 한국에서는 반공을 국시로 하는 군사정권이 등장한 후 미국의 지원을 얻어내는 데 성공했다. 그리고 당시 한국과 일본은 한일 수교를 추진하여 북·중·소에 맞설 수 있는 한·미·일 삼각동맹의 완성 직전의 상황이었다.[412]

그런데 공산 진영에서는 중국과 소련의 불화로 북한, 중국, 소련의 관계가 삐걱거리고 있었다.[413] 거기에 소련의 김일성 개인숭배 비판과 미국과의 대결을 회피하는 것처럼 보였던 평화공존론에 대한 북한의 불만으로 북한과 소련은 관계가 멀어지게 되었다.[414] 이는 소련의 대북원조 급감으로 이어지는데, 특히 소련의 군사원조 중단은 북한의 군사력 유지 및 발전에 커다란 걸림돌이었다.[415] 당시 북한군의 무기체계는 전적으로 소련의 원조에 의지하고 있었고 중국의 군사기술은 북한에 도움이 될 만한 수준이 아니었기 때문이다.[416]

---

412) 신종대(2010), 「5.16 쿠데타에 대한 북한의 인식과 대응: 남한의 정치변동과 북한의 국내정치」, 『정신문화연구』 33(1), 한국학중앙연구원, 96~97쪽.

413) 소련과 중국의 갈등 중심에는 소련공산당 제20차 당대회에서 제기된 '스탈린에 대한 비판 등'이 있었다. 이것에 대한 자세한 내용은 정진위(1985), 『북방삼각관계: 북한의 대중·소 관계를 중심으로』, 법문사, 31~33쪽과 이종석(2000ㄴ), 『북한-중국관계 1945~2000』, 중심, 215~218쪽 참조.

414) 평화공존론에 대해서는 도제인(2014), 「의도하지 않은 휴전: 중소분열에서의 미국요인과 부분적 핵실험금지조약(LTBT), 1962~1963」, 『중소연구』 37(4), 한양대학교 아태지역연구센터, 15~43쪽 참조.

415) 소련의 지원이 급감하기 전까지 북한은 최혜국 대우, 9억 루블의 차관, 각종 산업시설에 대한 기술 지원 및 물자 지원 등을 약속 받았다. 그러나 무엇보다 중요했던 것은 소련과 1961년 7월 6일에 '조소우호협조 및 호상 원조에 관한 조약'을 체결하여 소련으로부터 전시 군사 지원을 약속 받아 안보 불안을 해소했으며 꾸준한 경제적, 기술적 원조도 약속 받은 것이었다. 『로동신문』, 1960년 6월 24일; 1960년 12월 27일; 박태호(1985), 『조선민주주의 인민공화국 대외관계사 1』, 평양: 사회과학출판사, 221~222쪽; 김광수(2006), 130~131쪽; 이종석(2000ㄴ), 218~221쪽; 김연철(2001), 263쪽; 정진위(1985), 134쪽.

416) 북한은 중국으로부터도 상당한 지원을 받고 있었다. 1958년에 중국과 사실상의 원조협정인 장기무역협정을 체결했고 발전소건설과 기계설비 도입에 대한 차관제공도 약속받았다. 그리고 1960년에는 1964까지 4억 2천만 루블에 대한 차관제공, 각종 공장들에 대한 건설지원과 설비지원을 약속 받았다. 또한 1961년 7월에는 '조중 우호협조 및 호상 원조에 관한

또한 쿠바사태에서 소련이 중간에 물러나는 모습은 유사시 북한에 대한 지원약속의 신뢰성을 의심하게 하였고[417] 이것은 북한이 국방의 자주화를 결심하게 하는 계기가 되었다.

그런데 국내 상황은 달랐다. 8월 종파 사건 이후 김일성을 견제할 수 있는 세력이 사라지며 김일성 유일 지배가 확립되어 정치적인 안정이 확립된 상태였다.[418] 1956년 8월, 당에서 축출될 위기를 극복한 김일성은 자신을 몰아내려고 했던 세력들을 제거하기 위한 반종파 투쟁을 벌여나간다.[419] 이의 결과로 김일성의 반대 세력은 완전히 제거되었고 김일성 중심의 단일지도체제가 구축되어 정치적으로 안정된 상태를 가지게 된다.[420] 반종파 투쟁에 대해 북한은 공산주의운동 안의 적을 반대하는 가장 심각한 투쟁이었다고 하면서 당이 조직사상적으로 더욱 강화되고 당원들과 인민들이 김일성을 중심으로 굳건히 뭉치게 되었다고 평가하고 있다.[421]

이와 관련하여 김일성은 1961년 9월 11일부터 18일까지 진행된 제4차 당대회 첫날 사업총화 보고를 하면서 "우리 당은 반당 종파분자들과 그들의 사상적 여독을 반대하는 완강한 투쟁을 통하여 … 종파를 뿌리채 청산하고 당의 통일과 단결을 결정적으로 강화하였

조약'을 맺어 중국으로부터도 전시 군사지원과 꾸준한 경제원조 등을 약속 받았다. 그러나 중국은 군사적 능력이 소련에 미치지 못한데다 첫 핵실험을 1964년에 했고 1967년에 수소폭탄 실험을 했으므로 북한에 대한 군사적 지원은 한계가 있었다. 『로동신문』, 1958년 9월 28일; 1960년 10월 14일; 박태호(1985), 221~222쪽; 이종석(2000ㄴ), 220~221쪽.

417) 육군사관학교(2008), 219쪽; 김광수(2006), 131~132쪽; 정진위(1985), 87~89쪽.

418) 8월 종파사건에 대해서는 이종석(2003), 269~284쪽; 서동만(2005), 529~589쪽; 조선로동당출판사(1991), 346~352쪽 참조.

419) 반종파 투쟁의 구체적인 전개에 대해서는 백학순(2010), 507~561쪽 참조.

420) 이종석(2003), 284쪽.

421) 조선로동당출판사(1991), 349쪽.

으며 조선 공산주의 운동의 완전한 통일을 실현하는 력사적 위업을 달성하였습니다. 이것은 조선 공산주의자들이 장기간에 걸친 어려운 투쟁에서 달성한 가장 고귀한 전취물이며 우리 당 발전에서 력사적 의의를 가지는 위대한 승리입니다."[422]라고 말하였다. 이는 반종파 투쟁에 대한 승리 선언으로 북한의 국내 정세가 김일성을 중심으로 정리되어 안정화되었음을 의미하는 것이다.

한편 경제는 지속적으로 성장하고 있었다. 1957년부터 1960년까지 공업 총생산액은 3.5배 증가했고 공업 생산 속도의 평균 증가속도는 36.6%였으며 국가 건설을 위한 기본 투자는 1956년 이후가 그 이전보다 1.4배 증가하였다. 그리고 대외무역도 나날이 증가하고 있었다.[423] 또한 식량 생산은 1956년에 비해 1960년에는 32% 성장하였다.[424] 이러한 내부의 정치안정과 경제성장은 외부의 위기를 자주적으로 해결할 수 있다는 판단을 내리게 했을 것이다. 그리고 그 판단은 사실상의 국방강화책인 경제·국방 병진정책과 이의 관철 방안인 4대 군사노선, 이들의 추진을 위한 당중앙위원회 군사위원회 창설로 이어졌던 것이다.

또한 당중앙위원회 군사위원회 창설은 사회주의 국가에서 당이 군을 장악해 나가는 과정과 흐름을 같이한다. 사회주의 국가들의 공산당은 국가를 장악했다고 해서 바로 군을 직접 통제하지 않았다. 당은 사상교육과 감시, 통제, 숙청 등의 방법으로 군을 서서히 사회

422) 국토통일원 편(1980), 『조선로동당대회 자료집』 제2집, 국토통일원, 71쪽.

423) 박태호(1985), 218쪽; 과학·백과사전출판사(1985), 『경제사전2』, 평양: 과학·백과사전출판사, 679~680쪽, 633~634쪽; 국토통일원 편(1980), 21~27쪽.

424) 1960년 북한의 식량생산량은 3,803천 톤이었다. 1980년 북한의 식량작물 생산량은 3,713천 톤, 1990년 생산량은 4,020천 톤, 2000년 생산량은 3,590천 톤이었으므로 당시 북한 농업의 성과는 대단한 것이었다. 『로동신문』, 1961년 9월 12일; 세종연구소(2011), 112쪽.

주의 체제에 동화시킨 후 군을 직접 통제했다.[425] 소련공산당은 제정 러시아 군대의 장교들을 사회주의화하기 위해 군사위원제를 도입, 군인들을 통제한 것을 시작으로 군을 장악해 나갔다. 그리고 중국공산당은 건국 초기 비공산주의 세력들을 군 운용에 참여시켰으나 정국을 완전히 장악한 후에는 그들을 몰아내고 당중앙군사위원회를 설치하여 군을 통제한다.

북한은 반종파 투쟁의 과정속에서 군대 내의 소련파와 연안파들을 숙청하면서 1958년 3월 당중앙위원회 전원회의를 통해 군대 내에 당위원회를 설치하여 군에 대한 당의 지도를 강화하였다.[426] 그리고 1961년 9월 제4차 당대회를 통해 당 규약에 군내 당조직에 대해 규정하고 군을 당의 무장력이라고 정의하면서[427] 조선인민군을 완전한 당의 군대로 만들었다. 조선로동당은 군내부의 반대파들이 제거되어 단일지도체제가 자리 잡게 되자 조선인민군을 직접 지도·지휘하기 위해 당중앙위원회 군사위원회를 창설한 것이다.

물론, 북한과 중국 외의 사회주의 국가에서 당중앙군사위원회 같은 당의 군사 지도기관을 운용했던 사례는 없다. 그리고 당의 단일지도체제를 수립하는 과정에서 소련과 중국은 비공산주의자들을 공산주의화하였으나 북한은 이념과는 관계없이 정치적 반대 세력들을 제거했다는 차이가 있다. 그러나 정국을 장악한 세력이 다른 이념을 지닌 진영이나 정치적 반대 세력을 동화시키거나 제거한 후 군을 직접 통제하였다는 흐름이 북한에서도 이어졌다는 것은 분명해 보

---

425) Dale R. Herspring & Ivan Volgyes(1977), pp. 251~253; 김태구(2015), 58~60쪽; 이대근(2003), 32~33쪽.

426) 백학순(2011), 28쪽.

427) 백학순(2011), 37쪽.

인다.

한편 북한의 당중앙위원회 군사위원회의 창설과 운영은 중국의 당중앙군사위원회를 참고하였을 것이다. 중국의 당중앙군사위원회의 기원은 김일성이 중국에서 항일 무장투쟁을 펼쳤던 시기였으므로 중국의 제도가 북한에 더 익숙한 제도였을 것이다. 거기에 소련은 당에 군을 전문적으로 관리하는 기관이 없었고 당시 관계도 소원했으므로 중국의 당중앙군사위원회를 모델로 한 것이다.

그런데 국방위원회가 급부상했을 시기를 살펴보면 외부 상황은 물론 내부 상황도 상당히 어려운 상태였다. 국방위원회의 시초인 '공화국 군사위원회'의 등장은 국가의 명운을 건 전쟁 중에 이루어진 것이다. 그리고 국방위원회가 독립기관으로 나오기 직전 시기인 1980년대 말에서 1990년대 초에 이르는 대내외 상황도 북한에 불리하게 전개되고 있었다.

당시 소련을 포함한 동구권에서는 개혁·개방과 민주화 열풍으로 공산권 블록이 사라져가고 있었고 중국도 천안문 사건 등으로 혼란한 상태에서 민주화의 물결을 막아내는데 급급한 상황이었다. 또한 북한의 우방들은 한국과 수교를 연달아 체결하면서 북한의 고립은 더욱 심화되어 갔다.428) 그리고 89년 북한의 핵시설이 프랑스 상업 인공위성에 촬영되면서부터 시작되어 94년 전쟁의 일보 직전까지 갔던 제1차 북핵 위기 또한 북한을 불안에 떨게 하기에 충분한 사건이었다. 이러한 1980년대 말에서 1990년대 초반을 관통한 북한의 존립을 위태롭게 했던 문제들에 대해 김일성과 김정일은 군사를 강

428) 당시 한국은 1990년 10월에 소련과 수교를 맺었다. 그리고 중국과는 1992년 8월 수교를 맺게 된다. 또한 과거 공산권 국가로 북한의 우방들인 헝가리, 폴란드, 유고, 체코, 불가리아, 몽골, 루마니아 등과 한국의 수교도 이 시기에 집중적으로 이루어지게 된다.

화하는 방법으로 맞서게 된다.

당시 김일성은 사회주의 진영 붕괴의 원인으로 미국의 공세, 사대주의, 대국숭배주의, 자주성 부족 등을 들고 사회주의권 붕괴 후에도 서방의 공략은 계속되고 있지만 자신들은 외부에 의지하지 않고 자신들만의 길을 가겠다는 의지를 명확히 하였다.[429] 그리고 김일성은 당중앙위원회 제6기 제21차 전원회의에서 국방공업 대신 경공업에 집중하면 인민들이 잘살게 될지는 모르지만 제국주의자들에게 먹힐 수 있다며 국방력 강화를 강조하였다. 또한 북한은 국방사업을 강화하는 것은 '절박한 문제'로 국가의 군사사업과 국방사업을 유기적으로 영도하는 것은 '무엇보다 중대한 국사'라고 평가하였다. 이렇게 군을 중심으로 체제를 결속시키는 방법을 택한 것은 정권의 유지를 위해 개혁·개방은 상상도 할 수 없었던 당시 북한 지도부의 가장 중대한 선택지였다.[430]

그런데 최고 지도자 김일성의 사망은 북한에 더욱 큰 위기가 닥치게 한다. 김일성의 사망은 북한의 장래를 불안하게 하였다.[431] 그리고 고립으로 인해 후퇴만 하고 있던 경제는 계속된 자연재해로 치명타를 입었다.[432] 거기에 미국 중심으로 재편된 국제사회까지, 북한의 입장에서 1990년대는 언제 끝날지 모르는 괴로운 시기였을 것이다.

429) 김일성(1995), 「미국 사회로동당 대표단과 한 담화」, 『김일성 저작집 42』, 평양: 조선로동당출판사, 396~411쪽; 김일성(1996), 「캄보쟈 주석과 한 담화」, 『김일성 저작집 43』, 평양: 조선로동당출판사, 155~165쪽; 김일성(1996), 「스웨리예 공산주의자 로동자당 위원장과 한 담화」, 『김일성 저작집 43』, 평양: 조선로동당출판사, 376~393쪽.

430) 조선로동당출판사(2000), 235쪽.

431) 강희봉(2008), 39~40쪽.

432) 북한은 1990년부터 1998년까지 매해 마이너스 성장만을 지속했다. 이수원(2011ㄴ), 185쪽; 리정화(2014), 『사회주의강성국가 건설』, 평양: 외국문출판사, 16~17쪽; 북한정보포털: http://nkinfo.unikorea.go.kr(검색일: 2016년 3월 27일).

북한은 당시 위기의 제일 원인을 미국의 고립 압살 책동으로 꼽았다. 그리고 소련이 붕괴된 상황은 냉전 시기의 미소 대결의 구조가 미국과 북한의 대결구조로 바뀐 것이라고 주장하며 자신들이 세계 사회주의의 보루, 사회주의 재건 운동의 중심이 되었다고 주장하였다.[433] 그러면서 이러한 위기를 김정일은 선군정치로 극복하려 하였다. 그리고 이 선군정치를 실현하기 위해 국방위원회를 중심으로 하는 국가기관체계를 만들게 된다. 결국, 김정일 시대에 국방위원회가 국정 운영의 중심이 된 것도 김일성 시대 당중앙위원회 군사위원회가 등장한 것과 마찬가지로 당시 직면했던 위기를 극복하기 위한 것이었다.

그런데 왜 김정일은 당중앙군사위원회가 아니고 국방위원회를 위기 극복의 중심 기관으로 내세웠는가 하는 의문이 남는다. 사회주의 국가에서 당 기관이 아닌 국가기관을 위기 극복을 위해 강화했다는 것은 예외적으로 보이는 것이 사실이기 때문이다. 하지만 이는 예외적인 것이 아니다. 소련공산당은 전쟁 시 국가방위위원회 같은 국가비상기관을 창설하여 운영하였고 조선로동당도 한국전쟁 당시 공화국 군사위원회를 창설하여 운영하였음을 이미 확인하였다. 북한이 위기 시 국가기관을 활용한 것이 특별한 사항이 아니었던 것이다.

거기에 당 기관들은 집체적으로 운영되는 특징을 가지고 있다. 하나의 노선과 정책을 계획하고 결정하기까지 여러 인사들이 여러 차례 논의해야 한다. 그리고 이렇게 결정된 사항들은 국가기관들을 거쳐 집행된다. 정책의 수립과 집행에 긴 시간이 소요될 수밖에 없는 구조이고 이는 위기 상황에 필요한 신속한 의사결정과 집행에 어울

433) 강희봉(2008), 36~37쪽; 조선로동당 중앙위원회 당력사연구소(2006), 10~11쪽.

리지 않는다.

그러나 김정일은 당정책을 집행하는 국가기관을 강화하고 당의 집체적 의사결정과정을 생략하며 자신이 직접 정책 결정과 집행과정에 관여하였다. 김정일은 국방위원회 강화를 통해 의사결정과 집행과정을 단축하여 위기 상황을 효율적으로 관리하려 했던 것이다.

한편 당중앙군사위원회와 국방위원회의 본격적인 등장에는 커다란 차이가 있다. 당시 대외 상황이 북한에 불리하게 전개되었다는 것은 비슷하다. 하지만 당중앙위원회 군사위원회의 등장에는 안정된 국내 정치, 경제 상황이 뒷받침되었으나 국방위원회의 급부상은 김일성의 사망과 후퇴만 하는 경제 상황 등 불리한 내부 상황도 같이 극복해야 했었다는 차이가 있다.

물론 1990년대에만 내부 위기가 있었던 것은 아니다. 8월 종파 사건과 갑산파 사건도 북한의 대표적인 내부 위기 상황이었다.[434] 하지만 두 사건은 최고 지도자의 정치적 위기였지 국가의 경제, 사회, 외교, 체제, 안보 등이 모두 위협받았던 총체적 위기는 아니었다. 이는 선군시대와 같이 국가 시스템 전체를 당시 위기를 극복하기 위해 변경할 필요 없이 자신의 세력을 규합하여 반대파를 척결해 내기만 하면 되는 것이었다. 그리고 8월 종파 사건과 갑산파 사건 당시의 외부 상황도 1990년대의 위기 상황보다 안정적이었다. 물론

434) 8월 종파사건의 발단에 1956년 2월 소련 제20차 당대회에서의 스탈린에 대한 개인숭배 비판이 중대한 영향을 미쳤듯이 갑산파 사건도 문화혁명중인 중국과의 대립, 베트남전 등의 대외 상황의 영향을 받았다. 한편 갑산파 사건은 8월 종파 사건과 그 성격이 다르다. 8월 종파사건은 처음부터 정치적으로 경쟁관계에 있었던 반대파의 공격에 대한 김일성의 반격이었다. 하지만 갑산파 사건은 같은 진영에 있던 세력을 김일성의 유일지도체계 확립을 위해 선제적으로 공격하여 제거한 사건이었다. 그러므로 김일성의 위기감은 8월 종파사건 때와는 달랐을 것이다. 갑산파 사건에 대해서는 이종석(2003), 296~318쪽; 백학순(2010), 595~608쪽 등을 참조.

당시 소련과 중국의 관계, 북한과 이 국가들과의 관계가 이전만큼 원만하지 못했던 것은 사실이다. 하지만 소련이 해체되고 중국이 민주화 운동을 겪고 있었으며 한국과 수교를 맺으면서 북한을 지원하기 어려웠던 1990년대의 상황과 비교할 수 있을 만큼의 상황은 분명히 아니었다.

그런데 북한의 생존이 급박했던 시기에 급부상했던 국방위원회의 모습은 2차 대전 당시 소련에서 등장했던 국가방위위원회의 모습을 생각하게 한다. 소련공산당은 전쟁이라는 비상 상황을 극복하기 위해 국가방위위원회를 만든 후 전시의 정치, 군사, 외교, 경제, 자원 동원 등 거의 모든 권한을 집중시켰다. 이는 김정일 시기 국방위원회의 그것과 비슷하다. 국방위원회는 비상시 위기 극복을 위해 확대, 강화된 기관이었던 것이다.

한편 김정은 시대에 들어서 외부에서 가해지는 압력은 김일성, 김정일 시대에 비해 결코 적은 것이 아니다. 북한의 자주권과 생존권 수호라는 명분하에 지속되고 있는 핵과 미사일 개발로[435] 인해 촉발된 미국을 비롯한 국제사회의 제재는 그들의 핵과 미사일 개발 동기로 작용하고 있으며 이를 위한 지속적인 실험은 다시 국제사회의 제재로 돌아오는 악순환이 계속되고 있다.[436] 북한 스스로가 핵과

435) 『로동신문』, 2016년 1월 7일; 2016년 3월 11일.

436) 북한은 현재 핵과 미사일 개발과 관련된 인물, 단체의 자산 동결 및 이전 금지, 제재 대상인 북한 인물들의 활동 및 이들과의 접촉 금지, 무기와 관련된 모든 형태의 거래 금지, 북한 대상으로 하는 핵무기 개발 관련 모든 교류 금지, 유엔 회원국은 북한에서 나오거나 들어가는 모든 화물 전수조사, 금지품목 선적 선박의 유엔 회원국 모든 항구 입항 금지, 북한 선박 대상으로 하는 모든 지원활동 금지, 의심되는 북한 항공기 운항금지, 북한 지하자원의 민생 목적 외 거래 금지, 로켓 및 항공유 거래 금지, 유엔 회원국은 북한과의 모든 금융거래 금지 등의 제재를 받고 있다. 통일연구원 현안대책팀(2016), 『4차 북핵실험 이후 정세전개와 향후 전망』, 통일연구원, 52~55쪽; 박효민(2019), 「유엔 안보리의 대(對)북한 제재 연구: 분야별 주요 내용 및 주요국의 이행을 중심으로」, 『법제연구』 통권 제57호,

미사일을 포기하지 않는 이상 사실상 중국과 같이 북한과 특수한 관계에 있는 일부 국가들과의 제한된 교류를 제외하고는 국제사회와의 일반적인 교류가 불가능한 것이다.

하지만 내부 상황은 김정일 시대에 비해 상대적으로 안정되어 있는 것으로 판단된다. 우선 경제가 2017년 핵 무력 완성 선언 전까지는 성장하고 있었다. 김정일 시대는 거의 모든 기간 마이너스 성장을 기록하며 붕괴되었으나 김정은이 집권한 2012년부터 2016년까지 평균 3% 수준의 꾸준한 경제성장을 기록했고 1인당 GNI, 무역총액, 수산물 생산량도 꾸준히 증가하고 있었다.[437] 느린 속도이긴 하지만 확실히 경제가 안정적으로 성장했던 것이다.

한편 김정은은 후계승계 기간이 짧아 그의 정권에 대한 미래는 예측불허라는 평가도 많았고 급변사태까지 우려되었었지만[438] 현재 김정은 정권은 정치적으로도 매우 안정적으로 운영되고 있다. 김정은 정권의 안정은 정상화된 당 운영과 김정일 시대의 상징이었던 국방위원회를 국무위원회로 개편한 것으로 증명된다.

사실, 사회주의 국가에서 당 기관이 아닌 국가기관의 위상과 역할이 확대되는 것은 비정상적인 상황이다. 즉, 당보다 국가기관인 국방위원회가 적극적으로 활용된 김정일 시기는 위기 극복을 위한 비상

한국법제연구원, 183~212쪽 참조.

437) 김정은 시대 북한경제는 핵무력 완성 선언을 한 2017년부터 경제성장률이 급속히 악화된다. 한국은행 홈페이지, 남북한의 주요경제지표 비교(https://han.gl/aIhOd, 검색일: 2022년 10월 5일).

438) 『연합뉴스』, 2011년 12월 20일, 2011년 12월 23일, 2011년 12월 24일, 2011년 12월 25일; 조민·한기범·김형배·장형수(2011), 『남북친화력 확대방안: 포스트 김정일 체제 전망과 통일정책 방향』, 통일연구원, 11~25쪽; 한국경찰연구학회(2012), 『김정은 체제의 등장과 북정세분석 및 급변사태 가능성, 그리고 대량 탈북자 발생에 따른 경찰대응방안 연구』, 한국경찰연구학회.

운영으로 평가할 수 있다. 이는 김정일도 인지하고 있었을 것이다. 그래서 김정일은 제3차 당대표자회를 통해 김정은을 등장시키면서 당의 외형을 정상화시킨 것이다.[439] 당의 협의에 의한 결정 과정을 회피해 왔던 김정일은 자신의 시대 통치 방식이 정상적인 것이 아님을 인정하고 자신의 후계자는 정상적인 과정을 통해 출발하기를 바란 것으로 볼 수 있다.

이후 김정은은 김정일과는 다르게 당을 중심으로 국정을 운영하고 있고 결국에는 조선로동당 위원장(현 총비서)과 국무위원회 위원장이 되어 김정일의 그늘에서 완전히 벗어나 완전한 김정은 시대를 열었다. 김정일 사망 직후의 일부 예측과 같이 김정은 정권이 불안정한 것이었다면 그는 김정일의 방식을 벗어나지 못했을 것이다.

이렇게 김정은이 김정일과는 다르게 국정 운영을 비상시에서 탈피시킬 수 있었던 원동력은 무엇일까? 우선, 핵과 미사일 개발로 인한 자신감을 들 수 있다. 김정일 시대는 핵과 미사일 개발이 지속되고는 있었으나 완성된 시기는 아니었다. 그래서 외부의 위협으로부터 완전한 억제력을 가질 수 없었다. 이는 경제나 인민 생활 안정보다는 국방력 강화에 우선순위를 둘 수밖에 없던 이유 중 하나였다.[440]

하지만 2006년부터 진행된 핵실험들과 그 이전부터 진행된 미사일 개발로 인해 북한의 핵 능력은 이제 완숙한 단계에 이르러 2012년

439) 고유환은 김정일의 선군체제가 한국의 비상계엄 같은 군 중심의 위기관리체제로 과도적 위기관리수단으로서는 유효하지만 장기적으로는 군의 과대 성장을 초래하여 정권의 안정성을 위협할 수 있다고 보았다. 그리고 이것을 아는 북한 지도부가 김정은의 후계구축을 본격화하면서 당의 위상과 역할을 정상화시키기 시작했다고 설명하였다. 고유환(2011), 「김정은 후계구축과 북한 리더십 변화: 군에서 당으로 권력이동」, 『한국정치학회보』 45(5), 한국정치학회, 184~190쪽.

440) 강희봉(2008), 40~41쪽.

헌법부터는 '핵보유국'을 명시했고 2017년 11월에는 핵 무력 완성을 선언했으며 2013년 3월과 2022년 9월에 핵무기 운영 원칙을 제시한 법을 제정하였다.[441] 또한 2016년 당 규약 개정에서는 경제건설과 핵무력을 동시에 발전시키겠다고 당 규약에 명시하고 당대회를 통해 당정치국 상무위원회, 당중앙군사위원회와 국무위원회에 경제를 담당하는 내각총리가 진입한 것은 이전보다 경제를 더욱 중요시하겠다는 의도이다.

거기에 2021년 당 규약 개정에서는 기본 정치방식을 이전의 선군정치에서 '인민대중제일주의정치'로 교체하였고 '경제건설과 핵무력 건설의 병진로선' 대신 '자력갱생의 기치 밑에 경제건설…'을 이라는 문구를 명시한다.[442] 이는 핵과 미사일을 바탕으로 국가의 안전을 확보하였으므로 이제는 경제발전에 더욱 힘을 쏟겠다는 의미이다.[443] 북한의 입장에서는 핵과 미사일이 국가 방위에 집중시킬 수밖에 없던 국가역량을 경제와 인민생활안정 등에도 돌릴 수 있게 해준 것이다.[444]

다음으로 2017년 이전까지는 안정적으로 성장 중이었던 경제도 국정 운영의 정상화를 시도할 수 있었던 원인이었을 것이다. 김정일 시대가 비상 시기였던 이유는 국가가 먹는 문제를 해결해 줄 수 없었

---

441) 2012년 4월 13일 개정 『조선민주주의인민공화국 사회주의 헌법』 서문; 『로동신문』, 2017년 11월 29일; 2022년 9월 9일.

442) 북한은 2018년 4월 20일 국가핵무력건설을 완성하였다며 병진노선의 승리를 선언한다. 그래서 '경제건설과 핵무력 건설의 병진로선'을 삭제한 것이다. 『로동신문』, 2018년 4월 21일; 2021년 1월 개정 『조선로동당 규약』 서문.

443) 『조선중앙통신』, 2014년 3월 31일; 『로동신문』, 2014년 3월 31일.

444) 김연철은 연평도 포격도발 사건 같은 국지적 분쟁이 지속되면 재래식 군비경쟁이 가속화되어 군비가 경제 분야로 돌려지는데 제한 될 수 있다고 보았다. 김연철(2013), 「북한의 선군체제와 경제개혁의 관계」, 『북한연구학회보』 17(1), 북한연구학회, 31~55쪽.

〈전술핵 운용부대들의 훈련을 지도하고 있는 김정은〉

『로동신문』, 2022년 10월 10일

기 때문이다. 그래서 비상수단으로 사회주의권 국가에서는 금기시 되는 시장까지 용인했다.[445]

김정일 시대 때 어쩔 수 없이 용인했던 장마당이 점차 영향력이 확대되어 현재는 북한 주민들의 정상적인 경제 활동 수단으로 완전히 자리 잡았다고 볼 수 있다. 북한의 장마당은 북한 주민들의 생활 안정에 상당한 영향을 미치고 있다.[446] 그리고 선군정치와 '경제건설과 핵무력건설의 병진로선'을 넘어 인민대중제일주의정치를 펼치고 경제 담당 관료의 중용 등 김정일 시대에 비해 더욱 경제를 신경 쓰고 있는 것은 북한경제 유지에 도움을 주고 있다.[447]

이렇게 북한 입장에서 내외부의 위협요인을 성공적으로 제어하고 있다는 것은 비상시기를 벗어날 수 있게 해주었고 그것은 곧 국방위원회가 전면에 등장했던 비상시 국정 운영에서 벗어나 당을 중심으로 하는 정상적인 국정 운영이 가동된다는 것을 의미한다. 그리고 김정은이 당을 중심으로 국정 운영을 할 수 있다는 것은 당연히 당중앙군사위원회가 군사 운영의 중심이 된다는 것을 뜻하는 것이다.

어쨌든 외부의 상황은 북한이 군사기관을 창설하고 강화시키는 중요한 계기로 작용했다. 그리고 북한 내부의 상황은 어느 기관이 더 많이 활용되어 그에 따라 위상과 역할이 상대적으로 상승하는가 하는 원인으로 작용하였다. 외부 상황과 상관없이 내부가 정치적, 경제적으로 안정되어 있다면 당 중심의 국정 운영으로 인해 당중앙군사위원회의 역할과 위상이 정상적으로 작동하였고 그렇지 못했다

445) 한반도개발협력연구소(2015), 『북한 시장화 지원방안: 내수 자영업 육성을 중심으로』, 통일준비위원회 정책연구용역 결과보고서(2015.08), 21쪽.

446) 박인호(2015), 「북한 시장의 변화와 현황」, 『북한의 시장 변화와 전망』, 제2회 국민통일방송 컨퍼런스 발표문(2015.9.14), 10~13쪽; 한반도개발협력연구소(2015), 114~116쪽.

447) 사실, 핵 무력 완성 선언 후 진행한 한국, 미국과의 비핵화 대화 실패와 코로나-19로 인해 북한경제는 더욱 악화되고 있어 '유지'라는 단어도 사용하기 어렵다. 하지만 그나마 경제를 이전보다 중시하는 정책으로 현재의 모습이나마 보이고 있다고 판단하여 이 단어를 사용하였다.

면 국방위원회가 상대적으로 높아진 위상을 가지고 많은 역할을 수행한 것이다.

2) 군권 이양과 연계된 변화

김정일로의 군권 이양의 공식적인 시작은 김정일이 당중앙위원회 군사위원회에 처음 진출한 1980년 10월 제6차 당대회이다. 그러나 이미 그는 1972년 김일성에게 후계자로 선택되어[448] 1973년 9월 4일부터 17일까지 열린 당중앙위원회 제5기 제7차 회의에서 군부 인사와 군내의 당 생활을 지도하는 조직지도부장을 맡게 된다. 그리고 1974년 2월 11일부터 13일까지 열린 당중앙위원회 제5기 제8차 전원회의에서 당정치국 위원이 되면서 '당중앙'으로 불리는 후계자로 결정된다.[449] 이후 김정일은 군을 장악하기 위한 행보를 본격화하게 된다.[450]

한편 김일성은 이를 적극 지원한다. 1979년 2월 당중앙위원회 군사위원회를 소집하여 김정일 중심으로 군이 뭉쳐야 한다고 강조한 것은 김일성의 김정일의 군권 장악을 지원을 보여주는 좋은 사례이다. 그러므로 김정일로의 군권 이양은 제6차 당대회 이전부터 상당 부분 진행되었다고 보는 것이 타당하다.[451] 그렇지만 김정일이 공식

448) 오경섭(2012), 17쪽; 황장엽(1999), 『나는 역사의 진리를 보았다』, 한울, 169쪽.

449) 황장엽은 "74년부터는 김정일이 정권을 잡았기 때문에 김정일을 통하지 않고서는 김일성에게 한건의 보고도 못 올라갔고, 한건의 지시도 내려오지 못했다."며 "74~85년은 '김일성, 김정일 공동정권'이었고, 이후 94년까지는 김정일의 권한이 한층 강화된 '김정일, 김일성 공동정권'이었다고 할 수 있다."고 주장하였다. 북한의 평가와 같은 주장이라고 볼 수 있다. 『로동신문』, 1973년 9월 18일; 1974년 2월 14일; 『중앙일보』, 1999년 9월 14일; 오경섭(2012), 17~24쪽; 통일부 정세분석국 정치군사분석과(2015), 676~678쪽.

450) 오경섭(2012), 24~25쪽; 백학순(2010), 660~661쪽; 조선로동당출판사(1998), 427쪽.

적으로 군사기관에 직책을 가지게 된 것은 당중앙위원회 군사위원회 위원이 처음이므로 이 기관이 공식적인 군권 이양의 발판이었던 셈이다.

거기에 김일성은 김정일로의 군권 승계를 위해 당중앙위원회 군사위원회에 당 규약 개정을 통해 군 지휘권을 부여함으로써 그 위상과 역할을 확대시켜 준다. 그리고 1982년 6월 12일에 김일성은 당중앙위원회 군사위원회를 소집하여 김정일이 군대의 전반 사업을 지도할 수 있게 해준다.[452] 당중앙위원회 군사위원회를 통해 군대에 대한 지도권 승계에 속도를 내게 된 것이다.[453] 또한 당중앙군사위원회는 1982년 8월에 독립되며 위상이 상승한다. 그리고 김일성은 북한 군부의 핵심 인사들로 당중앙위원회 군사위원회를 이미 구성해주었다. 1980년 10월 당대회에서 당중앙위원회 군사위원회에 선출된 구성원들은 국방위 부위원장이나 당정치국 상무위원회와 당정치국 위원, 정치국 후보위원도 겸직하고 있었다. 당과 군을 움직이는 최고위층으로 군은 물론이고 당에서도 김정일의 후계를 충분히 지원해 줄 수 있는 인물들이었다.

이렇게 김정일의 진출 후 위상을 높이고 군과 당의 최고위층 인물들로 구성한 것과 관련 회의를 통해 그의 권한을 높여주었다는 것은 이 기관을 통해 군에 대한 권력을 승계하겠다는 의지와 행동을 보인

451) 북한은 1970년대 말 이미 김정일의 지위와 역할을 확고부동한 것이었으며 후계자 추대 사업을 넘어 후계자의 정치적 수령의 지위와 역할의 승계 문제도 전면적으로 해결되었다고 평가하였다. 후계사업은 1970년대 말에 완전히 성공적으로 종료되었고 그에 따라 김정일은 또 다른 수령으로서 역할과 위상을 가졌다고 볼 수 있다. 조선로동당출판사(2000), 224쪽.

452) 김정일(2011ㄴ), 9쪽.

453) 김정일은 이 회의에서 군 지휘관들과 담화를 나누며 '지휘'가 아닌 '지도'라는 단어를 쓴다. 이는 김일성이 군 최고사령관으로서 군을 지휘하고 있었던 상황을 반영한 것으로 생각된다. 그래서 '지도권'이라는 표현을 사용하였다.

것이다. 그리고 김정일이 처음 공개적으로 진출한 군사 지도기관이라는 것은 이 기관이 공개적 군권 승계 작업의 기반이었음을 보여주는 것이다.

그런데 위와 같은 방식의 군권 승계는 김정은의 등장에서도 나타난다. 김정일은 김정은을 처음으로 후계자로 공개하면서 당중앙군사위원회 부위원장으로 임명한다. 이것은 김정은이 당시 공식적으로 처음으로 가졌고 유일하게 가졌던 직책이었다.454) 그리고 동시에 당 규약을 개정하여 당대회들 사이의 모든 군사 사업을 담당하게 하면서 군사 분야에서 만큼은 당중앙위원회와 동일선상에 놓이게 하였다. 이는 비상설기관이었던 것을 상설기관으로 전환시켜 그 위상을 높여주는 것이기도 하다.

2010년 9월의 제3차 당대표자회를 통해 정상화된 당중앙군사위원회의 인원 구성은 앞서 설명했듯 제6차 당대회의 그것과 매우 닮아 있다. 북한군의 최고 지휘부와 공안기관 수장들, 국방위원회 위원들과 군수공업 관련자, 그리고 당시 최고 권력을 가진 당의 핵심 인사들이 포함되었다. 이제 처음으로 당의 지도기관에 공식적으로 발을 들여놓는 김정은을 충분히 배려한 것이다. 경험이 일천 하고 후계 수업 기간도 짧았던 김정은을 군사적으로 정치적으로 보호하고 보좌할 수 있는 인물들도 구성된 것이다. 이들의 면면은 1980년 당시와 동급으로 볼 수 있다. 김일성이 김정일을 위해 당시 당과 군에서 최고의 위상을 가지고 있던 인물들로 당중앙위원회 중앙위원회를 구성한 것처럼 김정일도 김정은을 위해 그렇게 한 것이다. 이렇게

454) 김정은은 비공식적으로는 총정치국과 국가안전보위부에서 이미 군을 장악하기 위한 사업을 하고 있었던 것으로 알려져 있다. 『데일리NK』, 2009년 6월 8일; 정성장(2013), 37~40쪽.

당중앙군사위원회는 김정일과 김정은이 당을 통해 군을 장악하는 교두보 역할을 수행한 것이다.

한편 김정일과 김정은은 군권 승계의 마무리를 국방위원회의 수장에 취임하는 것으로 했다.[455] 김정일은 당중앙위원회 군사위원회에 진출한 후 1990년 5월에 제1위원장으로 국방위원회에 진출하게 되었고 1991년 12월에 당중앙위원회 전원회의에서 최고사령관에 추대되었으며 1993년 4월에 국방위원회 위원장이 된다. 당-군-정 순으로 군에 대한 영도권을 승계받은 것이다. 김정일로의 군권 이양은 기본적으로 후계를 위한 작업이었지만 위기에 대응하기 위한 방안도 되었다.[456]

이러한 군 영도권 승계 순서와 방식은 김정은에게도 적용된다. 2010년 9월 당대표자회를 통해 당중앙군사위원회 부위원장으로 처음 당직에 들어선 김정은은 김정일 사망 직후인 2011년 12월에 최고사령관으로 추대되었고 2012년 4월에는 김정일을 영원한 국방위원장으로 만들고 국방위원회 수장인 제1위원장직에 취임한다. 김정일은 김일성이 살아있을 때 군 영도권 승계를 완료했고 김정은은 김정일 사후에 최고사령관과 국방위원회 제1위원장이 되었다는 차이가 있지만 당-군-정 순으로 군권을 장악했던 순서와 방식은 그대로이다. 이는 김정일의 승계를 참고하여 반영한 것으로 보인다.

---

455) 김일성은 1993년에 국방위원회 위원장 같은 중책을 맡아 이에 따르는 많은 업무를 감당하기에는 나이가 많아 김정일에게 이 자리를 넘겨주었는데 김정일은 이를 잘 감당하고 있다고 이야기 하였다. 그리고 북한은 김정일의 국방위원장 취임을 건군위업계승문제의 해결로 평가하였다. 김일성(1996), 「조국통일의 유일한 출로는 전민족의 대단결이다」, 『김일성 저작집 44』, 평양: 조선로동당출판사, 174쪽; 조선로동당출판사(1998), 429쪽.

456) 북한은 당시 상황을 당과 군대, 국가사업에 대한 김정일의 유일적령도를 철저히 실현해 나갈 때 해결될 수 있었다고 주장하였다. 조선로동당출판사(2000), 225쪽; 정성장(2010ㄱ), 234쪽.

이렇게 김정일과 김정은이 당의 군사기관에 먼저 진출한 이유는 당의 위치 때문이다. 김일성이 당중앙위원회 군사위원회에 등장할 당시 당은 '최고 형태의 혁명조직'이었고 김정은이 부위원장이 되었던 시기 당은 '가장 높은 형태의 정치조직'이었으며 이는 2012년, 2016년, 2021년 당 규약 개정에서도 변함이 없다.[457] 김일성 시대와 김정일 시대 이후의 당의 위치를 설명하는 문구의 단어는 달라졌지만 당이 북한의 정치조직 중 최고의 자리에 있다는 것에는 변함이 없다. 그래서 김정일이나 김정은이나 당 기관부터 진출하는 것은 당연한 것이었다. 최고수위의 기관인 당의 군사기관을 우선 장악한다면 당의 군대인 군과 당과 국민을 연결시키는 인전대이자 당의 노선과 정책의 집행자인 국가 정권을 동시에 장악하는 효과를 거두는 것이다. 어차피 군과 국가 모두 당의 지도 아래 있기 때문이다.

한편 김정일이나 김정은이나 국가기관보다는 군의 최고사령관에 먼저 취임하게 되는데 이는 보통의 국가들보다 군의 위상이 상대적으로 높은 것과 체제 유지에서 군의 비중이 반영된 것이다.[458] 북한의 당 규약에는 인민 정권에 대한 내용보다는 군에 대한 내용이 먼저 나온다. 또한 국가기관 중 국방지도기관인 국방위원회가 최고의 위상을 가지고 국가의 전반 사업을 지도하였다.[459] 국방기관을 국정의

---

457) 2012년 4월 개정, 2016년 5월 개정, 2021년 1월 개정 『조선로동당 규약』 서문.

458) 일례로 1980년대 말에서 1990년대 초반 소련에 유학생으로 다녀왔던 한 북한이탈주민은 유학 기간에 군사 유학생들과 일반유학생들은 지급되는 생활비부터 130루블과 85루블로 차별이 있었고 일상생활에서 제공되는 각종 복지에서도 군사 유학생들을 더 좋게 대우해 주었다고 한다. 그리고 소련이 붕괴되는 시기에도 가급적이면 군사유학 만은 그대로 유지하려고 했다고 한다. 그래서 일반 유학생들은 자신들을 '의붓자식', 군사 유학생들은 '본처자식'으로 비유하였다고 증언하였다. 그만큼 북한에서의 군의 위상과 그들을 향한 기대가 달랐음을 보여주는 사례일 것이다. 북한이탈주민 ○○○ 면담(2016.7.8).

459) '국가의 전반 사업지도'는 국방위원회를 직접 지도하는 국방위원장의 임무이다.

정점으로 삼았다는 것은 국정에서 군사가 차지하는 비중을 단적으로 보여주는 것이다. 거기에 군(軍)과 민(民)을 동시에 이야기할 때 한국과는 다르게 군을 항상 먼저 언급하고 있다.[460)]

또한 국가 위기 시에 그 대책으로 꺼내든 것이 '군사 우선의 정치'라는 것이 군이 체제 유지에서 차지하는 비중을 나타내 준다. 선군정치를 펼치면 군의 위상이 높아지는 것은 당연한 것이지만 선군정치를 실행하기 전에 군을 위기 극복의 수단으로 하였다는 것은 평소 최고 지도자들이 군에 대해 어떻게 생각하고 있었는지 잘 나타난 것이다.

이미 앞에서 한번 언급했었지만 김정일은 김일성이 살아있을 당시인 1991년에 이미 당이 군대를 장악하지 못하면 정권을 유지할 수 없으며 혁명을 영도해 나갈 수 없다면서 당과 군은 하나의 통일체를 이루어야 한다고 이야기하였다. 그리고 군대는 인민의 운명이며 생명이라고도 이야기하였다.[461)] 또한 군사 문제는 국가의 운명과 관련되는 중대한 문제이고 국사 중에 가장 큰 국사는 나라를 지키는 것이므로 군사를 더욱 중시하여야 한다고 이야기하였다.[462)]

거기에 군에 대해 "군대이자 곧 당이고 국가이며 인민이다."라고도 하였다.[463)] 선군정치를 시작하기 전부터 이미 군을 체제 유지의 중심으로 생각하고 있었던 것이다. 그리고 이러한 인식은 북한 지도

---

460) 『조선중앙통신』, 2016년 1월 1일; 『로동신문』, 2016년 1월 3일; 2016년 1월 4일; 2016년 1월 5일; 2016년 1월 6일; 2016년 1월 7일 등; 사회과학원 언어학연구소(1992ㄱ), 338쪽.

461) 김정일(2012), 237~239쪽.

462) 김정일(1998), 「당사업과 경제사업에 힘을 넣어 사회주의위력을 더욱 강화하자」, 『김정일 저작집 13』, 평양: 조선로동당출판사, 336쪽.

463) 북한은 이 말에 대해 "당과 국가 인민의 운명이 총대를 틀어쥔 혁명군대에 의해 결정된다."는 의미라고 설명하였다. 김창경(2014), 11쪽.

자들이 권력승계에서 군 장악을 얼마나 중요시 하였는지 보여주는 것이다. 또한 김정일과 김정은 모두 본격 등장하기 전 조직지도부와 총정치국 등을 통해 군부부터 장악하려 한 이유를 설명해 준다.

김정일과 김정은이 마지막으로 진출한 군 관련 기관은 국방위원회이다. 국방위원회 수장으로 취임한 것은 군권 이양의 완성을 뜻하는 것이었다. 김일성은 사망할 때까지 당총비서와 당중앙군사위원회 위원장직은 김정일에게 이양하지 않았으므로 국방위원회 위원장직은 김정일이 이양받은 마지막 직위였다.

김정은은 김정일이 가지고 있던 직위 중 그의 생전에 이양받은 것은 없다. 그러나 당중앙군사위원회 부위원장으로 있던 상태에서 김정일 사후 당중앙위원회 정치국 회의를 통해 최고사령관이 되었고 제4차 당대표자회를 통해 당제1비서와 당중앙군사위원회 위원장이 되었으며 마지막으로 최고인민회의 제12기 제5차 회의를 통해 국방위원회 제1위원장이 되어 제도상의 권력 이양 작업을 마무리하였다.[464]

이렇게 김정일과 김정은 모두 당과 군에 먼저 진출하고 국방위원회에는 마지막으로 진출하였다. 특히 김정일의 국방위원회 위원장 취임은 국정 운영에서 생존해 있는 김일성의 역할을 대체하는 작업의 연장선이었다.[465] 김정일은 모두 알다시피 김일성 사망 후 국방위원회를 국정 운영의 중심으로 삼았고 김정은도 국방위원회를 적극 활용하다 국무위원회로 개편하여 완전한 김정은의 시대가 열렸음을 선언한다.

---

464) 『조선중앙통신』, 2011년 12월31일; 2012년 4월 11일; 2012년 4월 13일.

465) 김일성(1996), 「조국통일의 유일한 출로는 전민족의 대단결이다」, 『김일성 저작집 44』, 평양: 조선로동당출판사, 174쪽.

그런데 김정은이 국방위원회 수장이 되면서 위원장이 아니라 제1위원장이 된 것은 김정일에 대한 존경의 표시임과 동시에 당시에 아직은 완전한 김정은 시대를 열기에는 준비가 부족하다는 것을 시인하는 것이기도 했다.

하지만 김정은이 김정일 시대의 상징이었던 국방위원회를 개편하고 이를 대체하여 그 역할을 더욱 확대한 새로운 기관을 창설하였다는 것은 이제는 김정은 시대를 위한 준비가 완료되어 김정일 시대를 완전히 벗어나 김정은 시대를 열었다는 것을 선언하는 것이다. 즉, 김정은에게 국방위원회는 권력승계의 공식적인 완료점이며 김정은 시대의 출발을 알리는 시발점인 것이다.

한편 군사 지도기관들이 군권 승계에 영향을 끼친 것은 앞에서 보았듯이 중국의 경우에서도 확인할 수 있다. 중국의 최고 지도자들은 군을 통제하는 당중앙군사위원회 주석직을 가장 나중에 내려놓으면서 레임덕을 예방하며 권력을 유지하려 한 것으로 보인다. 그리고 후계자들이 당중앙군사위원회를 통해 군에 대한 영향력을 키울 수 있도록 도왔다. 중국에서도 군을 장악하고 있는 것이 권력을 유지하는 가장 중요한 방법이었고 그것은 당중앙군사위원회를 통해 이루어진 것이다.

3) 수령의 국정 운영 노선과 연계된 변화

누구나 아는 사실이지만 북한에서 수령과 그 후계자는 절대적인 존재이다. 북한에서 수령은 "그 누구도 지닐 수 없는 비범한 예지와 고매한 공산주의적 덕성, 한없이 넓은 포옹력, 탁월한 령도력을 지니고 근로인민대중의 자주성을 위한 혁명투쟁전반을 통일적으로 지휘하는 최고령도자"이며 "절대적인 권위와 위신"을 지녀 "인민들의 다함없는 신뢰와 존경을 받는 참다운 인민의 령도자"이다. 그래서 북한에서는 "당이 수령의 영도를 받지 못하면 그 역할을 할 수 없고 인민대중도 수령의 영도가 없으면 갈 길을 찾을 수 없고 목적과 조직을 가지지 못해 제대로 된 투쟁을 펼칠 수가 없다."고 설명하고 있다.[466]

후계자에 대해서는 수령의 역할과 지위를 계승하여 수령의 그것을 그대로 가져서 "수령의 혁명위업을 계승하고 완성해 나가는 투쟁에서 유일지도자로서의 절대적인 지위를 차지하며 이 지위는 신성불가침한 것"이라고 설명하고 있다.[467] 또한 북한의 입장에서 수령과 그 후계자는 "천재적인 예지와 비범한 령도력, 불굴의 의지와 인민에 대한 열렬한 사랑을 지니시고 한평생을 오로지 당의 강화발전과 인민의 행복을 위하여 모든 것을 다 바치신" 사람들이다.[468] 절대적인 권위와 위신, 능력을 가진 수령과 그 후계자의 영도만이 북한을 올바른 혁명의 길로 인도한다는 것이다. 자신들을 올바른 혁명의 길로 인도할 수 있는 유일한 존재인 수령과 후계자의 노선을 정책에 반영하고 법령으로 뒷받침하여 실현해야 하는 것은 북한의 입장에서는 너무도 당연한 것이다.[469]

김일성은 쿠바사태와 점차 가열되고 있던 월남전, 남한에서의 미군 전력 강화 등을 이유로 들며 1962년 12월 당중앙위원회 제4기

466) 김민·한봉서(1985), 29쪽.

467) 김유민(1984), 61쪽.

468) 2016년 5월 개정 『조선로동당 규약』 서문.

469) 북한의 이러한 모습은 김정일의 '당의 유일사상체계 확립의 10대원칙'과 김정은의 '당의 유일적 령도체계확립의 10대 원칙'에 잘 나타나 있다.

제5차 전원회의에서 '경제건설과 국방건설을 병진시킬데 대한 노선'과 이의 관철 방안으로 4대 군사노선을 제기한다.[470] 그리고 "한손에는 총을, 다른 한손에는 낫과 망치를!"이라는 구호를 제시하기도 한다.[471] 또한 제2차 1966년 10월에 개최된 제2차 당대표자회에서 김일성은 "오늘 우리의 혁명투쟁과 건설사업에서 가장 중요한 것은 … 특히 원쑤들의 침략책동에 대비하여 국방력을 더욱 강화할 수 있도록 경제건설과 국방건설을 병진시키는 것입니다. 이것은 정세의 변화와 관련하여 벌써 몇해전부터 집행하여온 우리 당의 기본적인 전략적방침입니다. 우리는 앞으로도 당의 이 방침을 확고히 견지하여야 하며 그에 립각하여 모든 사업을 전개하여야 할 것입니다."라고 말하였다.[472] 국정 운영의 무게를 국방건설 쪽으로 옮기겠다는 기본 노선을 제시한 것이다.

이러한 김일성의 정책 노선은 당중앙위원회 군사위원회의 창설과 강화로 나타났다. 이는 같은 보고에서 김일성이 경제건설과 국방건설을 병진시킬 데 대한 정책노선과 4대 군사노선을 제기하고 당중앙위원회 군사위원회가 창설이 결정했던 1962년 제4기 제5차 전원회의 이후의 상황을 "우리는 당의 결정을 집행하기 위한 투쟁을 통하여 국방력을 훨씬 더 강화함으로서 제국주의자들이 미쳐날뛰는 조건에서도 우리 조국의 안전을 튼튼히 보위할 수 있게 되었습니다."라고 평가한 것으로 알 수 있다. 이러한 평가는 당중앙위원회 군사위원회가 처음으로 당 규약에 명시되었던 1970년 11월의 제5차 당대회

470) 김일성(1982), 「현정세와 우리 당의 과업」, 『김일성 저작집 20』, 평양: 조선로동당출판사, 417~418쪽.

471) 조선로동당출판사(1991), 406쪽.

472) 『로동신문』, 1966년 10월 6일.

에서도 이어진다.473)

그리고 제6차 당대회에서 김일성은 인민군대에 대한 당적지도를 강조하며 “우리는 인민군대안에 당의 유일사상체계를 철저히 세우고 그에 대한 당의 령도를 확고히 보장함으로서 인민군대가 당을 견결히 옹호보위하며 당의 혁명위업을 무력으로 튼튼히 담보하도록 하여야 합니다.”라고 하고 당대회는 결정서에서 다시 한번 군에 대한 당적 지도를 강조하였다.474) 이는 당의 군사기관인 당중앙위원회 군사위원회에 군 지휘권을 부여하며 이 기관의 권한을 강화에 대한 방향성을 제시한 것이다. 결국, 김일성 시대의 당중앙위원회 군사위원회는 수령 김일성의 국방력 강화 노선에 따라 창설되고 발전된 것으로 판단할 수 있다.

김정일 시대의 국방위원회 또한 국방력 강화를 통한 국가의 생존을 최우선 순위에 둔 김정일의 국정 운영 기본 노선에 의해 강화되었다. 김정일은 1995년 1월 1일에 당중앙위원회 책임 일군들에게 “사회주의를 고수하고 빛내여 나가기 위하여서는 무엇보다도 인민군대를 강화하여야 합니다”.475) 김일성 사후 처음 맞는 새해 첫 일성으로 군대를 체제 수호의 중심으로 하겠다는 의지를 분명히 한 것이다. 이러한 노선은 곧 선군정치로 나타나게 되는데 김정일은 선군정치에 대해 “군사를 제일국사로 내세우고 인민군대의 혁명적기질과 전투력에 의거하여 조국과 혁명, 사회주의를 보위하고 전반적사회주의건설을 힘있게 다그쳐나가는 혁명령도방식이며 사회주의정치방식입니

473) 『로동신문』, 1970년 11월 3일.

474) 『로동신문』, 1980년 10월 11일; 1980년 10월 14일.

475) 김정일(2000), 「당의 두리에 굳게 뭉쳐 새로운 승리를 위하여 힘차게 싸워 나가자」, 『김정일 저작집 14』, 평양: 조선로동당출판사, 2쪽.

다."라고 설명하면서 "모든 일군들과 당원들과 근로자들은 선군사상의 열렬한 신봉자, 선군정치의 견결한 옹호자, 관철자가 되여 우리 당의 선군혁명령도를 충성으로 높이 받들어나가야 합니다".[476] 군과 군의 시스템을 국정 운영에 적극적으로 적용하겠다는 것이다.

그런데 아무리 수령의 노선이 무조건 실현되어야 하는 북한이라도 법적인 뒷받침은 필요했을 것이므로 북한은 이미 1998년 헌법을 개정하여 국방위원회를 사실상의 국가 최고 기관으로 만들어 법적인 토대를 마련한다. 이에 대해 김정일은 "우리는 제국주의자들의 횡포한 책동에 주동적으로 맞서나가기 위하여 선군 정치방식을 선택하였으며 국가기관체계에서 국방위원회의 지위를 높이고 국가 사회생활의 모든 분야에서 군대가 중요한 역할을 하도록 하였습니다. 오늘 우리나라에서 선군정치는 하나의 체계화된 정치방식으로 완성되였습니다."[477]라고 말하였다. 선군정치의 실현을 위한 김정일의 의지가 국방위원회의 지위를 높였다는 것을 명확히 보여주는 것이다.

김정일이 체제 생존을 위해 비상 체제로 국정을 운영하였다면 김정은은 정상적인 방식으로 국정을 운영하고 있다고 볼 수 있다. 김정은은 아직 당 제1비서가 되기 전인 2012년 4월, 당중앙위원회 책임일군들에게 당의 사상과 영도에 대한 충실할 것을 강조하면서 군도 당의 영도에 끝없이 충실할 수 있게 준비시켜야 한다고 말한다.[478]

---

476) 김정일(2003), 「선군혁명로선은 우리 시대의 위대한 혁명로선이며 우리 혁명의 백전백승의 기치이다」, 조선로동당 중앙위원회 책임일군들과 한 담화, 2003년 1월 29일 (https://han.gl/GqRBW, 검색일: 2016년 7월 21일).

477) 김진옥(2016), 「선군정치의 법적담보는 어디에 있는가」(https://han.gl/aWnhy, 검색일: 2016년 9월 24일).

478) 김정은(2016), 「위대한 김정일동지를 우리 당의 영원한 총비서로 높이 모시고 주체혁명위업을 빛나게 완성해나가자」, 조선로동당 중앙위원회 책임일군들과 한 담화, 2012년 4월 6일(https://han.gl/zgfKa, 검색일: 2016년 7월 21일).

이 담화에서는 아직도 '선군혁명로선'을 강조하고 있었지만 북한 영도의 중심은 당에 있음을 확인할 수 있다.

김정은이 당을 국정 운영의 중심으로 활용할 의지를 보여주는 것은 2013년부터 직접 발표하고 있는 신년사를 통해서도 알 수 있다. 2013년 당시 김정은은 신년사에서 당 관련 언급을 40차례 언급하였고 선군은 6회, 군대에 대해서는 5회를 언급하였다.[479] 그런데 이후 당에 대한 언급은 2014년에 47회, 2015년과 2016년에는 52회, 62회로 각각 늘어났으나 선군에 대한 언급은 2~4회 정도에 그쳤고 군에 대해서는 9~13회 정도 언급하였다.[480] 그리고 신년사들의 내용들을 보더라도 당의 노선과 정책관철에 중점을 두고 있음을 확인할 수 있을 것이다.

그런데 그 이전 신년 공동사설들을 보면 당의 비중이 김정은 시대에 들어와서 더욱 크게 성장하였음을 알 수 있다. 2009년 신년 공동사설에는 선군이 33회, 군에 대해서는 17회가 언급되었고 2010년에서 2012년 사이에는 선군이 15, 14, 17회 언급되었으며 군에 대해서는 19, 18, 21회 언급되었다.[481] 확실히 김정은의 통치가 본격화되면

479) 『로동신문』, 2013년 1월 1일; 정성장(2015.1.5), 「2015년 김정은의 신년사와 제3차 남북정상회담 전망」, 『세종논평』 293, 세종연구소, 1쪽.

480) 2013년 신년사의 분량은 다른 해의 그것보다 1~1.5쪽 정도 적었다. 이것도 당과 군대에 대한 언급이 상대적으로 적었던 원인이었을 것이다. 『로동신문』, 2014년 1월 1일; 2015년 1월 1일, 2016년 1월 1일; 정성장(2015.1.5), 1쪽.

481) 이 기간 당에 대한 언급은 40, 71, 62, 47회였는데 급격히 그 회수가 늘어났던 2010년과 2011년은 당 창건 65돌과 제3, 4차 당대표자회를 전후했던 시기로 이의 영향으로 인한 일시적인 증가였다고 볼 수 있을 것이다. 이는 2008년과 2007년에는 당에 대해 44회, 2006년에는 49회 정도 언급된 것에서 알 수 있다. 『로동신문』, 2012년 1월 1일; 2009년 1월 1일, 2008년 1월 1일; 2007년 1월 1일; 2006년 1월 1일; 『조선중앙통신』, 2010년 1월 1일; 2011년 1월 1일; 정성장(2013.1.2), 「북한의 2013년 신년사와 정책 기조 변화: 선군정치의 상대적 퇴조와 선경정치의 부상」, 『세종논평』 258, 세종연구소, 1쪽.

서 당의 비중을 높이고 있음을 알 수 있다.

이러한 당 중심 국정 운영에 대한 김정은의 의지는 그동안 그의 국정 운영에서 분명히 실현되고 있다. 김정은 시대에 들어선 후 당중앙군사위원회가 꾸준히 개최되고 있으며 〈표 27〉에서 보는 것과 같이 다른 당 기관들의 회의도 정상적으로 개최되고 있는 것이다.

〈표 27〉 김정은 시대 주요 당 기관 회의 개최현황

보도 일자	회의명	회의 주요 내용
2011.12.31	당정치국 회의	김정은의 최고사령관 추대, 결정서 ≪위대한 령도자 김정일동지의 유훈을 받들어 강성국가건설에서 일대 앙양을 일으킬데 대하여≫를 채택, 당중앙위원회, 당중앙군사위원회 공동구호 심의
2012.07.16	당정치국 회의	리영호 해임, 조직 문제
2012.11.04	당정치국 확대회의	국가체육지도위원회 설치
2013.02.12	당정치국 회의	≪조선민주주의인민공화국창건 65돐과 조국해방전쟁승리 60돐을 승리자의 대축전으로 맞이할데 대하여≫ 채택
2013.03.31	당중앙위원회 전원회의	경제건설과 핵무력건설을 병진시킬데 대한 전략적로선 제시
2013.12.09	당정치국 확대회의	장성택의 출당 및 제명
2014.04.08	당정치국 회의	당 기관 보강 문제, 국가지도기관구성안, 조직 문제
2015.02.13	당정치국 회의	당 창건 70돐과 해방 70돐을 맞이하기 위한 대책들을 결정
2015.02.19	당정치국 확대회의	김정일 유훈 관철, 조직문제, 관료주의 및 부정부패 척결
2016.02.04	당중앙위원회 당조선인민군위원회 연합회의 확대회의	당을 김일성, 김정일의 당으로 만들기 위한 문제들 토의, 당안의 특권과 특세, 세도와 관료주의 비판 및 이의 극복 위한 과업과 방도 제시
2016.05.06~09	조선로동당 제7차 대회	당사업총화, 당 규약 개정, 김정은의 당위원장 추대, 당중앙지도기관 선거
2017.10.08	당중앙위원회 전원회의	조성된 정세에 대처한 당면과업 제시, 조직 문제
2018.04.10	당정치국 회의	국가 예산 집행 정형과 편성, 남북관계 발전 방향, 북미대화 전망, 국제관계 방침과 대응 방향
2018.04.21	당중앙위원회 전원회의	병진 노선 승리 선언 및 당의 신 전략 노선 제시, 조직 문제

보도 일자	회의명	회의 주요 내용
2019.04.10	당정치국 확대회의	국가 예산 집행 정형과 편성, 당중앙위원회 전원회의 소집
2019.04.11	당중앙위원회 전원회의	자립적 경제토대 강화위한 중요 문제 토의·결정, 국가지도기관 구성안, 조직 문제
2019.12.29~ 2020.01.01	당중앙위원회 전원회의	당건설과 당활동, 국가 건설과 국방건설에서 나서는 중대한 문제들 토의, 조직 문제
2020.02.29	당정치국 확대회의	인민대중제일주의 구현, 당면한 정치, 군사, 경제적 과업들 수행위한 문제들, 코로나 방역 조치 토의
2020.06.08	당정치국 회의	자립경제 발전과 인민 생활 향상에 나서는 중대한 문제들 토의
2020.07.03	당정치국 확대회의	6개월간의 방역사업 총화 및 국가비상방역사업 강화위한 문제 토의
2020.07.26	당정치국 비상확대회의	국가비상방역체제를 최대비상체제로 전환 결정
2020.08.06	당정무국 회의	당중앙위원회의 새로운 부서 설립 검토심의, 당의 간부 사업체계 개선 위한 방안, 정부 기관의 주요 직제 간부들의 사업 정형에 대한 평가 및 대책 합의, 국가최대비상체제의 요구에 따라 완전봉쇄된 지역 인민들의 생활안정 위한 특별지원 방안 토의·결정, 당내부사업의 실무적문제들을 토의하고 집행 승인
2020.08.14	당정치국 회의	홍수 피해 복구 및 피해 주민 지원, 국가비상방역체계 강화 및 방역사업지휘체계를 완비, 전연지역봉쇄 해제, 당중앙위원회에 신설 부서 설치, 당창건 75돐을 기념하기 위한 국가행사준비정형을 점검하고 대책 연구협의
2020.08.20	당중앙위원회 전원회의	새로운 투쟁로선과 전략전술적방침들을 제시, 당 제8차대회를 소집할데 대한 문제 토의
2020.08.26	당정치국 확대회의, 당정무국 회의	국가비상방역태세 점검, 방역사업을 개선강화하기 위한 문제들 토의
2020.09.06	당정무국 확대회의	함경남·북도 자연재해 복구 전투조직
2020.09.30	당정치국 회의	비상방역사업을 강도높이 시행할데 대한 문제들 연구토의
2020.10.06	당정치국 회의	전당, 전국, 전민이 80일전투를 벌려 당 제8차대회를 빛나게 맞이할데 대한 문제 토의
2020.11.16	당정치국 확대회의	국가비상방역체계를 더욱 보강할데 대한 문제 토의
2020.11.30	당정치국 확대회의	당 제8차대회 준비, 당사상사업부문 강화, 당의 령도체계를 더욱 철저히 세우기 위한 당중앙위원회의 해당 부서기관 개편, 경제사업에 대한 당적지도 개선, 당면한 경제과업집행 위한 중요문제들 토의·연구·결정
2020.12.30	당정치국 회의	당 제8차대회 개최 문제 토의
2021.01.06~ 01.13	조선로동당 제8차 대회	당사업총화, 당 규약 개정, 김정은의 당총비서 추대, 당중앙지도기관 선거

보도 일자	회의명	회의 주요 내용
2021.02.09~ 02.12	당중앙위원회 전원회의	당 제8차대회가 제시한 5개년계획의 첫해 과업을 철저히 관철할데 대하여, 전사회적으로 반사회주의, 비사회주의와의 투쟁을 더욱 강도높이 벌릴데 대하여, 조직 문제
2021.04.07~ 04.09	당 제6차 세포비서대회	김정은 유일적령도체계를 더욱 철저히 세우고 당세포들을 당정책결사관철의 전위대오로 준비시켜 당대회 결정관철과 사회주의건설에서 획기적인 전진 가져오기 위한 방안 논의
2021.06.05	당정치국 회의	2021년도 당과 국가의 주요 정책집행 실태 중간 총화, 당중앙위원회 전원회의를 소집할데 대한 문제 토의
2021.06.16~ 06.19	당중앙위원회 전원회의	주요 국가정책들의 상반년도 집행정형 총화와 대책에 관한 문제, 농사에 힘을 총집중할데 대한 문제, 비상방역 상황의 장기성에 철저히 대비할데 대한 문제, 인민생활을 안정향상시킬데 대한 문제가 강조
2021.09.03	당정치국 확대회의	당의 국토관리정책을 철저히 관철할데 대한 문제, 방역대책들을 더욱 빈틈없이 세울데 대한 문제, 인민소비품생산을 늘일데 대한 문제, 농사결속을 잘할데 대한 문제
2021.12.02	당정치국 회의	한해의 당사업 평가, 당중앙위원회 전원회의 소집 결정
2021.12.28~ 2022.01.01	당중앙위원회 전원회의	2021년 주요 당 및 국가정책들의 집행정형총화와 2022년 사업계획, 2021년 국가예산집행정형과 2022년 국가예산, 농촌문제 해결 위한 당면과업, 당 규약 수정, 당중앙지도기관 성원들의 2021년 하반기 당조직사상생활정형, 조직 문제
2022.01.20	당정치국 회의	김일성 탄생 110돐과 김정일 탄생 80돐을 경축할데 대한 문제 토의
2022.05.12	당정치국 회의	당중앙위원회 전원회의 소집 결정, 국가방역사업을 최대비상방역체계로 이행 결정
2022.05.18	당정치국 상무위원회 회의	방역위기형세를 분석, 당면한 방역정책실시와 최대비상방역상황에서의 당 및 국가정책집행방향에 대한 연구토의
2022.06.08	당정치국 회의	당중앙위원회 전원회의 토의의정 결정, 전원회의에 제출할 당 및 국가정책집행정형 중간 총화보고서 등 중요문건들과 전원회의 확대회의 토의형식, 일정, 방청자선발정형 심의·승인
2022.06.09~ 06.11	당중앙위원회 전원회의 확대회의	조직 문제, 2022년 주요당 및 국가정책들의 집행정형 중간총화와 대책에 대하여, 현 비상방역상황관리와 국가방역능력건설을 위한 과업에 대하여, 당 규약과 당 규약해설집의 일부 내용을 수정보충할데 대하여
2022.06.12	당중앙위원회 비서국회의	당의 규률준수기풍을 세우고 불건전하고 비혁명적인 행위들을 표적으로 더욱 강도높은 투쟁을 전개할데 대하여, 당의 검열지도사업을 개선, 당내부사업을 강화하기 위한 중요문제들토의

보도 일자	회의명	회의 주요 내용
2022.06.18	당중앙위원회 비서국 확대회의	당중앙위원회 부서들의 임무와 당면과업, 전당적으로 당정치활동에서 견지할 주요원칙과 과업 및 방도
2022.09.26	당정치국 회의	농사실태 점검, 농업정책들을 철저히 집행하기 위한 문제를 토의하고 중요결정서 채택

*출처: 『로동신문』; 『조선중앙통신』 각호; 김동엽(2015), 93~94쪽.

이렇게 당 기관의 회의 개최가 많아졌다는 것은 김정은이 중요정책의 방향 설정과 결정 시 당을 통하는 정식절차를 따르고 있음을 보여주는 것이다. 이것은 김정은 시대에는 당을 통한 집체적 지도가 정상적으로 가동하고 있다는 것을 의미하는 것으로 김정은이 당 중심의 국정 운영을 펼치고 있음을 보여주는 것이다.[482] 그리고 당이 완전히 회복되어 자신의 역할을 하고 있음을 알리는 것이기도 하다.[483]

그런데 김정은이 김정일과는 다르게 당의 정식절차를 따르는 집체적 지도 방식을 추구하는 이유는 무엇일까? 그것은 우선 초기에는 아직은 부족했던 그의 경험 때문으로 보인다. 그리고 김정은 정권이 펼치려고 하는 정책과 인사에 정당성을 부여해주면서 최고 지도자에게 가해지는 부담을 덜어주는 효과도 있을 것이다.

현재 김정은은 확실한 북한의 최고 지도자다. 하지만 시기를 최대한 일찍 잡아 2006년 말에서 2007년 초에 후계자로 결정되었더라도[484] 제7차 당대회를 열어 당위원장 자리에 올라서고 국방위원회를 폐지하며 국무위원회를 신설하는 국가기관체계 개편에 나서는

482) 김동엽(2015), 94~95쪽.

483) 고유환(2016), 「제7차 당대회에서 확인한 북한의 정책노선과 변화 전망」, 『북한 제7차 당대회 평가와 통일정책 추진방향』, 2016 통일준비위원회 정치·법제도분과 공개 세미나 발표문, 13쪽.

484) 오경섭(2012), 18쪽.

등 김정은 시대를 본격화한 2016년 기준으로 그는 아직 등장한 지 10년도 되지 않은 경험이 부족한 지도자였고 김정일과 경험, 정치력이 같을 수는 없었다.[485] 김정은이 최고 지도자로서 무엇이든 자신의 의도대로 할 수는 있는 것은 사실이나 무턱대고 그렇게 하기에는 조심스러울 수밖에 없었던 것이다.

이러한 상황은 김정은으로 하여금 당을 적극 활용하게 하는 계기가 되었을 것이다. 아직은 부족한 개인 역량과 경험을 당과 제도를 이용하여 보충해 가면서 현재를 영도해 나가고 이와 동시에 경험과 개인 역량, 정치적 기반 강화를 꾀하고 있는 것이다.[486] 안정적인 국정 운영과 개인의 정치력 높이기를 동시에 수행하기 위한 수단인 것이다. 그리고 이것은 상당한 성과를 보이고 있는 것으로 판단된다.

현재 김정은은 총정치국장, 총참모장, 국방상 등 군의 주요인사들을 수시로 교체하고 있는데 이러한 과감한 인사교체가 성공적으로 진행된 것은 당의 뒷받침과 인사교체를 통해 배치해 놓은 김정은의 사람들이 중요한 역할을 수행했기 때문일 것이다.

또한 김정은 개인에게 가해질 정책의 결과에 대한 최고 지도자로서의 책임도 덜 수 있다. 당을 통한 결정들은 김정은 개인의 독단적인 결정이 아니며 절차상으로도 정당하다는 의미로 국민들은 받아들일 수 있다. 그러므로 결정권자가 가지게 될 실패에 대한 부담감을 당과 나눠 가질 수 있을 것이다.

거기에 김정일과 차별성을 두기 위한 것이다. 김정은이 처음 정권을 물려받았을 때 그의 주변 엘리트들은 김정일의 사람들이었다.

---

485) 김갑식(2014), 51쪽.

486) 김갑식(2014), 51쪽; 김동엽(2015), 93쪽.

국가 운영체계도 김정일의 의도에 맞추어져 있었다. 그러므로 김정은은 국정을 안정시키기 위해 단기적으로 선대 수령들의 그늘을 이용하는 것이 좋을 수 있다. 실제로 김일성의 이미지를 차용하거나 김정일을 따라 배워 실천하자는 '김정일애국주의' 등을 강조하기도 했다.487)

그러나 자신의 의도대로 국정을 이끌기 위해서는 선대의 후광에 의지하지 않는 자신만의 정치방식이 필요하다. 이에 김정은은 자신의 부족한 점을 보충할 겸 당을 더욱 중시하는 김정일과는 다른 통치방식을 선택했고 그 결과물이 2016년 5월의 제7차 당대회다.

그런데 김정일은 당대표자회나 당대회를 개최하여 당총비서직에 취임한 것이 아니었다. 당중앙위원회와 당중앙군사위원회 공동명의의 특별보도를 발표하고 김일성 사후 3년 후에 비로소 총비서가 되었다.488) 물론 특별보도를 전후하여 각급 단체들과 지방당 등에서 그를 총비서를 추대했고 이와 관련된 축하 행사들을 개최했으며 비상 상황이었던 당시 북한의 상황을 고려해도 결코 정상적인 모습은 아니었다.489)

하지만 김정은은 당대표자회를 통해 제1비서가 되었고 당대회를 통해 당위원장과 당총비서가 되었다. 김정은이 최고 수위에 올라서는 과정에서 김정일은 생략했던 당 최고 기관을 통한 추대를 실행했다는 것은 앞으로 당을 중심으로 국정 운영을 수행하겠다는 선언과

---

487) 김정일 애국주의에 대해서는 오현철·최금룡(2014), 『김정일애국주의에 대한 이야기』, 평양: 평양출판사(https://han.gl/VOiQsS, 검색일: 2016년 9월 20일); 한승호·이수원(2013), 「김정은 시대의 새로운 구호 '김정일애국주의' 의미와 정치적 의도」, 『국방정책연구』 29(2), 한국국방연구원, 113~138쪽 등을 참조.

488) 『로동신문』, 1997년 10월 9일.

489) 1997년 9월 22일~1997년 10월 18일의 『로동신문』의 관련 기사 참조.

〈제8차 당대회 개막식〉

『로동신문』, 2021년 1월 6일

도 같은 것이다. 실제로 김정은은 김정일보다 당을 국정 운영에 적극적으로 활용하고 있다.

결국 김정은은 정책적으로 당중앙군사위원회를 중심으로 한 집체적 지도체제로 군을 영도하고 있는 것이다. 이것은 당-국가체제인 북한에서 당의 역할을 대체했다는 평가까지 나왔던 국방위원회[490]의 예외적인 모습을 대체 기관인 국무위원회 운영에서는 당-국가체제에서 국가기관의 본연의 위상으로 되돌리고 있는 것이다.

490) 김일기(2012), 93~97쪽.

3. 북한 당중앙군사위원회와 국방위원회의 관계

1) 당 규약과 헌법상의 관계

김일성 시대부터 자리 잡은 북한의 당에 대한 기본 인식은 "근로대중의 모든 조직들 가운데서 가장 높은 형태의 조직으로 다른 모든 조직들과의 관계에서 지도적 지위를 차지하는 조직"으로 "혁명과 건설을 전적으로 책임지고 모든 사업을 조직 지휘하는 혁명의 참모부"라는 것이다.[491] 이러한 인식은 김정일 시대, 김정은 시대에 이르기까지 변함없이 이어져 오고 있다.

김정일 시대에는 위의 개념이 정식으로 당 규약에 반영된다. 2010년 9월 개정된 당 규약 서문에 "조선로동당은 근로인민대중의 모든 정치조직들 가운데서 가장 높은 형태의 정치조직이며 정치, 군사, 경제, 문화를 비롯한 모든 분야를 통일적으로 이끌어나가는 사회의 령도적 정치조직이며 혁명의 참모부"라는 문구가 생겨난다. 그리고 이 문구는 2012년 4월과 2016년 5월, 2021년 1월에 개정된 김정은 시대의 당 규약들에도 그대로 반영 된다.[492] 이는 곧 당의 군사 전문기관인 당중앙군사위원회는 '혁명의 군사 분야 참모부'라는 것이며 이것은 김일성 시대부터 이어져온 개념이라는 것이다.

그러면 '혁명의 참모부'는 무엇인가? 이에 대해 북한은 다음과 같이 설명하고 있다.[493]

---

491) 김민·한봉서(1985), 118쪽.

492) 2012년 4월 11일 개정 『조선로동당 규약』 서문, 『로동신문』, 2012년 4월 12일; 2016년 5월 9일 개정 『조선로동당 규약』 서문; 2021년 1월 9일 개정 『조선로동당 규약』 서문.

493) 김민·한봉서(1985), 118~119쪽.

"로동계급의 혁명위업이 성과적으로 수행되자면 수령의 사상과 구상을 실현하기 위한 모든 사업을 직접 작전하고 조직하는 혁명의 참모부가 있어야 한다.

혁명의 참모부는 오직 혁명의 최고령도자인 수령의 사상을 가장 정확히 관철할 수 있고 수령의 직접적인 령도 밑에 혁명과 건설 전반을 통일적으로 장악하고 지도할 수 있는 정연한 지도체제와 조직기구, 능력있는 일군들을 가지고 있는 로동계급의 당만이 될 수 있다.

혁명의 참모부로서의 당의 지위와 역할은 수령의 혁명사상에 기초하여 혁명발전의 매 시기, 매 단계마다 올바른 로선과 정책을 작성하고 제시하며 그 관철을 위한 사업전반을 설계하고 작전하며 그 집행에로 대중을 통일적으로 조직동원하며 모든 부분, 모든 분야의 사업을 유일적으로 지휘하는데서 표현된다.

혁명의 참모부인 로동계급의 당은 언제나 그 수위에 로동계급의 수령을 모시고 있고 혁명과 건설에 대한 령도를 실현하는 령도자인 것으로 하여 혁명적령도체계에서 향도덕 력량으로 된다."

'혁명의 참모부'는 수령들 즉, 김일성, 김정일, 김정은의 지도를 받아 그의 지휘의도가 잘 실현되고 옳은 결정을 할 수 있도록 계획하고 관리하며 지휘하는 기관으로서 이를 위한 조직과 일군이 있는 당만이 될 수 있다는 것이다. 즉, 당의 군사기관인 당중앙군사위원회는 김일성, 김정일, 김정은의 지도를 받아 그들이 군사에 대해 옳은 선택을 하고 그들의 지휘 의도가 군에서 잘 실현될 수 있도록 계획하고 관리하며 지휘하는 기관인 '혁명의 군사 분야 참모부'인 것이다.

그러면 과연 당중앙군사위원회는 '혁명의 군사 분야 참모부'로서 그 역할을 다하였는가? 일단 당 규약을 통해 그 역할을 다 할 수 있는 바탕은 마련되었다고 볼 수 있다. 김일성 시대의 당 규약이나 김정일, 김정은 시대의 당 규약에서 문구의 차이는 있으나 당의 군사정책을 토의, 결정하고 군을 강화시키며 군수산업을 포함한 국방사업을 지도한다는 기본에는 변함이 없다.

한편 4장에서 이미 한번 살펴보았지만 김일성은 국가 정권에 대해 "당의 로선과 정책의 집행자"라고 설명하였고 2010년 9월의 당 규약에도 같은 말이 포함되었다. 2012년 4월과 2016년 5월, 2021년 1월의 당 규약개정에서도 당과 인민정권에 대한 관계 정의가 변화되지 않았다.[494] 그러므로 김정은 시기에도 국가정권에 대한 "당의 로선과 정책의 집행자"라는 기본 생각에는 변화가 없는 것이다.

거기에 북한은 헌법들의 서문에서 국가가 조선로동당의 영도 밑에 있음을 분명히 하고 있다. 또한 1998년 헌법의 국방위원회에 대한 부분을 "국방위원회의 지위를 새롭게 규정하고 그 권능을 높인 것은 선군정치를 철저히 실현할 수 있게 하는 확고한 법적담보로 된다. … 국방위원회가 전반적 국방관리기관이라는 것은 국방위원회가 국방부문의 최고주권기관인 동시에 행정적 집행기관으로서 국방사업 전반에 대하여 장악, 지도하는것과 함께 그 집행정형에 대하여 책임진다는 것을 말한다."[495]라고 설명하였다. 국방위원회는 당의 지도를 받아 선군정치를 집행하는 기관이라는 것이다.

결국, 당 규약과 헌법상으로 당중앙군사위원회는 수령의 혁명사상에 기초하여 당의 군사노선과 정책을 결정하고 지도하는 기관이고 국방위원회는 당중앙군사위원회가 결정한 군사정책을 집행하는

494) 2012년 4월 11일 개정 『조선로동당 규약』 8장; 2016년 5월 9일 개정 『조선로동당 규약』 7장; 2021년 1월 9일 개정 『조선로동당 규약』 7장.

495) 강희봉(2008), 181~182쪽.

기관이었던 것이다.

2) 실제 국정 운영에서의 관계

북한은 당의 지도와 국가의 집행이라는 당-국가체제의 일반적인 관계를 법률적으로 보장해두었다. 그러나 이것이 실제 국정 운영에서 그대로 적용되었는지에 대해서는 면밀한 분석이 필요하다.

일단, 이미 3장에서 살펴본 것과 같이 김일성 시대와 김정은 시대에는 최고 지도자들의 발언, 당중앙군사위원회 관련 회의나 명령, 결정, 지시, 언론 기사 등과 위원회를 구성하고 있는 엘리트들을 보았을 때 '혁명의 군사 분야 참모부'로서 역할에 충실했고 또 충실히 수행하고 있음을 알 수 있다.

그런데 김정일은 정권을 잡고 나서 김일성, 김정은과는 다른 방식으로 군을 영도하게 된다. 김정일은 당, 정, 군에 대한 직할영도를[496] 극도로 심화시켜 실무기관들과 직접 소통하며 국정을 이끌어간 것이다. 이에 따라 군권이양과 후계승계, '선군정치' 실현 등의 필요 때문에 국방위원회의 위상과 역할이 커지면서 당중앙군사위원회의 그것이 상대적으로 축소되어 보이게 된다.[497] 실제로 김정일 시대에는 당중앙군사위원회의 회의를 소집한 사례가 발견되지 않고 구성원들을 보충하지 않으면서 2010년 9월 이전에는 제대로 기능을 발휘할 수 있는지 의심되는 상황까지 된 것이다. 결국, 김정일 시대의

---

496) 이기동(2015), 「수령제의 지속성과 변화」, 『김정은 정권의 정치체제: 수령제, 당·정·군 관계, 권력엘리트의 지속성과 변화』, 통일연구원, 69쪽.

497) 이기동은 김정일이 총정치국을 통해 군을 직할 영도하여 총정치국 외 다른 당의 군사 관련 기관들은 약화되었다고 주장하였다. 이기동(2015), 70쪽.

당중앙군사위원회는 김일성 시대에 비해 '혁명의 군사 분야 참보부'로서의 위상과 역할이 위축되었던 것이다.

하지만 여기서 주목되는 점은 〈표 9〉에 정리되어 있듯이 김일성 시대와 김정일 시대의 당중앙군사위원회가 하는 역할에는 큰 차이가 없었다는 것이다. 당중앙군사위원회가 위축되었다고 하는 김정일 시대에도 군 최고위 인사와 관련된 인사업무, 군사훈련이나 부대 관리에 대한 문제, 그리고 군수 업무는 물론 전시 계획 수립 및 지시도 당중앙군사위원회의 이름으로 직접 하였다. 이것은 김정일 시대에도 당-국가체제의 체계를 지켰다는 것을 의미한다. 실제 역할은 별도로 보더라도 당-국가체제하에서 절차의 정당성과 당 기관의 위상은 계속 이어진 것이다. 즉, 이는 당의 군사노선과 정책을 결정하고 지도하는 당중앙군사위원회의 위상과 역할이 최고 지도자들의 운용에 따라 굴곡은 있었으나 계속해서 이어졌다는 것을 보여준다.

한편 앞에서 소개되었던 전시사업세칙 자체가 국방위원회가 아닌 당중앙군사위원회 명의로 내려졌고 그 안에 국방위원회의 임무가 주어졌다는 것에도 주목할 필요가 있다. 이것은 국방위원회는 전시에 당의 지도 아래 국정 운영을 하게 되어 있었다는 것을 의미한다. 이는 평시에도 적용되었을 가능성이 높다. 만약 평시 군사 작전지휘를 국방위원회가 하다가 전시에 당중앙군사위원회의 지도를 받아 작전 지휘권을 내놓고 후방사업만 한다면 이는 전시와 평시의 군사 작전 지휘권이 이원화되는 것으로 매우 비효율적인 군사 운영이 되는 것이다. 또한 국방위원장이 "국가의 일체 무력을 지휘통솔한다"고 규정한 2009년 헌법에서도 서문에서는 "조선로동당의 령도밑에 주체혁명위업을 완성하여 나갈것이다."라고 했다. 그리고 김정일과 김정은의 국방위원장 추대는 당중앙군사위원회가 당중앙위원회와 같이 제의하였다.[498] 이는 당의 지도 아래 군사 임무를 수행한다고 보는 것이 정확할 것이다.

그런데 국방위원회는 군사기관이었음에도 불구하고 국정 전반에 영향을 미쳤고 이것이 국방위원회의 위상에 많은 논란을 낳게 된 것이다. 그러면 군사기관인 국방위원회가 군사 외의 국가사업들에 관여하는 것이 옳은 것인가? 이에 대한 북한의 설명은 다음과 같다.

북한은 선군정치는 영도자의 선군영도를 보장하는 사업체계인 선군영도체계에 의해 실현되는데 이것이 국방중시의 국가 관리체계라고 설명했다.[499] 그리고 이 체계는 "령도자를 중심으로 하는 국방위원회의 통일적지휘에 따라 나라의 전반사업을 조직진행해나가는 체계"라고 설명하고 국방위원회가 1998년에 전반적 국방관리기관이 되면서 확립되었다고 설명했다.[500] 또한 국방위원회는 국방과 관련하여 국가의 모든 자원을 관리하고 동원하는 국가기관인데 "국방사업에서 나서는 문제들을 풀기 위한 명령과 결정을 내리는 것을 통하여 국가사회생활전반을 관리한다."고 이야기하였다.[501]

이를 정리하면 선군정치를 실현하기 위해선 국방을 중심으로 국가를 운영해야 하는데 그 중심에 영도자의 뜻을 받드는 국방위원회가 있으며 국방위원회의 지휘에 따라 군사 문제뿐 아니라 국방과 관련된 국가 사회생활 전반을 관리된다는 것이다. 어차피 북한은 선군 국가로 군사 우선의 정책을 펼쳐서 국가 생활에서 국방과 관련되지 않는 것이 없을 것이므로 군사는 사실상 국가 사회생활 모두라

498) 『조선중앙통신』, 2012년 4월 13일.

499) 강희봉(2008), 180쪽.

500) 강희봉(2008), 181쪽.

501) 강희봉(2008), 182~183쪽.

고 할 수 있다. 북한은 헌법 개정과 위와 같은 개념 정리를 통해 군사기관인 국방위원회를 군사를 넘어선 국가 최고 기관으로 만들어놓고 이 기관이 군사 외의 분야에도 관여하는 데 아무런 문제가 없게 한 것이다.

이렇게 군사기관에서 국정 전반에 관여하는 기관이 된 국방위원회는 비사회주의권 국가들과의 외교와 외자 유치, 북한체제 안정을 위한 공안 분야, 대규모 건설공사와 이를 위한 주민동원 등을 담당하게 되었다. 그리고 이에 맞게 엘리트들을 구성하여 꾸준히 공백이 발생하지 않도록 관리하였다. 결국 김정일 시대의 국방위원회는 일반적인 군사기관의 역할 범위를 넘어서는 기관이었다. 그래서 당의 역할을 대신하는 기관으로까지 평가되기도 한 것이다.

그런데 당중앙군사위원회도 비군사 분야에 관여하였다. 김일성 부고 발표, 김일성의 시신을 영구보존 결정과 김정일의 당총비서 추대와 같은 국가적인 중대사와, '주체연호'제정, '태양절' 명명, 제정, 당중앙위원회와의 공동구호 발표 등 일반국민들의 생활을 결정하는 문제 결정에도 참여한다. 이렇게 당중앙군사위원회가 관여한 비군사 부분은 집행을 위한 방침이나 지도의 성격을 가지고 있는 것들이었다. 그리고 국가 전체에 영향을 끼치는 것이기는 하나 세부적인 부분을 직접 지도하는 것은 아니었다. 군사 전문기관이므로 군사 이외의 분야를 지도하는 데는 한계가 분명했던 것이다.

하지만 김정일 시대에도 국방위원회의 명령, 결정, 지시 등은 실행에 초점이 맞추어진 것인 반면 당중앙군사위원회는 국방위원회보다 상위 개념 즉, 실행을 위한 지침을 내리는 것이었다. 그리고 당중앙군사위원회는 국방위원장 취임을 제의하고 김정일의 당총비서 추대 등에 참여하였으나 국방위원회는 그렇지 못했다. 결국 김정일 시대의 국방위원회가 많은 역할을 한 것은 사실이지만 위상에서 당의 기관들을 뛰어넘었다고 보기는 어려우며 역할도 대신한 것이 아니라 김정일의 지도를 받아 자신들에게 주어진 일을 했다는 것이 정확할 것이다.

결국, 김일성 시기 중앙인민위원회의 군사 분야 보좌기관으로 시작했던 국방위원회는 김정일 시대를 거치며 국가 최고국방지도기관으로 성장하였으며 시기에 따라 위상과 역할에 변화가 있긴 했지만 당과 수령의 지도를 실현하는 역할에 충실히 수행하여 온 것이다.

〈그림 11〉은 앞의 내용들을 바탕으로 당중앙군사위원회와 국방위원회의 위상과 관계에 굴곡은 있었으나 당과 국가기관으로서의 위상 차이와 관계는 분명한 것이었음을 나타내는 것이다.

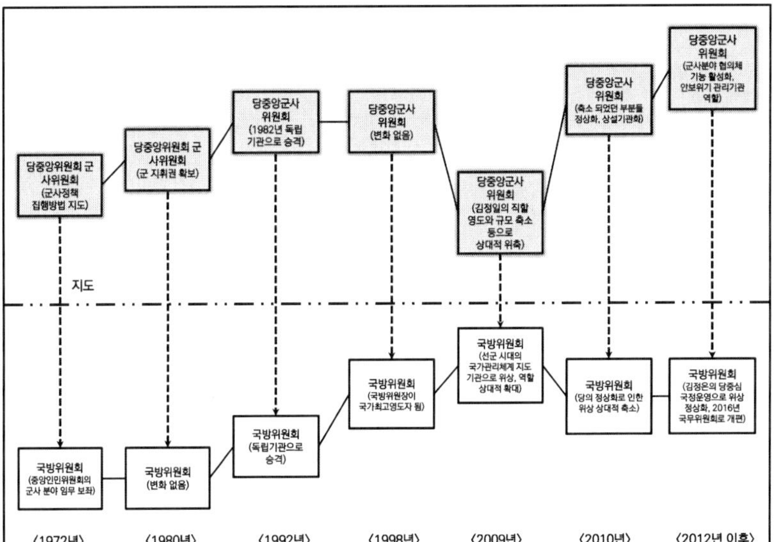

〈그림 11〉 당중앙군사위원회와 국방위원회의 위상, 관계 변화

4. 당 중심 군사 지도체계와 수령의 유일영도체계 결합

1) 당 중심 군사 지도체계 채택

북한의 대표적인 군사기관인 당중앙군사위원회와 국방위원회는 북한에만 있는 독특한 기관이 아니다. 이 기관들은 중국과 소련이 운영하고 있고 또 운영했었던 기관들이다. 그리고 이미 살펴보았듯이 소련과 중국 모두 당이 군사 지도체계의 중심에 있었고 이것은 같은 사회주의권 국가인 북한도 마찬가지이다.

소련은 1986년 27차 당대회에서 통과된 당 강령[502]에서 "소련공산당은 … 소련방의 군대를 유지하고 소련의 방위력을 향상시키며 … 소련공산당은 군대의 활동에 대한 당의 조직적 지도적 영향을 계속 강화하고 정치기관 및 육군과 해군의 당조직의 역할과 영향을 증대시키며…"[503]라고 규정하며 당의 군에 대한 지도를 명시하였다. 그리고 1990년 28차 당대회를 통해 개정된 당 규약에서도 소련군의 당조직 활동은 당중앙위원회에서 승인된 당 규약과 문헌을 통해서 설정된다고 하였고 각 군의 대표선출은 당대회, 전 연방 및 전 군당 대표자회를 통해 이루어진다고 규정하였다.[504] 소련군은 당의 지도를 받는 당의 군대였다. 또한 헌법에서 "공산당이 소비에트 사회를 선두하고 지도하는 세력으로 정치기관과 국가·사회기관의 핵심을

502) 소련의 당 강령은 당의 목표와 이의 실현을 위한 행동지침을 포괄적으로 규정한 것이다. 김계수 역(1986), 「소련공산당 강령(2)」, 『중소연구』 10(1), 한양대학교 중소연구소, 293쪽.

503) 김계수 역(1986), 246~247쪽.

504) 소련공산당 규약 전문은 김경순 역(1990), 「소련공산당 제28차 대회 관련자료: 소련공산당 규약」, 『중소연구』 14(2), 한양대학교 중소연구소, 246~256쪽 참조.

이룬다."[505]고 규정하였는데 국가기관이 당의 지도를 받고 있음을 명확히 한 것이다.

이것은 중국도 마찬가지이다. 2012년 11월 당 제18차 전국대표대회에서 통과된 당 규약에는 "중국공산당은 인민해방군과 기타 인민무장력에 대한 령도를 견지하고 인민해방군의 건설을 강화하며 인민해방군이 새로운 세기 새로운 단계에서의 군대의 력사적사명을 수행하도록 확실하게 보장하며 국방을 튼튼히 하고 조국을 보위하고 사회주의현대화건설에 참가하는데서의 인민해방군의 역할을 남김없이 발휘시킨다."[506]라고 규정하였다. 당에 의한 군 영도를 명확히 하였다. 그리고 북한도 당 규약들에 "조선인민군은 모든 정치활동을 당의 령도밑에 진행한다."고 규정하고 '당의 군대'라고도 규정하여 군에 대한 당의 영도를 명확히 한다.

위와 같이 당 규약에 명시된 대로 당을 중심으로 소련은 당정치국, 중국과 북한은 당중앙군사위원회에서 각국의 군사정책을 지도한 것이다. 소련은 군 문제를 전문적으로 다루는 당의 군사 지도기관은 설치하지 않았지만 당의 실질적인 최고 정책결정 기관인 정치국에서 소련의 최고 지도자인 당중앙위원회 총서기 총괄하에 다른 정책들과 같이 군사정책을 결정하였다.[507]

중국은 당중앙군사위원회를 설치하여 군사정책결정을 당에서 직접 실시하도록 하고 있으며 이 기관을 주관하는 주석은 중국공산당 최고 지도자인 당 총서기가 맡고 있다.

---

505) 헌법재판소 헌법재판연구원(2015), 110쪽.

506) http://korean.people.com.cn/78529/15274855.html(인민넷, 검색일: 2015년 7월 24일).

507) 소련공산당 규약 28조에는 "소련공산당 중앙위 서기장은 중앙위 정치국의 업무를 총괄한다."고 규정되어 있다.

중국 당중앙군사위원회가 가진 권한은 군사 문제에 있어서 상당히 넓은 범위를 가지고 있다. 군사정책의 전체적인 방향 설정에서부터 군내의 정치사업과 훈련에 관한 부분까지 국방과 관련된 모든 분야에 영향력을 미치고 있다. 중국의 당중앙군사위원회는 군사 사업에 대한 최고 정책 결정, 지도기관인 것이다.[508]

중국 당중앙군사위원회는 그 구성원도 군 지도를 위한 전문기관임을 보여준다. 당총서기가 맡는 주석자리를 제외하고는 다른 부위원장과 위원 자리에는 각 군의 주요 직위를 거친 현역 군 인사들로 구성되어 있다. 군사 분야에 대한 전문성이 확실히 보장되어 있는 것이다.[509]

한편 북한은 당중앙군사위원회를 창설하기 전에는 당중앙위원회가 북한 군사지도의 중심에 있었다. 그리고 창설 후에는 김정일 시대에 잠시 규모 자체가 축소되기도 했었지만 당중앙군사위원회가 군사 분야사업을 당적으로 지도하였다. 당중앙군사위원회의 유무나 국방위원회의 성장과는 관계없이 북한의 군에 대한 지도 중심에는 항상 당이 위치하고 있었던 것이다.

세 나라는 또한 국가기관에도 군사기관들을 설치하고 있다. 소련은 최고 소비에트 상임간부회의에서 국방위원회를 구성하였고 중국은 국가중앙군사위원회를 북한은 국방위원회를 구성하여 가지고 있었다. 이들은 모두 당의 지도를 받아 임무를 수행하는 기관들이다.

---

508) 이에 대한 구체적 내용은 이대근(2003), 163쪽 참조.

509) 2022년 10월 제20차 중국공산당 전국 대표대회 기준으로 중국 당중앙군사위원회는 주석 시진핑(習近平), 부주석 장유샤(張又侠, 상장, 총장비부 부장 출신), 허웨이둥(何衛東, 상장 전 동부전구 사령관), 위원 리상푸(李尚福, 상장, 장비발전부장), 류전리(劉振立, 상장, 육군사령관), 먀오화(苗華, 상장, 정치공작부 주임), 장성민(張升民, 상장, 제2포병 출신 기율검사위 서기)으로 구성되어 있다.

소련의 국방위원회는 전시 당에 의해 설치되었던 비상기관인 국가방위위원회가 모체로 2차 대전이 종전된 후 해체되었다가 1977년 헌법이 개정되면서 국방위원회로 다시 탄생하였다. 이 기관은 당정치국의 지도를 받아 군수 분야의 임무를 수행하였다.

중국의 국가중앙군사위원회는 당중앙군사위원회와 쌍둥이 기관이다. 양측의 구성원들이 동일하기 때문이다. 당중앙군사위원회의 일원이 되면 자연스럽게 국가중앙군사위원회의 일원이 된다.

2012년 11월 제18차 중국공산당 전국대표대회에서 선출되었던 당중앙군사위원회 구성원들은 2013년 3월 전국인민대표대회 1차회의 제5차 전체 회의에서 그대로 국가중앙군사위원회 구성원들로 선출되었다.[510] 그리고 2007년 10월 제17차 전국대표대회에서 선출된 당중앙군사위원회 구성원들이 2008년 3월의 제11기 전국인민대표대회에서 그대로 국가중앙군사위원회 위원이 되었다.[511] 또한 2017년 10월 제19차 중국공산당 전국대표대회의 당중앙군사위원회 선거결과와 2018년 3월 제13기 전국인민대표대회 국가중앙군사위원회 선거결과도 같았다.[512]

하지만 앞에서 살펴보았듯 실질적인 지도력은 당중앙군사위원회가 발휘한다. 국가중앙군사위원회에 대해 법적인 위상과 역할을 정해준 헌법과 국방법에서 모두 군에 대한 당의 영도를 명확히 하고 있으며 당 규약에서도 군에 대한 당의 영도를 확실히 하고 있기 때문

510) http://korean.people.com.cn/65098/116719/116721/15274218.html(인민넷, 검색일: 2015년 7월 24일); http://korean.people.com.cn/65101/15300746.html(인민넷, 검색일: 2015년 7월 24일).

511) 전성흥·김태호·조영남·정상은·장영석·김홍규·지은주(2008), 『중국의 권력승계와 정책노선: 17차 당 대회 이후 중국의 진로』, 나남, 86쪽.

512) 인민망 한국어판 홈페이지 http://kr.people.com.cn(검색일: 2022년 10월 31일).

이다. 당의 영도와 이에 대한 실현이 국방 분야에서는 일원화되어 있다고 볼 수 있다.

북한의 국방위원회는 위에서 살펴보았듯 기본적으로는 수령과 당의 영도를 실현하는 기관이다. 김정일 시대에 군사 전문기관을 국가 최고 지도기관으로 성장시키면서 당과의 관계에서 많은 이야기거리를 만들어 냈지만 국방위원회가 당의 위상을 넘어섰다고 하기는 어려워 보인다. 수령의 영도를 받으며 당과 국방위원회는 각자의 역할에 충실했는데 국방위원회가 군사기관의 범위를 넘어서는 임무들을 수행하게 되고 김정일이 당 협의체를 거의 활용하지 않으면서 당중앙군사위원회의 규모 자체가 축소되니 이 기관의 위상이 상대적으로 높아지게 된 것이다.[513]

이처럼 소련과 중국은 다른 나라임에도 사회주의국가라는 동질성 속에 당 중심의 군사지도와 국가기관을 이용한 당 정책 실현이라는 공통점을 가지고 있었다. 이것은 북한도 마찬가지이다. 김정일 시대에 국방위원회의 위상과 역할이 급격히 성장했던 것은 사실이지만 당-국가체제를 가진 사회주의국가로서 당의 군사기관인 당중앙군사위원회가 군사 운영의 중심임에는 변함이 없었다.

2) 수령의 유일적 군 영도체계 확립

모든 나라는 자신들만의 정치 특성과 제도를 가지고 있다. 같은

513) 정남순은 국방위원회의 실제적 역할이 강화되면서 당의 기능은 그 반작용으로 조직과 사상의 통제 및 정책 감시로 편중 되었다고 주장하였다. 그리고 김일기는 국방위원회의 과대 성장은 당중앙군사위원회의 상대적 약화를 가져왔다고 보았다. 정남순(2015), 「북한 선군정치의 변화 과정에 관한 연구」, 경남대학교 박사논문, 51~159쪽; 김일기(2012), 93~97쪽.

민주주의 진영이라도 어느 나라는 대통령제, 어느 나라는 의원내각제를 선택하고 같은 대통령제라도 미국과 한국이 다르게 운용되고 있다는 것이 그 예이다. 이는 같은 사회주의권 국가인 소련, 중국, 북한의 군사 지도기관 운영에도 해당되는 것이다.

북한의 군사 영도에서 가장 큰 특징은 수령의, 수령에 의한, 수령을 위한 영도라는 것이다. 소련과 중국의 군에 대한 영도는 앞서 보았듯이 당이 최고 정점에 위치한다. 소련의 당 규약에는 "마르크스, 엥겔스, 레닌의 이념을 창조적으로 발전시키고…" 정도의 문구만 나와 있고[514] 당 강령에도 당 규약에도 북한의 당 규약에 규정된 것처럼 '최고 지도자의 당', '최고 지도자의 군대'라는 표현은 어디에도 없다. 당이 최고 지도자의 영도에 의해 움직이는 존재가 아닌 것이다.

중국의 당 규약에는 역대 중국 지도자들의 업적이 설명되어 있지만 소련의 그것과 같이 '최고 지도자의 당', '최고 지도자의 군대'라는 정의는 없다. 중국도 어느 한 인물에 의해 영도되는 것이 아닌 것이다.

하지만 북한은 다른 양상을 보인다. 수령이 맨 위에 위치하여 수령-당-국가-군으로 이어지는 정책 결정과 지도, 실현의 과정을 거치고 있다.[515] 현재도 수령의 영도가 갈수록 강화되고 있다. 군도 '당의 군대'보다 '수령의 군대'임을 더욱 강조하고 있다. 다음 쪽의 〈표 28〉은 1980년 이후 북한의 당 규약에 나타난 당과 군에 대한 정의를 정리한 것이다.

1980년 당 규약 서문에서는 살아있는 김일성의 사상과 혁명 전통을 계승하고 김일성이 만든 사업 방법들을 관철한다고 규정하였다.

---

514) 김경순 역(1990), 246쪽.

515) 이대근(2004), 164쪽.

당 규약의 첫머리에 '김일성에 의해 창건된 주체형의 맑스-레닌주의당'이라고 규정하고 '김일성의 당'이라고는 문구로 규정하지는 않

〈표 28〉 북한 당 규약의 당과 군에 대한 정의 변화

구분	조선로동당	조선인민군
1980년 규약	• 김일성에 의해 창건된 주체형의 맑스-레닌주의당	• 항일무장투쟁의 혁명전통을 계승한 조선로동당의 혁명적 무장력 • 군은 당과 수령, 조국과 인민 위해 생명 바칠 수 있는 혁명전사로 단련해야 함
2010년 규약	• 위대한 수령 김일성동지의 당 • 김일성을 영원히 높이 모시고 김정일 중심으로 결합된 노동계급과 근로인민 대중의 핵심부대, 전위부대	• 김일성이 창건한 혁명적 무장력 • 당의 위업, 주체혁명위업을 무장으로 옹호 보위하는 수령의 군대, 당의 선군 혁명령도를 맨 앞장에서 받들어나가는 혁명의 핵심부대, 주력군
2012년 규약	• 위대한 김일성동지와 김정일동지의 당 • 김일성과 김정일을 영원히 높이 모시고 김정은을 중심으로 결합된 노동계급과 근로인민 대중의 핵심부대, 전위부대	• 김일성이 창건하고 김일성과 김정일이 강화발전시킨 혁명적 무장력 • 당의 위업, 주체혁명위업을 무장으로 옹호보위하는 수령의 군대, 당의 군대, 인민의 군대이며 당의 선군혁명영도를 맨 앞장에서 받드는 혁명의 핵심부대, 주력군
2016년 규약	• 김일성-김정일주의 당 • 김일성과 김정일을 영원히 높이 모시고 김정은을 중심으로 결합된 노동계급과 근로인민 대중의 핵심부대, 전위부대 • 김일성-김정일주의를 유일한 지도사상으로 하는 주체형의 혁명적당	• 김일성이 창건하고 김일성과 김정일이 강화발전시켰고 김정은이 이끄는 혁명적 무장력 • 당의 위업, 주체혁명위업을 무장으로 옹호보위하는 수령의 군대, 당의 군대, 인민의 군대이며 당의 선군혁명영도를 맨 앞장에서 받드는 혁명의 핵심부대, 주력군 • 모든 정치활동을 당의 령도 밑에 진행
2021년 규약	• 위대한 김일성-김정일주의 당 • 김일성과 김정일을 영원히 높이 모시고 김정은을 중심으로 결합된 노동계급과 근로인민 대중의 핵심부대, 전위부대 • 김일성-김정일주의를 유일한 지도사상으로 하는 주체형의 혁명적당	• 국가 방위의 기본역량, 혁명의 주력군, 당의 혁명적 무장력 • 모든 정치활동을 당 령도 밑에 진행
비고	• 맑스-레닌주의당 → 김일성의 당 → 김일성과 김정일의 당 → 김일성-김정일주의당으로 변화: 공산주의의 기본이념대신 유일사상중시 • 김일성 → 김정일 → 김정은으로 중심 변화: 세습의 정당성 부여	• 현재 수령의 지도를 강조 • 군이 수령의 군대임을 점차 강조 • 당의 군 영도 강조

*출처: 1980년, 2010년, 2012년, 2016년, 2021년 개정 『조선로동당 규약』

았지만 사실상 '김일성의 당'임을 명확히 한 것이다.

2010년 당 규약 서문에서는 "위대한 수령 김일성동지의 당", "위대한 수령 김일성동지와 위대한 령도자 김정일동지의 령도밑에 조선로동당은 자주시대 로동계급의 혁명적 당건설의 새 력사를 창조하고 김일성조선의 부강발전과 인민대중의 자주위업, 사회주의위업수행에서 불멸의 업적을 이룩하시었다."라고 명시하였다.

2012년에는 "위대한 수령 김일성동지와 김정일 동지의 당"이라고 당을 정의하였다. 또한 2016년, 2021년에는 서문에 "위대한 김일성-김정일주의당"이라고 정의하였고 "조선로동당은 위대한 김일성동지와 김정일동지를 영원히 높이 모시고 경애하는 김정은동지를 중심으로 하여 조직사상적으로 공고하게 결합된 로동계급과 근로인민대중의 핵심부대, 전위부대이다."라고 규정하였다. 중국이나 소련과는 다르게 당을 최고 지도자의 당으로 변모시킨 것이다.[516)]

군에 대해서는 1980년 당 규약에는 46조에 "조선인민군은 항일무장투쟁의 영광스러운 혁명전통을 계승한 조선로동당의 혁명적 무장력이다."라고 정의하고 있다. 그리고 당과 수령, 인민을 위해 목숨을 바칠 수 있도록 단련해야 한다고 규정하였다.

2010년 당 규약 46조에서는 "조선인민군은 당위 위업, 주체혁명위업을 무장으로 옹호 보위하는 수령의 군대"라고 정의하고 있다. 2012년과 2016년 당 규약에 '당의 군대', '인민의 군대'가 추가되나 가장 먼저 언급되어 강조되고 있는 것은 '수령의 군대'이다.[517)]

---

516) 2010년 개정, 2012년 개정, 2016년, 2021년 개정 『조선로동당 규약』 서문.

517) 2021년 당 규약에는 '수령의 군대', '인민의 군대'가 삭제되었으나 기본적으로 "김정은을 중심으로 결합된 노동계급과 근로인민 대중의 핵심부대, 전위부대"라는 당에 대한 정의에는 변화가 없다. 그래서 여전히 조선인민군은 수령의 군대이다.

이러한 정의의 차이는 북한이 김일성 시대에서 김정일 시대, 김정은 시대로 넘어가는 흐름 속에서 군에 대한 김일성 일가의 유일영도체계가 점차 강화되어 고착화되었다는 것을 의미한다. 그리고 북한의 군 지도기관들은 수령의 유일적 영도를 받는 기관들이라는 것이 더욱 명확해지는 것이다. 이들은 기본적으로 수령의 영도를 받아 자신들의 임무를 수행하니 결국은 수령이 수령을 위해 수령의 군을 영도하는 것이다. 수령이 당중앙군사위원회 위원장, 국방위원회(국무위원회) 수장, 최고사령관직 모두를 가지고 있는 것이 이를 뒷받침한다.

그럼 군사 영도에서 소련과 중국, 그리고 북한 간의 이러한 차이는 왜 발생하게 된 것인가? 그것은 북한이 최고 지도자의 유일적 영도에 의해 움직이는 국가이기 때문이다.[518] 소련과 중국은 최고 지도자가 당대회를 통해 일정 기간마다 교체된다. 철권을 휘둘렀던 '스탈린'과 '모택동'도 세습은 하지 못했다. 개인이나 한 일가에 의한 지속적인 지배가 불가능하고 당의 영도는 계속되는 것이므로 당의 군대가 되는 것이다.

그러나 북한에서 당은 수령에 의해 영도되고 수령의 혁명사상을 옹호 관철하기 위해 투쟁하는 수령의 조직이다.[519] 그리고 북한에서는 당을 영도하는 수령이 대대로 이어진다. 그러므로 당의 군대보다는 수령의 군대가 더 필요하다. 이것은 사회주의권 국가의 일반적인 군사기관 운영이 아닌 수령의 의도에 따른 운영을 가능하게 해주었

518) 북한은 2010년 개정 당 규약부터 서문에 김정일이 조선로동당을 유일사상체계와 유일적령도체계가 확고히 선 사상적순결체, 조직적전일체로 건설하였다고 적고 있다.

519) 정대일(2010), 「국가종교로서의 북한 주체사상연구」, 한국학중앙연구원 박사논문, 137쪽; 사회과학출판사(1973), 784~785쪽.

다. 당을 통한 협의를 거치지 않은 정책 결정과 실현,[520] 군사 지도기관의 최고 국가지도 기관화를 통한 국방 중시의 국가 관리체계, 즉 국방사업에서 나서는 문제들을 풀기 위해 국가사회 생활 전반을 관리하는 체계의 실현 등이 이에 해당될 수 있을 것이다.

북한의 군사 지도체계에서 당은 분명히 중심적인 역할을 하고 있다. 그러나 그 당은 최고 지도자인 수령의 영도를 받고 있다. 그리고 군도 수령이 최고사령관이 되어 지휘하고 있다. 결국 북한은 수령의 유일적 영도가 당 중심체제를 통해 실현되고 있는 것이다. 수령의 유일적영도와 당 중심체제의 결합이다.

이것은 2015년 8월과 2020년 6월 위기 시 북한의 위기관리에서 잘 나타났다. 당시 김정은은 직접 주재하여 당중앙군사위원회 비상확대회의와 당중앙군사위원회 예비회의를 진행하고 여기서 논의한 내용을 조선인민군 최고사령관 명령과 당중앙군사위원회 명의로 명령을 하달했다. 김정은의 영도 아래 위기관리를 위한 당 기관의 회의가 열렸고 이 회의를 통해 군대를 움직인 것이다.

5. 최고 지도자 중심의 지배체제 강화를 위해 변화된 국가 주권 최고 지도기관

1) 국무위원회 신설의 배경 및 의미

김정은은 2016년 6월에 최고인민회의 제13기 제4차 회의를 개최

520) 이대근(2004), 163~164쪽.

하여 헌법을 개정, 국방위원회를 국무위원회로 개편한다.[521] 〈표 22〉에 정리된 2016년 6월 개정 헌법 내용을 보면 국무위원회의 위상과 역할이 국가체제 내에서 국방위원회의 그것들보다 더욱 넓어지고 높아졌음을 알 수 있다.

기존에는 국방 분야에서만 최고 지도기관이었으나 이제는 "국가주권의 최고정책적지도기관"이 되어 진정한 국가 최고 지도기관이 되었다. 그리고 기존에는 국방 부분에만 해당되었던 조직과 인사 분야 등에서의 역할들도 국가 전체로 범위가 넓어졌다. 즉, 전체적으로 기존에는 법률상으로 위상과 역할이 국방 분야에 한정되어 있었으나 국무위원회가 되면서 국정 운영 전 분야로 확대되었고 그러면서 국방 분야의 임무도 흡수한 것이다.

또한 국무위원회 위원장의 역할에 전시 비상기관인 "국가방위위원회를 조직지도한다."는 내용이 추가되었다. 현재 이 기관에 대해서는 북한이 공개하거나 연구자들이나 정보당국에서 밝혀낸 것은 전무 하다. 하지만 앞선 유사 기관들을 통해 국가방위위원회의 역할을 추론해 볼 수는 있을 것이다.

국가방위위원회와 유사했던 기관들로는 2차 세계대전 당시 소련의 국가 비상기관이었던 국가방위위원회와 한국전쟁 당시 북한의 '공화국 군사위원회', 그리고 전시사업세칙에 명시되어 있던 전시 국방위원회를 들 수 있다. 이미 앞서 이 기관들에 대해 논의했었지만 이 기관들에는 공통적으로 전시 국가의 전 기능을 장악하여 모든 자원을 동원할 수 있는 권한과 이를 통해 전쟁 수행을 지원하는 역할이 주어졌다. 거기에 '공화국 군사위원회'와 국방위원회에는 후방지

---

521) 『조선중앙 TV』, 2016년 6월 29일; 『로동신문』, 2016년 6월 30일.

역을 통제하는 임무도 부여되었었다.

이를 보았을 때 새롭게 등장한 국가방위위원회에서는 당의 지도 아래 전시 국가의 모든 기능, 역량을 통제·동원하여 군을 지원하고 후방지역의 안전을 보장하는 임무를 수행할 것으로 보인다. 그러나 군 지휘권은 보유하지 못할 것이다. 위에 제시된 기관들 모두 군 지휘권을 가지지 못했고 북한의 전시사업세칙을 보아도 전시에는 최고사령부가 작동하게 되어 있기 때문이다.

한편 국무위원회로의 명칭 변경은 기존 국방위원회의 실제적인 역할을 반영한 것이다. 헌법상으로 국방위원장은 국가의 전반 사업을 지도하게 되어 있었고 국방위원회는 그런 국방위원장의 지도를 직접 받게 되어 있었다. 그리고 국방위원장의 명령 등의 실행에 대한 감독 및 대책을 마련하게 되어 있었으며 선군혁명노선 관철을 위한 국가의 중요정책을 수립하게 되어 있었으므로 실제적으로는 국정 전반에 관여하고 있었다고 볼 수 있다. 그러므로 이러한 실제적인 역할에 맞게 명칭을 변경한 것이다. 국가 최고 기관에게 '국방'이라는 역할을 한정 짓는 명칭은 어울리는 것이 아니다.

한편 북한은 국무위원회를 신설하면서 구성원들을 새롭게 개편했다. 〈표 24〉에 정리된 2016년 6월에 최초로 구성된 국무위원회 명단을 〈표 13〉에 정리한 국방위원회 구성원 명단과 비교해 보면 국방위원회의 기존 역할에 여러 가지가 추가되어 그 범위가 넓어졌음을 알 수 있다.

군수공업담당자와 공안기관 담당자들이 여전히 포함되어 있는 것은 국무위원회가 군수공업과 사회통제를 계속해서 이끌 것임을 보여주는 것이었다. 그리고 리용무나 오극렬 같은 실제 임무 수행이 제한되었던 군 원로들이 빠져나감으로 인해 보다 실무적인 구성으로 개편되었다고 볼 수 있다. 실질적으로 역할을 수행하지 못하는 인물들의 해임은 효율적인 임무 수행에 도움을 주었을 것이다.

하지만 그 외의 인물들은 국무위원회의 활동 범위가 더욱 넓어졌음을 보여준다. 김영철의 합류는 국방위원회의 대남분야 역할이 국무위원회에서 더욱 강화될 것임을 보여준 것이었다. 거기에 리수용, 리용호 같은 외교 전문가들의 합류는 핵과 미사일 문제로 고립이 점차 심화되고 있던 상황을 극복하기 위한 외교 역량 강화 조치였다. 그리고 내각 총리와 선전담당 부위원장의 추가는 경제 회복에 대한 김정은의 의지와 체제 유지를 위한 선전선동 분야에 대한 중요성을 반영한 것이었다. 즉, 김정은은 국무위원회를 통해 국방과 사회통제 분야는 물론 대남, 외교, 경제, 선전선동 등의 국정 전반을 관리하겠다는 의지를 분명히 드러냈던 것이다.

이러한 헌법과 명칭, 구성원의 변경은 국정 운영의 정상화와 연결된다. 국방위원회는 국가의 존망이 걸린 긴급 상황을 극복하기 위해 강화된 위기 관리기관이었다.[522] 이러한 기관을 개편하여 국가 최고 지도기관에 걸맞은 헌법과 명칭, 인원 구성을 가진 기관을 대신 내왔다는 것은 위기 극복에 맞춰졌던 국정 운영을 정상적으로 전환하겠다는 의도였던 것이다. 앞서서 살펴보았지만 국무위원회를 신설했던 2016년 당시 북한은 김정일 시대에 비해 내부 사정이 안정되어 있었다고 판단된다. 이는 김정은에게 국정을 정상적인 체제로 운영할 것을 결심하게 했을 것이다.

한편 김정은의 국무위원회 창설과 국무위원장 취임은 김정일의

522) 김진옥(2016), 「선군정치의 법적담보는 어디에 있는가」(https://han.gl/aWnhy, 검색일: 2016년 9월 24일).

그늘을 벗어나 자신만의 체제를 완성했음을 의미했다. 김정은은 이미 당위원장직 신설과 최고 사령관직 취임으로 당과 군에 대한 영도체계를 완성했었다. 거기에 마지막으로 김정일 시대의 상징인 국방위원회를 개편하여 새로운 국가 최고 기관인 국무위원회를 신설하고 또 위원장으로 취임했다는 것은 국가영도체계마저 구축을 완료하여 당, 정, 군 모두를 김정은 식으로 바꾸는 작업의 종료를 의미한다. 비로소 김정은 체제 구축이 마무리된 것이다.

그런데 국무위원회는 이전 소련과 중국에서는 보기 어려운 독창적인 기관이라고도 할 수 있다. 소련과 중국의 최고 국가 권력기관인 소련 최고 소비에트와 소련 최고 소비에트 상임간부회, 전국인민대표대회와 전국인민대표대회 상무위원회는 국무위원회보다 흔히 한국의 국회와 비교되기도 하는 북한 최고인민회의와 최고인민회의 상임위원회와 비교될 수 있는 기관이다.[523] 이 기관들은 다수인원들로 구성되었으며 입법권과 국가기관들에 대한 조직 권한 등을 가지고 있다. 거기에 소련과 중국의 기관은 외교권, 비상 상황 대응, 국가기관 조직, 사면권 등의 일부 기능은 국무위원회와 겹치기도 한다.

하지만 소련과 중국의 기관들은 국무위원회처럼 국가 원수의 직접 지도를 받는 곳들이 아니다. 수장들은 국무위원장이 가지고 있는 국가 일체 무력에 대한 지휘권과 전시기관 조직 같은 막강한 권한을 가지고 있지 못했다. 아예 국가원수가 기관들과 분리되기도 했다. 그리고 최고 지도자가 자신만의 정치체제를 구축하기 위해 만든 기관들이 아니다. 즉 김정은은 중국, 소련과는 다른 성격과 강화된 권한을 가진 국가 최고 지도기관을 만든 것이다.

523) 최고인민회의와 최고인민회의 상임위원회에 대해서는 정성장(2014)를 참조.

이는 김정은은 선대 최고 지도자들이 최고인민회의에서 특별한 역할을 맡지 않았던 관례를 따르면서 국가기관을 장악하기 위해 국가 원수가 반드시 수행해야 하는 역할을 별도로 분리하고 확대하여 새로운 기관을 만든 후 그 수장으로 취임한 것으로 판단할 수 있다.

2) 헌법이 닮은 중앙인민위원회와 국무위원회

헌법을 통해 부여된 국무위원회의 근본 역할은 국가 중요정책의 수립과 집행, 그리고 이에 대한 지도·감독이다. 중앙인민위원회도 부여받은 역할이 국가의 대내외 정책 수립과 이를 집행하는 국가기관들에 대한 지도·감독이므로 헌법에 명시된 국무위원회의 역할은 문구만 다르지 중앙인민위원회와 동일한 것이다. 한편 국방위원회에는 2009년이 되어서야 헌법에 국가 중요정책 수립에 대한 내용이 반영되었다. 이는 실제 수행하던 역할이 추후에 반영된 것으로 법적으로는 다른 기관들과는 달리 국가 주권 최고 지도기관의 모습을 나중에 갖추게 된 것이다.

국무위원장은 국가의 최고 영도자로 국무위원회를 직접 지도하여 국가 전반 사업을 지도하도록 되어 있는데 주석과 국방위원장도 국가 최고 영도자로 각 기관들을 직접 지도하여 국정 전반을 이끌 수 있도록 보장되었다. 물론 국방위원장의 관련 내용들은 후기에 가서야 완성된 것이지만 국무위원장과 다른 기관 수장들의 근본 역할에는 큰 차이가 없는 것이다.

이렇게 세 기관과 그 수장들의 역할에 차이가 없는 것은 이 기관들 모두 최고 지도자 중심의 지배체제를 강화하기 위해 만들어졌기 때문이다. 중앙인민위원회는 반대 세력 일소 후 유일지배체제 공고화를 뒷받침하기 위해 만들어졌고 국방위원회는 최고 지도자 중심으로 위기를 극복하기 위해 역할을 강화하여 개편한 기관이었다. 그리고 국무위원회는 새로운 지도자가 자신만의 정치를 위해 만든 기관이다.

한편 국방위원회에 헌법을 통해 내려졌던 정의는 최고 국방지도기관으로 실제로는 국가 최고 지도기관 역할을 수행했던 것을 온전히 반영하지 못했다. 2009년 헌법 개정 시 실제 수행하던 역할이 반영되었지만 정의에서는 근본적인 변화가 없었다. 이는 비상시기로 모든 문제를 군사선행의 원칙에서 처리해야 했고 군사가 곧 국사였던 선군시대의 상황이 반영된 것이다.[524] 즉, 선군시대에는 국방지도기관이 국가기관들을 지도하고 감독해야만 했던 것이다.

그러나 헌법에서 국무위원회는 '국가 주권의 최고정책적 지도기관', 중앙인민위원회는 '국가 주권의 최고 지도기관'으로 비슷하게 정의되며 국방위원회와는 다르게 국방이 강조되거나 역할 범위가 특정되지 않았다. 그리고 이미 앞에서 살펴보았듯 헌법을 통해 두 기관에 부여된 권한과 임무도 국방과 보위 사업을 포함하여 경제, 외교, 행정, 인사, 사법 등 국정 전반에 걸쳐 지도할 수 있다는 공통점을 보이고 있다. 이는 김일성과 김정은 시대는 군사 선행의 원칙이 필요한 비상시기가 아니라는 상황판단이 반영된 것이고 김정은이 국무위원회를 신설하며 그 성격과 역할을 법제화할 때 중앙인민위원회를 모델로 했을 가능성이 높음을 시사하는 것이다.

524) 조선로동당 중앙위원회 당력사연구소(2006), 『우리 당의 선군정치』, 평양: 조선로동당 출판사, 95~112쪽.

3) 당면 과제가 반영된 국가 주권 최고 지도기관들의 활동

현재 국무위원회는 외교, 군사, 경제, 사회통제와 선선선동, 남북관계, 인사 등 국정 운영 전반에 관여하며 국가 최고 지도기관 역할을 충실히 수행하고 있음을 확인하였다. 그리고 이러한 역할들은 중앙인민위원회와 국방위원회도 수행했던 것들이다. 국무위원회와 이전 두 기관들의 역할의 방향성에는 특별한 차이가 없는 것이다.

그러나 세부적으로 보면 이전 기관들에서는 확인하기 힘든 역할들을 찾을 수 있다. 그것은 재난 대응과 산림관리, 선전선동이다. 재난 대응은 의료, 방역체계가 빈약한 상태에서 맞이한 코로나-19로 인해 강화될 수밖에 없었고 반복되는 자연재해에 대한 대응도 필요했을 것이다. 산림정책 감독국 신설은 앞서 보았듯 수해를 근본적으로 해결해 보자는 의미도 들어 있다.

그런데 산림정책 감독국은 다른 역할과도 관련된다. 북한은 산림에 대해 '나라의 귀중한 자원, 경제건설과 인민생활 향상의 보물고'라면서 산업 현장들의 가동과 인민소비품 생산을 위한 원료 생산지로 유용하다 설명하고 산 열매 등은 식료품 생산에 이용될 수 있다 소개하며 산림 복구를 독려하고 있다.[525] 그러므로 산림정책 감독국은 국무위원회가 경제, 민생, 재난 대응 등 주민 생활과 연관된 정책에 관여하고 있음을 간접적으로 증명하는 것이기도 하다.[526]

한편 선전선동 활동은 중앙인민위원회와 국방위원회에서도 있었다. 주민들의 사기 증진을 위해 훈포장을 수여하고 각종 사업에 주민

525) 『로동신문』, 2018년 9월 29일; 2021년 2월 26일.
526) 『로동신문』, 2021년 9월 17일.

들 참여를 독려하는 등의 활동을 펼쳤었다. 그러나 직속 연주단을 만들어 주민들과 직접 접촉하며 활동한 것은 국무위원회뿐이다. 북한은 국무위원회 연주단 공연을 "총비서동지에대한 절대적인 신뢰심과 당중앙의 두리에 한마음으로 굳게 뭉쳐…더 큰 승리를 떨쳐갈 천만인민의 투쟁기개를 힘있게 과시한 공연", "…인민들과 인민군 장병들의 혁명열, 투쟁열을 백배해준 노래들이 올랐다."라고 평가했다.527) 국무위원회가 직접 김정은과 당 중심의 단결과 투쟁의 실행을 선전선동하는데 나서고 있음을 알려주는 것이다.

이러한 활동들은 현재 북한의 당면 과제와 연결된다. 후퇴만 하는 경제 상황과 항상 부족한 식량문제는 김정은 시대 이전부터 있었던 것이다. 그런데 코로나로 스스로 선택한 고립과 제재로 완전히 중단된 대외교류는 이 모든 문제를 스스로 해결해야 함을 의미한다. 재난대응을 통해 가지고 있는 역량을 보존하고 산림정책 강화와 선전선동을 통해 자체적으로 동원할 수 있는 자원을 최대한 활용해 당면한 문제들을 해결하겠다는 것이고 김정은이 2016년 신년사서부터 자체적으로 문제를 해결하여 강국이 되자고 강조하고 있는 '자강력 제일주의'의 실행인 것이다.528)

한편 당면 과제를 반영한 역할 수행은 다른 두 기관에도 있었다. 중앙인민위원회는 1970년대 중반 석유파동 영향하에서 원활한 자재공급을 위해 자재공급위원회를 설립했으며 1980년대 말에는 침체된 경제 상황 속에서 외자 유치와 관리를 위해 합영공업부를 만들었다. 그리고 국방위원회도 투자유치를 위해 은행 등을 새로 설립했었고

527) 『로동신문』, 2021년 6월 27일; 2021년 7월 30일.
528) 『로동신문』, 2016년 1월 1일.

〈국무위원회 연주단의 공연 장면들〉
『로동신문』, 2021년 7월 3일; 2021년 7월 7일

일본인 납북자 문제 해결과 자신들에게 불리하게 조성되고 있던 해외 여론을 돌리기 위한 행동에 나서기도 했었다. 즉, 국무위원회를 포함한 각 기관들의 역할에는 활동하던 시기의 정세가 반영되어 있는 것이다.

4) 최고 지도자의 통치 방식이 반영된 간부 구성

앞서 보았듯 국무위원회는 '국가 주권의 최고정책적 지도기관'이라는 정의에 어울리는 간부 구성을 하고 있다. 먼저, 국무위원회에는 전반적 국가관리기관인 내각의 총리가 소속되어 활동하고 있는데 중앙인민위원회에도 내각과 유사한 임무를 수행했던 정무원 간부들이 소속되었고 이들도 직접 국가사업 현장을 확인했다.[529] 그런데 국방위원회에는 국가사업 관리에 참여할 수 있는 직책의 인물은 없었고 군수 경제를 담당한 군수공업담당비서, 제2경제위원회 인사들은 소속되었다. 이들은 무기 수출 등을 통한 외화벌이로 국가사업에 기여했을 것이다.

거기에 외교 간부 구성에서도 국무위원회, 중앙인민위원회는 차이가 없으나 국방위원회는 빈약했다. 국무위원회와 중앙인민위원회에는 당 국제부장, 외무상 출신 등 전문 외교 인사들이 소속되었던 반면 국방위원회에는 외교 간부 없이 군사 외교를 담당하는 인민무력부장 정도만 소속되었다. 이러한 행정 집행 및 외교 간부 구성 차이는 국가 지도기관과 국방지도기관이라는 차이가 반영된 것이다.

국무위원회의 군사간부 구성은 이전 시대와 차이가 없다. 국방위원회에도 국방성의 전신 인민무력부와 총정치국 등에 소속된 간부들이 포함되었고 중앙인민위원회에도 인민무력부장, 총정치국장 등의 인사들이 예하의 국방위원회에 소속되어 군사 부문 사업을 도왔다. 세 기관 수장들 모두 국가의 일체무력을 지휘통솔 하도록 규정되었는데 그에 합당한 간부 구성을 한 것이다.

남북관계 관련 간부 구성에서 국무위원회에는 통일전선부장이 소속되었으나 이전 두 기관에는 소속되지 않았었다. 그래도 국방위원회에는 2009년부터 국무위원회와 같이 국가보위성의 전신인 국가안전보위부 간부가 포함되었고 중앙인민위원회에서는 대남담당비서가 소속되어 있었으며 소속 간부들이 회담이나 서신 교환 등을 통한 남북 접촉에 직접 참여했었다.[530] 남북문제 관련 간부 구성은 국무

---

529) 김일성(1984), 『김일성 저작집 28』, 평양: 조선로동당출판사, 96~136쪽; 김일성(1987), 『김일성 저작집 34』, 평양: 조선로동당출판사, 45~77쪽, 92~119쪽; 김일성(1987), 『김일성 저작집 35』, 평양: 조선로동당출판사, 15~38쪽.

위원회가 보다 풍부하게 구성되어 있는 것이다.

국무위원회에 항상 포함되고 있는 공안기관 간부들은 국방위원회에도 꾸준히 소속되었으나 중앙인민위원회에는 사회안전부장이 초기에만 포함되었다. 이런 차이는 세 기관의 활동 시기 정세와 연관있어 보인다. 현재와 국방위원회 활동 시기는 체제 보위를 위해 사회통제 강도를 높여야만 하는 때로 공안기관 강화가 필요했던 것이고 체제 위협 요소가 적었던 중앙인민위원회 시절은 상대적으로 공안기관들의 필요성이 적었을 것이므로 이러한 상황이 반영된 것이다.

그런데 국무위원회 간부 구성의 가장 큰 특징은 조직지도부, 선전선동부 인사가 포함된다는 것이다. 국방위원회에는 관련 간부들이 없었고 중앙인민위원회에는 초기에 조직지도부장만 잠시 포함됐었다. 이는 중앙인민위원회 시절에는 김정일이 1973년부터 조직 및 선전담당 비서로 일했지만 1980년 10월 후계자로 공표되기 전까지 대중에 공개하지 않았고 1993년 국방위원장 추대 전까지 국가기관 주요직위를 맡지 않은 상황이 반영된 것이다. 거기에 국방위원회 시절에는 김정일이 직접 관련 업무를 챙기는 상황에서 별도로 해당 기관의 인물을 배치할 필요가 없었던 것도 고려된 것이다. 또한 비상시기로 직접 모든 일에 관여했던 김정일과 국정을 정상화하면서 조직과 사람을 활용하고 있는 김정은, 비상 통치의 필요성이 적었던 김일성의 통치 방식 차이로도 볼 수 있다.

이처럼 국무위원회는 공안 부분을 제외하고는 군 인사 중심의 국방위원회보다는 중앙인민위원회에 가까운 간부 구성을 하고 있다. 이는 국무위원회가 국방지도기관을 넘어선 중앙인민위원회와 같은

---

530) 『로동신문』, 1973년 3월 15일; 1975년 1월 8일; 1980년 1월 31일.

국가 최고 지도기관이므로 당연한 것이다. 그리고 남북관계와 조직·사상을 담당하는 간부들은 이전보다 강화된 구성을 하고 있다. 이는 고립 상황 극복을 위해선 반드시 필요한 한국과의 대화를 염두에 둔 것이고 조직·사상적으로 내부 결속을 다지며 국가관리체계 중추 기관인 국무위원회의 위상도 높이기 위한 것으로 판단된다.

제7장 평가와 전망

북한은 사회주의국가로서 일반적인 사회주의권 국가들과 마찬가지로 당-국가체제를 유지하고 있다. 그러나 북한은 김일성 일가의 지배권 독점을 위해 다른 사회주의권 국가들에는 존재하지 않는 '수령의 유일적영도체제'를 만들어 수령-당-국가체제를 구축하였다. 기존 당-국가체제에 '수령의 유일적영도체제'를 결합한 것이다. 그리고 북한은 당중앙군사위원회와 국방위원회를 이 틀 속에서 운용하였으며 국방위원회를 개편하여 대체한 국무위원회도 이렇게 운용되고 있다.

북한은 1962년 12월 당시 자신들에게 불리했던 외부 상황에 대응키 위해 당중앙위원회 전원회의에서 4대 군사노선과 경제·국방 병진에 대한 방침을 내 놓고 이들의 추진을 위해 당중앙위원회 군사위원회를 창설한다. 당시 북한의 국내 상황은 힘겨웠던 외부 상황과는 반대로 전후 복구사업과 경제개발계획이 성공적으로 추진되고 있었고 8월 종파 사건 이후 김일성에 대한 견제 세력이 완전히 배제되어 정치적으로도 안정되어 있었다. 이는 사실상의 국방력 강화 방침인 경제·국방 병진정책과 이의 관철 방안인 4대 군사노선을 자신 있게 선택할 수 있게 한 원동력이었다.

이렇게 창설된 당중앙위원회 군사위원회는 점차 그 위상과 역할을 확대하여 군 지휘권이 당 규약에 규정되고, 이후 당중앙군사위원회로 분리되어 독립될 정도로 북한 군사 운영의 중심으로 자리 잡았다. 김일성과 김정일 시기의 당중앙군사위원회는 군 지휘권, 군 인사, 군사 외교, 군수산업, 군 복지 문제 등 국방에 관계된 전반적인 사안들을 모두 다루었고 국정운용의 중요사항을 결정하는 일 등에도 관여하였다. 물론 김정일 집권 후 당중앙군사위원회는 그가 당의 협의체 기능을 잘 활용하지 않고 엘리트들도 제때 구성해주지 않는 등 위상과 역할이 이전보다 상대적으로 위축되었던 것도 사실이다.

그러나 김정은 시대의 당중앙군사위원회는 김일성 시대와는 달리 김정은의 등장과 함께 상설기관화되었다. 그리고 김정은은 김정일과는 다르게 당의 군사 분야 협의체인 당중앙군사위원회의 기능을 적극적으로 활용하였으며 기존에는 확인할 수 없었던 국가안보위기 관리기관으로도 사용하였다. 그러므로 김정은 시대의 당중앙군사위원회의 위상과 역할은 이전 시대보다 상승하고 확대된 것으로 평가할 수 있다.

거기에 이 기관은 김정일과 김정은으로의 권력승계 과정에서도 중요하게 사용되었다. 김정일은 1980년 제6차 당대회를 통해 당중앙위원회 군사위원회 위원으로 추대되면서 공식적인 군권 이양을 위한 기반을 마련하였으며 김정은은 2010년 제3차 당대표자회에서 당중앙군사위원회 부위원장으로 처음 등장하면서 자신이 후계자임을 공식화하였다. 김정일과 김정은은 당중앙군사위원회를 통해 후계자로서 공식적으로 군권을 이양받기 위한 토대를 강화한 것이다.

한편 1972년, 당의 주체사상을 활동 지침으로 삼고 김일성을 보좌하기 위해 만들어진 중앙인민위원회의 여러 부분별 위원회 중 하나였던 국방위원회는 1980년대 후반부터 시작된 북한을 향한 국내외 위협과 김정일로의 권력 승계가 맞물리면서 역할이 확대되어 위상이 급성장하게 된다.[531] 이때는 김일성 사망, 자연재해, 경제위기 심화 등으로 대외 상황은 물론 국내 사정도 체제 생존이 위협을 받을 정도로 상당히 어려운 상태였다. 이에 김정일은 정권 유지와 국가의 생존을 위한 비상 수단으로 선군정치를 선택하고 이를 실현하기 위해 국가기관체계를 개편하면서 국방위원회를 강화하게 된다.

이렇게 강화된 국방위원회는 군사와 관련하여 명령, 결정, 지시 등을 내고 군 인사나, 군사기관의 개편, 후방지역 방어와 군사동원, 군수공업과 후방사업 등을 지도하는 역할을 수행하였다. 그리고 외교, 공안, 대규모 건설 공사와 이를 위한 주민동원 등도 지도했다. 군을 지원하는 역할과 국정 전반을 운영하는 국가 주권의 최고 지도기관으로서의 역할을 수행한 것이다. 이는 국방위원장이 국가의 최고 영도자로서 국가의 전반 사업을 지도했던 직책이기에 가능했던 것이다. 또한 김정은 시대에 들어서는 기존의 역할에 대외선전기관으로서의 역할 등도 담당하였다. 김정은이 당 중심 정책을 펼치면서 국가기관으로서 위상이 정상화되었지만 역할만은 지속적으로 확대

531) 이미 2장에서 살펴보았듯 국방위원회의 시초는 한국전을 수행하기 위해 '당중앙위원회 정치위원회'를 통해 만든 전시 비상기관인 '조선민주주의인민공화국 군사위원회'이다.

된 것이다.

국방위원회는 후계자들 군권 장악의 완료점이기도 했다. 김정일은 군사기관 중 당중앙위원회 군사위원회에 먼저 진출했고 다음으로 최고사령관에 추대되었으며 마지막으로 국방위원회 위원장이 된다. 당-군-정 순으로 군에 대한 영도권을 승계받은 것이다. 김정은도 2010년 9월 제3차 당대표자회를 통해 당중앙군사위원회 부위원장으로 처음 당직에 들어섰고 2011년 12월에 최고사령관으로 추대되었으며 다음으로 국방위원회 수장인 제1위원장직에 취임한다. 김정일이 당-군-정 순으로 군권을 장악했던 순서와 방식을 그대로 적용한 것이다. 이처럼 당중앙군사위원회가 군권 장악의 공식적인 발판이었다면 국방위원회는 군권 장악의 마무리를 담당하였다.

위와 같은 두 기관의 모습을 보면 항상 당이 변화에 중심에 있고 그 변화는 수령의 의도에 의한 것임을 확인할 수 있다. 그리고 이러한 변화와 의도는 당면한 현실에 영향을 강하게 받았다는 것을 알 수 있다.

한편 위기 극복 시 어느 기관을 활용했는지가 당중앙군사위원회와 국방위원회의 위상과 역할에 영향을 미쳤다. 당연한 이야기이지만 국방위원회를 적극 활용했던 김정일 시기는 이 기관의 위상과 역할이 상대적으로 높아졌고 당 중심의 국정 운영을 펼친 김일성 시기와 김정은 시기의 당중앙군사위원회의 위상과 역할은 당-국가체제에 맞는 모습을 보이고 있다. 또한 당-국가체제의 기본 틀이 깨진 것은 아니지만 어느 한 기관의 위상이 높아지면 상대적으로 다른 기관의 위상이 반대되는 모습을 보였다. 국방위원회가 부각되었을 때는 당중앙군사위원회의 모습이 상대적으로 위축되어 있었고 당중앙군사위원회가 정상적이었을 때는 국방위원회가 부각되지 못했다.

그런데 두 기관의 활용에는 중요한 차이가 있었다. 그것은 대내 환경의 안정 여부이다. 국방위원회가 중용되었을 시기는 전신인 공화국 군사위원회 시절을 포함해서 대외 상황은 물론이고 내부 상황까지 비상시기였고 이 당시 이 기관의 위상과 역할은 상당한 것이었다. 그러나 당중앙군사위원회가 정상적으로 가동되었을 시기는 창설 당시 대외적으로 문제는 있었지만 대내 환경은 안정적이었고 김정은이 승계했을 때도 대외환경은 김정일 시기와 비교해 변함이 없다고 평가할 수 있으나, 대내 상황은 상대적으로 안정된 모습을 보이고 있었다. 즉, 북한의 수령들은 비상시에는 국방위원회를, 정상적인 국정운용이 가능한 시기에는 당중앙군사위원회를 중용한 것이다.

하지만 국가기관이었던 국방위원회의 위상과 역할이 가장 높게 평가되었고 당정치국이나 당중앙군사위원회의 규모가 극도로 축소되었던 김정일 시대에도 당-국가체제의 틀은 유지되었다. 김정일은 "오늘 우리 혁명은 당의 령도밑에 선군의 기치따라 승리적으로 전진하고 있습니다. 우리 당이 펼친 선군정치에 의하여 혁명무력이 비상히 강화되고 조국의 방선이 굳건히 다져졌으며 혁명과 건설에서 위대한 전환을 가져왔습니다."[532]라고 말하였다. 그리고 "선군정치는 우리 당이 처음 내놓은 새로운 정치입니다."[533]라고 말하기도 하였다.

또한 2021년 개정 당 규약에서 기본정치 방식이 '인민대중제일주의정치'로 변경되기는 했지만 2010년부터 2016년 개정 당 규약까지

---

532) 김정일(2003), 「선군혁명로선은 우리 시대의 위대한 혁명로선이며 우리 혁명의 백전백승의 기치이다」, 조선로동당 중앙위원회 책임일군들과 한 담화, 2003년 1월 29일(https://han.gl/GqRBW, 검색일: 2016년 7월 21일).

533) 김정일(2003), 「기자, 작가들은 혁명의 필봉으로 당을 받드는 선군혁명투사가 되여야 한다」, 기자, 작가들과 한 담화, 2003년 2월 3일(https://han.gl/nGrAL, 검색일: 2016년 7월 25일).

는 “조선로동당은 선군정치를 사회주의 기본정치방식으로 확립하고 선군의 기치밑에 혁명과 건설을 령도한다.”라고 규정하여 당이 선군정치의 중심임을 분명히 했었다. 거기에 북한 측이 공개한 당 기관들과, 국방위원회가 관련된 각종 명령, 결정, 지시, 담화 등을 분석해도 국방위원회가 당의 위상에 영향을 주었다는 것은 확인되지 않는다.

김정은은 “혁명승리의 가장 중요한 담보는 혁명의 참모부인 당을 강화하고 당의 두리에 군대와 인민을 하나로 묶어세워 혁명의 주체를 튼튼히 다지는것입니다.”라고[534] 하는 등 당 중심의 국정 운영을 강조하면서 당중앙군사위원회를 정상적으로 운용하고 있다.

결국, 당중앙군사위원회가 당의 군사 노선, 군사정책 결정 및 지도하고 국방위원회가 이것을 집행해야 하는 당과 국가기관으로서의 관계에는 변함이 없었던 것이다.

이렇게 당중앙군사위원회와 이제는 사라진 국방위원회는 그 위상과 역할이 북한을 둘러싼 상황에 따라 변화되었고 이는 당-국가체제에 수령의 유일적영도체계가 결합 된 틀에서 이루어졌다. 이는 앞으로도 마찬가지일 것이다.

그 이유는 북한에서 김정은은 조선로동당을 김일성과 김정일의 당으로 강화 발전시키고 주체혁명을 최후승리에로 이끄는 당과 인민의 위대한 영도자이고 조선로동당은 모든 정치조직들 가운데 가장 높은 형태의 정치조직이며 정치, 군사, 경제, 문화를 비롯한 모든 분야를 통일적으로 이끌어나가는 사회의 영도적 정치조직이며 혁명

534) 김정은(2013), 「김정일동지의 위대한 선군혁명사상과 업적을 길이 빛내여나가자」, 선군절에 즈음하여 당보 『로동신문』, 군보 『조선인민군』에 준 담화, 2013년 8월 25일(https://han.gl/DZsqt, 검색일: 2016년 7월 25일).

의 참모부, 인민의 모든 승리의 조직자이며 향도자이기 때문이다.[535] 그리고 국가는 조선로동당의 영도 밑에 모든 활동을 진행해야 하기 때문이다.[536] 즉, 수령의 영도를 당이 조직하고 이끌면 국가가 이를 실현하는 수령-당-국가체제가 북한의 기본체제이기에 앞으로도 이 틀은 지속될 것이다.

아울러 이 기본체제에서 당중앙군사위원회의 비중은 더욱 증가할 것이다. 김정은이 당 중심의 국정 운영을 펼치고 있으며 실제로 김정은 시대에 들어서 당중앙군사위원회 관련 회의는 수시로 개최되고 있고 이를 통해 군사 분야의 주요 정책들이 협의를 통해 결정되고 있다.

하지만 향후 북한에 다시 한국전쟁이나 고난의 행군과 같은 위기가 닥치게 된다면 당중앙군사위원회가 정상적으로 운용될지 장담할 수 없다. 과거 공화국 군사위원회나 국방위원회의 사례를 보았을 때 김정은은 당중앙군사위원회보다 전시에는 국무위원회 위원장이 조직하게 되어 있는 국가방위위원회를 활용하고 고난의 행군과 같은 위기에는 국무위원회를 활용할 가능성이 높다.

국가방위위원회는 공화국 군사위원회나 전시사업세칙의 국방위원회 역할을 계승한 기관으로 전시에 맞춰진 운용계획이 사전에 작성되어 있을 것이므로 전쟁 수행에는 이 기관을 활용하는 것이 효율적이다. 그리고 국무위원회는 국가사업 전반을 통제할 수 있는 기관이므로 이를 직할 통치하며 그대로 활용해도 국정 수행에 효율성을 더욱 높일 수 있을 것이다.

---

535) 2016년 5월 개정 『조선로동당 규약』 서문; 2021년 1월 개정 『조선로동당 규약』 서문.

536) 2012년 4월 개정 『조선민주주의인민공화국 사회주의 헌법』 11조; 2019년 8월 개정 『조선민주주의인민공화국 사회주의 헌법』 11조.

한편, 국무위원회는 국가 최고 영도자의 직접 지도를 받는 국가 주권의 최고정책적 지도기관으로 국방 분야를 포함한 국가 중요사업을 토의·결정하는 역할을 수행하도록 헌법에 규정되었다. 그리고 실제로 경제, 외교, 군사, 남북관계, 인사, 사회질서 유지, 재난대응, 선전선동 등 국정운영 전반에서 규정된 대로 역할을 수행하고 있으며 간부들도 그에 맞추어 구성되고 있다.

그런데 국무위원회와 같은 형태의 기관은 새로운 것이 아니다. 김일성 시대에는 중앙인민위원회가 헌법과 역할, 간부 구성 모두 국무위원회와 닮은 모습으로 활동했었고 김정일 시대에는 국방위원회가 국방지도기관으로 군 인사 중심의 간부 구성을 하고 있었지만 수행했던 역할은 국무위원회, 중앙인민위원회의 그것과 상당한 유사성을 가지고 있었다.

그러면 이전 기관들과 역할에서 큰 차이가 없는 국무위원회를 신설한 이유는 무엇일까? 정상화된 국가에서는 국방기관이 국가기관의 중심이 될 수는 없기 때문이며 새로운 통치 활동을 해야 할 새 지도자의 국정운영을 보좌하기 위해서는 새로운 시대를 대변하는 기관이 필요했기 때문일 것이다. 즉, 김정은의 영도체계 완성을 위한 것이었다. 그리고 그 과정에서 과거 유사한 모습으로 존재했던 중앙인민위원회를 참고했을 것으로 판단된다.

그런데 북한의 최고지도자가 국가관리체계를 재편하며 국가지도기관을 새로 구성한 것은 국무위원회가 처음이 아니다. 김일성은 유일지배체제를 공고화하며 중앙인민위원회를 만들었고 김정일은 고난의 행군 극복을 위해 국방위원회로 중앙인민위원회를 대체하여 활용했다. 그래서 세 기관이 국가지도기관으로서 실제 수행한 역할에는 근본적인 차이가 없으며 수장들인 국가주석과 국방위원장, 국무위원장의 국가수반으로 국정을 이끈 역할도 그렇다.

한편 국무위원회에는 이전 기관들에서 볼 수 없었던 활동과 간부 구성을 위에서 일부 확인할 수 있었다. 이는 현재 북한이 당면하고 있는 문제들을 자체적으로 해결하려 노력하고 있으며 국가관리체계의 중추로 국무위원회가 활동하고 있음을 보여주는 것이다.

하지만 기본적으로 국무위원회는 중앙인민위원회, 국방위원회가 수행했던 역할을 승계하고 있음을 확인할 수 있다. 이는 국무위원회의 역할은 전혀 새로운 것이 아니며 앞으로도 상황에 따라 부분적으로는 이전에는 없었던 역할이 부여될 수는 있으나 근본적으로 '국가주권의 최고정책적 지도기관'으로서의 역할은 변하지 않을 것임을 예측하게 하는 것이다.

한편 국무위원회 중심의 국가기관 체계는 지속될 것으로 보인다. 북한의 국가 주권 최고 지도기관 변화는 앞서 보았듯 당시 최고지도자들이 지배체제를 더욱 공고히 할 필요가 있을 때 이루어졌다. 그런데 김정은 체제는 확고하여 체제 강화를 위한 변화가 필요치 않아 보인다. 김정은에게 도전할 만한 세력이 존재하지 않고 현재 북한의 정치·경제적 상황 등이 만만치 않은 것은 사실이나 고난의 행군 시기같이 체제 유지를 위해 국정 운영체제에 근본적 변화를 주려는 움직임도 보이지 않는다. 즉, 변화하는 상황에 대한 부분적 대응은 있겠으나 새로운 기관을 만들거나 현재보다 좋았던 과거를 따라가는 근본적인 변화는 가능성이 적어 보인다. 그리고 김정일 시대 처럼 당과의 관계에서 논란은 없을 것이다. 김정은은 당 중심의 국정 운영을 더욱 확고히 하고 있기 때문이다.

부록

김정은 시대 국방위원회 관여 발표 내용

보도일자	내용	발표형식(주체)
12.02.02	남북간의 현안에 대해 남한 당국의 입장 밝힐 것 질문	국방위원회 정책국 공개질문장
12.02.02	국방위원회 정책국 공개질문장을 설명	국방위원회 정책국 일군들의 기자회견
12.02.15	김정일에게 대원수칭호 수여	당중앙위원회, 당중앙군사위원회, 국방위원회, 최고인민회의 상임위원회 결정
12.02.15	김정각에게 차수칭호 수여	국방위원회 결정
12.02.25	한미연합훈련에 대한 대응 천명	국방위원회 대변인 성명
12.03.03	남한 군부대의 김정일 사진 표적지 사용 및 김정일 비난 구호 사용 비난	국방위원회 정책국 기자회견
12.04.10	최룡해, 현철해에게 차수칭호 수여	당중앙군사위원회, 국방위원회 공동 결정
12.07.17	현영철에 차수칭호 수여	당중앙군사위원회, 국방위원회 공동 결정
12.07.18	김정은에게 원수칭호 수여	당중앙위원회, 당중앙군사위원회, 국방위원회, 최고인민회의 상임위원회 결정
12.07.29	동상, 기념비들 파괴 시도 비난	국방위원회 대변인 성명
12.08.16	이명박 대통령의 8.15 67주년 경축사 비난	국방위원회 정책국 대변인 성명
12.09.29	남한의 북방한계선 고수 입장 비난	국방위원회 정책국 대변인이 조선중앙통신 기자가 제기한 질문에 대답
12.10.09	한국의 미사일 사거리 연장 합의한 '미사일 정책선언' 비난	국방위원회 대변인 성명
12.10.20	서해에는 북한이 설정한 해상군사분계선민이 존재한다고 주장	국방위원회 정책국 대변인이 조선중앙통신 기자가 제기한 질문에 대답

보도일자	내용	발표형식(주체)
12.11.27	국방위예하 인민보안부와 몽골 사법성 사이의 협조에 관한 합의서 조인	인민보안부장 서명
13.01.02	이명박 대통령의 백령도 사수 발언 비난	국방위원회 대변인 담화
13.01.24	장거리 미사일 발사에 대한 유엔제재 결의 비난, 3차 핵실험 경고	국방위원회 성명
13.02.21	제3차 지하 핵실험을 성공한 관계자들을 격려	당중앙군사위원회, 국방위원회의 특별감사문
13.04.18	유엔제재결의 철회, 한미연합훈련 중지, 핵전쟁 수단 철수 하면 대화 가능 주장	국방위원회 정책국 성명
13.04.26	남측정부의 개성공단 재개위한 실무회담 제의 거부	국방위원회 정책국 대변인 담화
13.05.05	개성공단 운명은 남측 당국의 태도에 달려 있다고 주장	국방위원회 정책국 대변인이 조선중앙통신 기자가 제기한 질문에 대답
13.05.25	박근혜 대통령의 경제건설과 핵무력건설의 병진로선 실패 발언 비난	국방위원회 정책국 대변인 담화
13.06.16	미국에 고위급 회담 제의	국방위원회 대변인 담화
13.08.29	UFG훈련 비난	국방위원회 정책국 대변인 담화
13.10.04	박근혜 정부의 대북정책 비난, 경제건설과 핵무력건설의 병진로선 불변 주장	국방위원회 정책국 대변인 성명
13.10.09	13.10.04에 보도된 국방위원회 정책국 대변인 성명에 대한 남한정부 반응을 비난	국방위원회 정책국 대변인이 조선중앙통신 기자가 제기한 질문에 대답
13.10.12	미국의 대북정책 비난, 비핵화 조건의 불가침조약체결 위한 미국 제안 거부	국방위원회 대변인 성명
13.10.30	불순출판선전물을 몰래 보거나 유포시키는 자들을 엄격히 처벌할 것을 천명	국방위원회 인민보안부 포고문
13.11.14	박근혜 대통령의 서유럽 순방 내용 비난	국방위원회 정책국 대변인 담화
13.12.13	장성택 사형 선고	국방위원회 예하 국가안전보위부 특별군사재판
13.12.21	최고 존엄 모략 계속하면 보복 할 것 협박	국방위원회 정책국 서기실 명의의 전화통지문
14.01.17	상호 비방중상중지, 군사적 적대 행위 중지, 핵재난 막기 위한 상호조치 제안	국방위원회 중대제안
14.01.23	14.01.17의 제안 받아들일 것 촉구	국방위원회 공개서한
14.01.28	서해 해상사격 훈련 중단 요구	국방위원회 정책국 서기실 전화통지문
14.02.06	한미연합훈련 비방, 중단 요구	국방위원회 정책국 대변인 성명
14.02.12	남북 고위급 접촉제의	국방위원회 명의 통지문

보도일자	내용	발표형식(주체)
14.03.15	미국의 대북정책 비난	국방위원회 성명
14.03.26	천안함 폭침사건 조사할 검열단 받아들일 것 촉구	국방위원회 검열단 비망록
14.04.11	남측의 탄도미사일 발사와 북한의 미사일 발사에 다르게 반응하는 미국 비난	국방위원회 정책국 대변인 담화
14.04.13	드레스덴 선언 비난	국방위원회 대변인 담화
14.04.15	무인기 사건 북한 소행설을 조작이라고 주장	국방위원회 검열단 진상공개장
14.04.28	황병서에게 차수 칭호 수여	당중앙군사위원회, 국방위원회 결정
14.04.29	오바마 대통령의 남한 방문 비난	국방위원회 대변인 성명
14.05.12	무인기 북소행설은 조작이라고 주장	국방위원회 검열단 대변인 담화
14.05.14	남측 국방부 대변인의 "빨리 없어져야할 나라" 발언 비난	국방위원회 중대보도
14.06.30	모든 군사적 적대행위 전면중지 제안	국방위원회 특별제안
14.07.09	전병호 부고	당중앙위원회, 국방위원회
14.07.13	한미 해상연합훈련 비난	국방위원회 정책국 대변인 담화
14.07.17	영화 '인터뷰' 제작 백악관에 항의	국방위원회 서한
14.07.21	전술 로켓발사 훈련 정당화	국방위원회 정책국 대변인 담화
14.08.20	미 국무장관의 '북미관계 완화 의향' 발언 이중적이라고 비난	국방위원회 정책국 대변인 담화
14.08.31	북한의 핵 비판 드라마 제작 영국 영화 제작자들 비난	국방위원회 정책국 대변인 담화
14.09.16	삐라 살포 중단 요구(09.13, 15 두 차례 요구)	국방위원회 명의 통지문
14.09.28	박근혜 대통령이 '북핵 포기', '북인권' 언급한 유엔총회 연설 비난	국방위원회 정책국 대변인 담화
14.10.02	박근혜 대통령의 '북핵 포기', '북인권' 관련 국무회의 발언 비난	국방위원회 정책국 대변인이 조선중앙통신 기자가 제기한 질문에 대답
14.10.13	대북 전단 살포를 저지하는 작전이 시작되었음을 통보	국방위원회 명의 전통문
14.10.25	미국의 북인권 공세 비난	국방위원회 성명
14.11.15	남측의 군사훈련 비난	국방위원회 정책국 대변인 성명
14.11.23	유엔의 북인권 결의안 통과 배척	국방위원회 성명
14.12.07	소니 픽쳐스 해킹사건 주체가 자신들이 아님을 주장	국방위원회 정책국 대변인이 조선중앙통신 기자가 제기한 질문에 대답
14.12.21	소니 픽쳐스 해칭 사건 배후지목에 대한 부인	국방위원회 정책국 성명

보도일자	내용	발표형식(주체)
14.12.27	영화 '인터뷰'상영 비난 및 북한 인터넷 불통 배후로 미국 지족	국방위원회 정책국 성명
15.01.07	미국의 북한 제재조치 철회 촉구	국방위원회 정책국 성명
15.01.07	남측의 삐라 살포, 흡수통일에 대한 입장 표명 요구	국방위원회 대변인 담화
15.01.25	자신들의 입장에 대한 진정성 호소	국방위원회 정책국 성명
15.02.04	미 오바마 대통령의 '북한 붕괴'발언, 미국의 대북적대정책 비난	국방위원회 성명
15.03.24	5.24조치 해제 촉구	국방위원회 정책국 대변인 담화
15.03.30	박근혜 대통령의 천안함 사건 5주기 추모사 비난	국방위원회 정책국 대변인이 조선중앙통신 기자가 제기한 질문에 대답
15.05.11	김격식 부고	당중앙위원회, 국방위원회
15.05.20	SLBM 개발의 정당성 호소	국방위원회 정책국 대변인 성명
15.05.25	5.24 조치 비난	국방위원회 정책국 성명
15.06.03	미군의 탄저균 배달사고 비난	국방위원회 대변인 성명
15.06.25	반미 투쟁 다짐	국방위원원회 성명
15.07.14	국방위원회 예하 인민무력부와 라오스 국방성 사이의 협조에 관한 양해문 체결	인민무력부장이 서명
15.07.14	평양생물기술원은 생물무기 공장 아니라고 주장	국방위원회 정책국 대변인 성명
15.08.04	억류된 재캐나다 목사의 남한 간첩 자백은 강요 아니라고 주장	국방위원회 정책국 대변인이 조선중앙통신 기자가 제기한 질문에 대답
15.08.15	UFG 비난	국방위원회 대변인 성명
15.08.15	지뢰 폭발사건 책임 회피	국방위원회 정책국 담화
15.08.20	일본 총리 아베의 태평양 전쟁 패전 70주년 담화 비난	국방위원회 정책국 대변인 담화
15.09.03	남측이 남북 고위급 접촉에 관한 언행 조심할 것 요구	국방위원회 정책국 대변인 담화
15.11.08	리을설 부고	당중앙위원회, 당중앙군사위원회, 국방위원회, 최고인민회의 상임위원회
15.11.24	남측의 연평도 포사격 훈련 비난	국방위원회 정책국 대변인 담화
16.03.07	한미연합훈련 비난 및 경고	국방위원회 성명
16.03.26	천안함 사건의 북한 소행 부인	국방위원회 검열단 대변인 담화
16.04.03	4차 핵실험과 장거리 로켓 발사로 인한 유엔 제재를 비난	국방위원회 대변인 담화
16.05.21	남북군사당국회담 받아들일 것 촉구	국방위원회 공개서한

보도일자	내용	발표형식(주체)
16.05.22	남북군사당국회담 개최를 위한 실무접촉 제의	국방위원회 인민무력부 통지문
16.05.25	남북군사당국회담 개최를 위한 실무접촉 제의에 응할 것 촉구	국방위원회 인민무력부 통지문
16.05.26	미국의 적대적 대북정책 철회 요구	국방위원회 정책국 담화
16.06.09	2016년 아시아안보회의의 북핵문제 논의 내용 비난	국방위원회 인민무력부장 박영식의 담화
16.06.20	미국의 핵전력 한반도 전개 훈련 비난	국방위원회 대변인 담화
16.06.20	한국과 미국에 NLL상의 충돌위험 증가 책임전가 및 보복 위협	국방위원회 정책국 상보

참고문헌

1. 국내문헌

가. 단행본

고재홍(2006), 『북한군 최고사령관 위상연구』, 통일연구원.

국방부(2014), 『2014 국방백서』, 국방부.

국토통일원 편(1980), 『조선로동당대회 자료집』 2, 국토통일원.

국토통일원(1978), 『조선로동당 연구자료집(1945~1978)』, 국토통일원.

국회도서관 법률자료과(2013), 『세계의 헌법 II』, 국회도서관.

국회도서관 수서정리국(1997), 『중화인민공화국 국방법』, 국회도서관.

김광운(2003), 『북한 정치사 연구 1』, 선인.

김병로(2000), 『북한사회의 종교성: 주체사상과 기독교의 종교양식 비교』, 통일연구원.

김성철(1997), 『북한 간부정책의 지속과 변화』, 민족통일연구원.

김연철(2001), 『북한의 산업화와 경제정책』, 역사비평사.

박연호(2004), 『행정학신론』(신정3판), 박영사.

박형중·이교덕·정창현·이기동(2004), 『김정일 시대 북한의 정치체제: 통치이데올로기, 권력엘리트, 권력구조의 지속성과 변화』, 통일연구원.

백학순(2010), 『북한 권력의 역사: 사상·정체성·구조』, 한울아카데미.

백학순(2011), 『북한정치에서의 군대』, 세종연구소.
법무부(2015), 『남북비교법령집 2015』, 법무부 통일법무과.
법원행정처(2010), 『북한의 헌법』, 법원행정처.
법제처 편저(1992), 『북한법제개요』, 한국법제연구원.
북한연감발행위원회(1968), 『북한총람: 1945~1968』, 공산권문제연구소.
서동만(2005), 『북조선 사회주의체제 성립사 1945~1961』, 선인.
세종연구소(2011), 『통계로 보는 남북한 변화상 연구』(통계청 정책연구용역), 세종연구소.
세종연구소 편(1994), 『북한법 체계와 특색』, 세종연구소.
오경섭(2012), 『김정일과 김정은의 권력승계 비교: 제도와 리더십의 동학을 중심으로』, 세종연구소.
오규열(2000), 『중국군사론』, 지영사.
육군본부(1975), 『소련군사』, 육군본부.
육군사관학교(2008), 『북한학』(2차 개정판), 황금알.
이교덕(2002), 『김정일 현지 지도의 특성』, 통일연구원.
이대근(2003), 『북한 군부는 왜 쿠데타를 하지 않나: 김정일 시대 선군정치와 군부의 정치적 역할』, 한울아카데미.
이도기(2008), 『현대 중국공산당의 이해』, 통일신문사.
이영훈(2012), 『북한의 군부: 북한을 움직이는 힘, 군부의 패권경쟁』, 살림출판사.
이재훈(1997), 『소련군사정책 1917~1991』, 국방군사연구소.
이종석(2000ㄱ), 『새로 쓴 현대 북한의 이해』, 역사비평사.
이종석(2000ㄴ), 『북한-중국관계 1945~2000』, 중심.
이종석(2003), 『조선로동당연구』(재판본), 역사비평사.
이진영(1998), 『중국인민해방군사』, 국방군사연구소.

임강택(2000), 『북한의 군수산업 정책이 경제에 미치는 효과 분석』, 통일연구원.
전성훈·김태호·조영남·정상은·장영석·김흥규·지은주(2008), 『중국의 권력승계와 정책노선: 17차 당 대회 이후 중국의 진로』, 나남.
정성장(2011ㄱ), 『중국과 북한의 당중앙군사위원회 비교 연구: 위상·역할·후계문제를 중심으로』, 세종연구소.
정성장(2011ㄴ), 『현대 북한의 정치-역사·이념·권력체계』, 한울아카데미.
정성장(2013), 『북한군 총정치국의 위상 및 역할과 권력승계 문제』, 세종연구소.
정성장(2014), 『김정은 시대 북한 최고인민회의 상임위원회의 위상과 역할』, 세종연구소.
정성장(2015), 『북한군 최고사령관의 위상과 역할 연구』, 세종연구소.
정영태·이교덕·정규섭·이기동(2010), 『북한의 포스트 김정일체제 전망』, 통일연구원.
정진위(1985), 『북방삼각관계; 북한의 대중·소 관계를 중심으로』, 법문사.
정형곤·김지연·이종운·홍익표(2011), 『북한의 투자유지정책 변화와 남북경협방향』, 대외경제정책연구원.
조민·한기범·김형배·장형수(2011), 『남북친화력 확대방안: 포스트 김정일 체제 전망과 통일정책 방향』, 통일연구원.
최진욱(2008), 『현대북한행정론』(제2판), 명인문화사.
통일부 정세분석국 정치군사분석과(2013), 『2013 북한 주요기관, 단체 인명록』, 통일부.
통일부 정세분석국 정치군사분석과(2014), 『2014 북한 주요기관, 단체 인명록』, 통일부.
통일부 정세분석국 정치군사분석과(2014), 『2014 북한 주요인사 인물정보』, 통일부.
통일부 정세분석국 정치군사분석과(2015), 『2015 북한 주요인사 인물정보』,

통일부.
통일부 정세분석국 정치군사분석과(2017), 『2017 북한 주요기관, 단체 인명록』, 통일부.
통일부 정세분석국 정치군사분석과(2017), 『2017 북한 주요인사 인물정보』, 통일부.
통일부 정세분석국 정치군사분석과(2018), 『2018 북한 주요기관, 단체 인명록』, 통일부.
통일부 정세분석국 정치군사분석과(2018), 『2018 북한 주요인사 인물정보』, 통일부.
통일부 정세분석국 정치군사분석과(2019), 『2019 북한 기관별 인명록』, 통일부.
통일부 정세분석국 정치군사분석과(2019), 『2019 북한 주요 인물정보』, 통일부.
통일부 정세분석국 정치군사분석과(2020), 『2020 북한 기관별 인명록』, 통일부.
통일부 정세분석국 정치군사분석과(2020), 『2020 북한 주요 인물정보』, 통일부.
통일부 정세분석국 정치군사분석과(2021), 『2021 북한 기관별 인명록』, 통일부.
통일부 정세분석국 정치군사분석과(2021), 『2021 북한 주요 인물정보』, 통일부.
통일연구원 현안대책팀(2016), 『4차 북핵실험 이후 정세전개와 향후 전망』, 통일연구원.
통일연구원(2011), 『김정일 현지 지도 동향 1994~2011』, 통일연구원.
한국경찰연구학회(2012), 『김정은 체제의 등장과 북 정세분석 및 급변사태 가능성, 그리고 대량 탈북자 발생에 따른 경찰대응방안 연구』, 한국경찰연구학회.
한국정책금융공사 조사연구실(2010), 『북한의 산업』, 한국정책금융공사.
한반도개발협력연구소(2015.08), 『북한 시장화 지원방안: 내수 자영업 육성을 중심으로』, 통일준비위원회 정책연구용역 결과보고서.
헌법재판소 헌법재판연구원(2015), 『러시아 체제전환에 따른 헌법의 변화:

1977년 소련헌법과 1993년 러시아헌법의 비교연구』, 헌법재판소 헌법재판연구원.
현성일(2007), 『북한의 국가전략과 파워 엘리트: 간부정책을 중심으로』, 선인.
황용남(1995), 『구 소련군 조직과 새로운 군 구조』, 한국군사문제연구원.
황장엽(1999), 『나는 역사의 진리를 보았다』, 한울.

나. 연구논문

강우철(2012), 「중국과 북한의 국사사상과 당·군 관계 비교 연구: 당의 군사지도사상과 영군체계를 중심으로」, 명지대학교 박사논문.
강효백(2018), 「중국 2018년 개정 헌법의 특징」, 『한국동북아논총』 23(3), 한국동북아학회.
고영환(1999), 「북한 외교정책 결정기구 및 과정에 관한 연구: 북한의 대 중동 아프리카 외교를 중심으로」, 경희대학교 석사논문.
고유환(2011), 「김정은 후계구축과 북한 리더십 변화: 군에서 당으로 권력이동」, 『한국정치학회보』 45(5), 한국정치학회.
고유환(2016), 「제7차 당대회에서 확인한 북한의 정책노선과 변화 전망」, 『북한 제7차 당대회 평가와 통일정책 추진방향』, 2016 통일준비위원회 정치·법제도분과 공개 세미나 발표문.
고재홍(2008), 「북한 국방위원회의 위상과 향후 북한의 권력구도 전망」, 『한반도, 전환기의 사색』, 2008년 북한연구학회 학술회의 발표문(2008.12.4).
길화식(2010), 「북한공안기관의 사회통제 기능에 관한 연구」, 동국대학교 박사논문.
김갑식(2001), 「북한의 당·군·정 역할분담체제에 관한 연구: 1990년대를 중심으로」, 서울대학교 박사논문.
김갑식(2014), 「김정은 정권의 수령제와 당·정·군 관계」, 『한국과 국제정치』

30(1), 경남대학교 극동문제연구소.

김갑식(2016),「북한 최고인민회의 제13기 제4차 회의 분석」,『Online Series』 co 16~19, 통일연구원.

김광수(2006),「조선인민군의 창설과 발전, 1945~1990」, 경남대학교 북한대학원 편,『북한 군사문제의 재조명』, 한울.

김동엽(2013),「선군시대 북한의 군사지도·지휘체계: 당·국가·군 관계를 중심으로」, 북한대학원대학교 박사논문.

김동엽(2015),「당·정·군관계의 지속성과 변화」,『김정은 정권의 정치체제: 수령제, 당·정·군 관계, 권력엘리트의 지속성과 변화』, 통일연구원.

김보미·이준혁(2018),「북한 당중앙군사위 제7기 제1차 확대회의와 향후 북한군의 역할」,『이슈브리핑』 18(17), 국가안보전략연구원.

김연철(2013),「북한의 선군체제와 경제개혁의 관계」,『북한연구학회보』 17(1), 북한연구학회.

김일기(2012),「김정은 시대 북한의 권력이동: 당 중앙군사위원회와 국방위원회를 중심으로」,『한국동북아논총』 65, 한국동북아학회.

김종명(1989),「소련 정치국의 변화와 전망」,『중소연구』 13(3), 한양대학교 중소연구소.

김태구(2015),「북한 정권의 군부 통제방식 연구」, 동국대학교 박사논문.

나영주(2000),「중국인민해방군의 역할 변화: 개혁개방시기 군의 경제활동에 관한 정책 변화」, 고려대학교 박사논문.

도제인(2014),「의도하지 않은 휴전: 중소분열에서의 미국요인과 부분적 핵실험금지조약(LTBT), 1962~1963」,『중소연구』 37(4), 한양대학교 아태지역연구센터.

도희근(1991),「소련의 소비에트제의 개혁: 1988년 헌법개정을 중심으로」,『울산대학교 사회과학 논집』 1(2), 울산대학교.

두병영(2008), 「북한군 위상 및 역할의 지속성과 변화에 관한 연구: 김일성과 김정일체제의 당·군관계를 중심으로」, 명지대학교 박사논문.
박영민(2012), 「북한의 체제 유지 메커니즘에 관한 연구: 체제 내구력 요인 및 평가를 중심으로」, 한국외국어대학교 박사논문.
박인호(2015), 「북한 시장의 변화와 현황」, 『북한의 시장 변화와 전망』, 제2회 국민통일방송 컨퍼런스 발표문(2015.9.14).
박효민(2019), 「유엔 안보리의 대(對)북한 제재 연구: 분야별 주요 내용 및 주요국의 이행을 중심으로」, 『법제연구』 57, 한국법제연구원.
백완기(1979), 「북한의 권력구조 분석: 중앙인민위원회를 중심으로」, 『북한법률행정논총』 3, 고려대학교 법률행정연구소.
백환기(1996), 「북한 군수산업의 현황과 전망」, 『국방연구』 39(1), 국방대학교 안보문제연구소.
서동만(2010), 「북한 정체체제 변화에 관한 시론」, 『서동만 저작집: 북조선연구』, 창비.
성채기(2009), 「북한의 군수경제와 인민경제 실태: 북한 '군사경제'의 현황과 실체」, 『김정일의 선군정치와 북한경제의 전망』, 2009년 국가안보전략연구소 학술회의 발표문(2009.10.26).
신광민(2003), 「북한 정치사회화 과정에서의 군의 역할」, 동국대학교 박사논문.
신종대(2010), 「5.16 쿠데타에 대한 북한의 인식과 대응: 남한의 정치변동과 북한의 국내정치」, 『정신문화연구』 33(1), 한국학중앙연구원.
심영삼(2011), 「김정일 정권의 군사기구 및 정책수립·집행과정」, 경남대학교 박사논문.
양현모(2008), 「북한 중앙행정기관의 변화와 특징에 관한 연구」, 『한·독 사회과학논총』 18(1), 한·독 사회과학회.
오경섭·김갑식(2015), 「권력엘리트의 지속성과 변화」, 『김정은 정권의 정치체

제: 수령제, 당·정·군 관계, 권력엘리트의 지속성과 변화』, 통일연구원.
오항균(2012), 「김정일시대 북한 군사지휘체계 연구」, 북한대학원대학교 박사논문.
윤진형(2013), 「김정은 시대 당중앙군사위원회와 국방위원회의 비교 연구: 위상·권한·엘리트 변화를 중심으로」, 『국제정치논총』 53(2), 한국국제정치학회.
이건일(2005), 「중국공산당의 중앙군사위원회」, 『대륙전략』 3, 대륙전략연구소.
이경화(2015), 「북한과 쿠바의 혁명군부에 대한 비교 연구: 체제유지에 있어서 군의 역할을 중심으로」, 고려대학교 박사논문.
이계만(1992), 「북한의 주권기관체계에 관한 연구」, 『호남정치학회보』 4, 호남정치학회.
이계희(2004), 「중국 중앙군사위원회의 구조와 기능」, 『한국통일연구』 9(1), 충남대학교 통일문제연구소.
이기동(2010), 「제3차 노동당 대표자회 이후 북한 권력구조 확립의 쟁점 및 과제」, 『한국과 국제정치』 26(4), 경남대학교 극동문제연구소.
이기동(2011), 「북한의 노동당 규약 개정과 권력구조」, 『국방연구』 54(1), 국방대학교 안보문제연구소.
이기동(2015), 「수령제의 지속성과 변화」, 『김정은 정권의 정치체제: 수령제, 당·정·군 관계, 권력엘리트의 지속성과 변화』, 통일연구원.
이대근(2004), 「북한 국방위원회의 기능: 소련, 중국과의 비교를 통한 시사」, 『국방연구』 47(2), 국방대학교 안보문제연구소.
이상숙(2018), 「김정일 시대와 김정은 시대의 당·군 관계 특성 비교: 국방위원회와 국무위원회를 중심으로」, 『북한학연구』 14(2), 동국대학교 북한학연구소.
이상숙(2019), 「북한 김정은 시기 국가기구의 특징: 김일성·김정일 시기와의 비교를 중심으로」, 『북한연구학회보』 23(2), 북한연구학회.
이성권(2012), 「김정일의 리더십과 조선인민군」, 숭실대학교 박사논문.
이수원(2011ㄱ), 「북한 주체사상학습체계의 종교성 연구: 기독교 종교 활동과 의 비교를 중심으로」, 『통일문제연구』 23(1), 평화문제연구소.
이수원(2011ㄴ), 「북한 음악을 통해 본 경제발전전략」, 『북한학보』 36(1), 북한연구소.
이수원(2016), 「북한 국방위원회의 위상, 역할 변화 분석」, 『통일과 평화』 8(2), 서울대학교 통일평화연구원.
이수원(2022), 「북한의 국가 주권 최고 지도기관에 대한 비교 분석」, 『한국동북아논총』 27(1), 한국동북아학회.
이우영(2006), 「혁명구호」, 세종연구소 북한연구센터 엮음, 『북한의 사상과 연사인식』, 한울아카데미.
이재훈(2008), 「1917년 러시아혁명과 붉은군대의 창설: 유토피아적 민병대에서 '강철 규율'의 정규군으로」, 『군사』 66, 국방부군사편찬연구소.
이한종(1983), 「소련군부와 정책결정」, 『중소연구』 7(3), 한양대학교 중소연구소.
장윤미(2007), 「개혁 개방에 관한 비교사회주의 연구: 중국과 러시아의 체제전환」, 『한국과 국제정치』 23(4), 경남대학교 극동문제연구소.
정남순(2015), 「북한 선군정치의 변화 과정에 관한 연구」, 경남대학교 박사논문.
정대일(2010), 「국가종교로서의 북한 주체사상연구」, 한국학중앙연구원 박사논문.
정성임(2007), 「조선인민군: 위상·편제·역할」, 세종연구소 북한연구센터 엮음, 『북한의 당·국가기구·군대』, 한울아카데미.
정성장(2007), 「조선로동당의 위상과 역할」, 세종연구소 북한연구센터 엮음, 『북한의 당·국가기구·군대』, 한울아카데미.

정성장(2010ㄱ), 「김정일 시대 북한 국방위원회의 위상·역할·엘리트」, 『세종정책연구』 6(1), 세종연구소.

정성장(2010ㄴ), 「김정은 후계체계의 공식화와 북한 권력체계 변화」, 『북한연구학회보』 14(2), 북한연구학회.

정성장(2012), 「북한 노동당 제4차 대표자회와 파워 엘리트 변동」, 『정세와 정책』 193, 세종연구소.

정성장(2013), 「북한의 2013년 신년사와 정책 기조 변화: 선군정치의 상대적 퇴조와 선경정치의 부상」, 『세종논평』 258, 세종연구소.

정성장(2015), 「2015년 김정은의 신년사와 제3차 남북정상회담 전망」, 『세종논평』 293, 세종연구소.

정영태(1996), 「김정일 정권의 체제유지 전략: 군사부문」, 『통일연구논총』 5(2), 민족통일연구원.

정용섭(2005), 「북한 선군정치에 관한 연구」, 경남대학교 박사논문.

정유진(1997), 「북한 군수산업의 실태와 운영」, 『북한조사연구』 1(1), 국가안보전략연구소.

조재현(2012), 「북한헌법의 변화에 관한 연구」, 성균관대학교 박사논문.

조한범(2002), 「북한 사회주의체제의 성격연구: 비교사회주의론적 접근」, 『통일정책연구』 11(2), 통일연구원.

최주활(2009), 『조선인민군 조직체계』 제2차 세종 정책토론회 발표문(2009.02.17).

한기범(2009), 「북한 정책결정과정의 조직형태와 관료정치: 경제개혁 확대 및 후퇴를 중심으로(2000~09)」, 경남대학교 박사논문.

한승호·이수원(2012), 「김정은 시대의 대남비방분석」, 『북한학보』 37(2), 북한연구소.

한승호·이수원(2013), 「김정은 시대의 새로운 구호 '김정일애국주의' 의미와 정치적 의도」, 『국방정책연구』 29(2), 한국국방연구원.

다. 언론 기사 및 기타

『KBS』, 2015년 8월 28일.

『경향신문』, 2010년 10월 18일; 2013년 10월 4일; 2014년 1월 28일; 2014년 9월 16일.

『국민일보』, 2000년 6월 16일: 2010년 10월 18일.

『노컷뉴스』, 2015년 4월 2일.

『뉴스1』, 2015년 12월 19일.

『데일리NK』, 2009년 6월 8일; 2011년 9월 27일; 2015년 4월 8일; 2017년 8월 18일.

『동아일보』, 2013년 12월 21일; 2015년 8월 22일

『법제처』 홈페이지:https://moleg.go.kr

『북한정보포털』 홈페이지: http://nkinfo.unikorea.go.kr

『북한지역정보넷』 홈페이지: http://www.cybernk.net

『서울신문』, 2013년 3월 30일.

『세계법제정보센터』 홈페이지: https://world.moleg.go.kr/web/main/index.do

『세계일보』, 2011년 4월 12일.

『연합뉴스』, 1990년 6월 1일; 1992년 2월 5일; 1992년 7월 1일; 2000년 6월 15일; 2001년 11월 20일; 2010년 1월 15일; 2011년 12월 20일; 2011년 12월 23일, 2011년 12월 24일, 2011년 12월 25일: 2012년 3월 4일; 2012년 4월 18일: 2013년 6월 23일; 2013년 6월 24일; 2013년 7월 3일; 2013년 7월 5일; 2014년 1월 7일; 2014년 2월 12일; 2014년 2월 14일; 2014년 5월 19일; 2014년 5월 27일; 2014년 6월 21일; 2014년 12월 18일; 2015년 1월 16일; 2015년 4월 19일; 2015년 6월 1일; 2015년 8월 21일; 2016년

3월 2일; 2016년 3월 22일; 2016년 3월 24일; 2016년 4월 2일; 2016년 4월 8일; 2017년 8월 10일; 2020년 6월 24일.
『자유아시아방송』, 2017년 8월 20일
『조선일보』, 2013년 10월 30일; 2014년 10월 13일; 2015년 8월 22일.
『중앙일보』, 1999년 9월 14일; 2014년 2월 12일; 2015년 1월 8일.
『한겨레』, 2021년 10월 25일.
『한국경제』, 2014년 2월 12일.
『한국은행』 홈페이지: http://www.bok.or.kr/portal/main/main.do
『한국일보』, 2000년 6월 16일; 2000년 8월 14일; 2010년 10월 18일; 2011년 1월 19일; 2013년 3월 30일; 2013년 10월 4일.

2. 북한문헌

가. 단행본

강희봉(2008), 『선군정치문답』, 평양: 평양출판사.
과학·백과사전출판사(1985), 『경제사전2』, 평양: 과학·백과사전출판사.
김민·한봉서(1985), 『위대한 주체사상 총서 9: 령도체계』, 평양: 사회과학출판사.
김유민(1984), 『후계자론』, 출판지 불명: 신문화사.
김일성(1984), 『김일성 저작집(28)』, 평양: 조선로동당출판사.
김일성(1987), 『김일성 저작집(34)』, 평양: 조선로동당출판사.
김일성(1987), 『김일성 저작집(35)』, 평양: 조선로동당출판사.
김일성(1992), 『세기와 더불어 1』, 평양: 조선로동당출판사.
김일성(1992), 『세기와 더불어 2』, 평양: 조선로동당출판사.
김정은(2013), 『당의 유일적 령도체계확립의 10대원칙』, 평양: 조선로동당출판사.
김정일(2011), 『김정일 선집 증보판 (8)』, 평양: 조선로동당출판사.
김창경(2014), 『자주와 번영의 문은 선군으로』, 평양: 외국문출판사.
리성준(1985), 『위대한 주체사상 총서 1: 주체사상의 철학적 원리』, 평양: 사회과학출판사.
리정화(2014), 『사회주의강성국가 건설』, 평양: 외국문출판사.
박태호(1985), 『조선민주주의 인민공화국 대외관계사 1』, 평양: 사회과학출판사.
박혁철·리홍수·서성일(2010), 『우리 당의 선군사상』, 평양: 사회과학출판사.
백과사전출판사(1996), 『조선대백과사전(3)』, 평양: 백과사전출판사.
사회과학원 언어학연구소(1992ㄱ), 『조선말대사전(1)』, 평양: 사회과학출판사.
사회과학원 언어학연구소(1992ㄴ), 『조선말대사전(2)』, 평양: 사회과학출판사.
사회과학원 역사연구소 박사 김한길(1988), 『현대조선역사』, 일송정.
사회과학출판사(1972), 『혁명의 위대한 수령 김일성동지께서 령도하신 조선인민의 정의의 조국해방전쟁사 1』, 평양: 사회과학출판사.
사회과학출판사(1973), 『정치사전』, 평양: 사회과학출판사.
오현철·최금룡(2014), 『김정일애국주의에 대한 이야기』, 평양: 평양출판사(http://uriminzokkiri.com/index.php?ptype=book&pagenum=7).
외국문출판사(2020), 『위대한 향도의 75년』, 외국문출판사.
조선로동당 중앙위원회 당력사연구소(2006), 『우리 당의 선군정치』, 평양: 조선로동당출판사.
조선로동당출판사(1972), 『김일성동지략전』, 평양: 조선로동당출판사.
조선로동당출판사(1991), 『조선로동당력사』, 평양: 조선로동당출판사.
조선로동당출판사(1998), 『위대한 수령 김일성동지의 불멸의 혁명업적 9: 주체형의 혁명무력건설』, 평양: 조선로동당출판사.

조선로동당출판사(1999), 『위대한 수령 김일성동지의 불멸의 혁명업적 11: 사회주의정치방식의 확립』, 평양: 조선로동당출판사.
조선로동당출판사(2000), 『위대한 수령 김일성동지의 불멸의 혁명업적 20: 혁명위업 계승문제의 빛나는 해결』, 평양: 조선로동당출판사.

나. 연구논문

김일성(14996), 「스웨리예 공산주의자 로동자당 위원장과 한 담화」, 『김일성 저작집 43』, 평양: 조선로동당출판사.
김일성(1980), 「공장, 기업소, 제조소 로동자들에 대한 군사훈련을 조직실시할 데 대하여」, 『김일성 저작집 6』, 평양: 조선로동당출판사.
김일성(1980), 「대전해방전투에 참여한 인민군 부대들에게」, 『김일성 저작집 6』, 평양: 조선로동당출판사.
김일성(1980), 「모든 것을 전후 인민경제 복구발전을 위하여」, 『김일성 저작집 8』, 평양: 조선로동당출판사.
김일성(1980), 「인민군대내 당정치사업을 강화하기 위한 몇 가지 과업에 대하여」, 『김일성 저작집 7』, 평양: 조선로동당출판사.
김일성(1980), 「적세균무기와의 투쟁대책에 대하여」, 『김일성 저작집 7』, 평양: 조선로동당출판사.
김일성(1980), 「전시인민생활안정을 위한 몇가지 과업」, 『김일성 저작집 6』, 평양: 조선로동당출판사.
김일성(1980), 「전시조건에 맞게 체신사업을 개선강화할데 대하여」, 『김일성 저작집 6』, 평양: 조선로동당출판사.
김일성(1981), 「병기공업을 더욱 발전시키기 위하여」, 『김일성 저작집 15』, 평양: 조선로동당출판사.
김일성(1981), 「우리나라의 정세와 몇가지 군사과업에 대하여」, 『김일성 저작집 15』, 평양: 조선로동당출판사.

김일성(1981), 「인민군대내 당정치사업을 개선강화하기 위한 과업」, 『김일성 저작집 12』, 평양: 조선로동당출판사.

김일성(1982), 「현정세와 우리 당의 과업」, 『김일성 저작집 20』, 평양: 조선로동당출판사.

김일성(1983ㄱ), 「현정세와 인민군대앞에 나서는 몇가지 정치군사과업에 대하여」, 『김일성 저작집 24』, 평양: 조선로동당출판사.

김일성(1983ㄴ), 「조선로동당 제5차대회에서 한 중앙위원회 사업총화 보고」, 『김일성 저작집 25』, 조선로동당출판사.

김일성(1986), 「조선로동당 건설의 력사적 경험」, 1986년 5월 31일 (http://uriminzokkiri.com/index.php?ptype=rozak&no=153#pos).

김일성(1987), 「인민군대를 강화하여 사회주의조국을 튼튼히 보위하자」, 『김일성 저작집 34』, 평양: 조선로동당출판사.

김일성(1991), 「인민군대 중대정치지도원들의 임무에 대하여」, 1991년 12월 25일(http://uriminzokkiri.com/index.php?ptype=rozak&no=149#pos).

김일성(1995), 「군사위원회의 임무에 대하여」, 『김일성 전집 12』, 평양: 조선로동당출판사.

김일성(1995), 「남반부해방지역의 산업시설과 건물을 보호관리하며 전시조건에 맞게 로동조직을 개선할데 대하여」, 『김일성 전집 12』, 평양: 조선로동당출판사.

김일성(1995), 「당면한 군사정치과업에 대하여」, 『김일성 전집 12』, 평양: 조선로동당출판사.

김일성(1995), 「모든 력량을 전쟁승리에로 총동원 할데 대하여」, 『김일성 전집 12』, 평양: 조선로동당출판사.

김일성(1995), 「미국 사회로동당 대표단과 한 담화」, 『김일성 저작집 42』, 평양:

조선로동당출판사.
김일성(1995), 「반동단체가담자들을 정확히 처리할데 대하여」, 『김일성 전집 13』, 평양: 조선로동당출판사.
김일성(1995), 「방공사업을 강화할데 대하여」, 『김일성 전집 12』, 평양: 조선로동당출판사.
김일성(1995), 「인민군대내에 조선로동당 단체를 조직할데 대하여」, 『김일성 전집 12』, 평양: 조선로동당출판사.
김일성(1995), 「인민의용군을 조직할데 대하여」, 『김일성 전집 12』, 평양: 조선로동당출판사.
김일성(1995), 「전시철도복구련대를 조직할데 대하여」, 『김일성 전집 12』, 평양: 조선로동당출판사.
김일성(1995), 「조선민주주의인민공화국 군사위원회 제10차회의에서 한 결론」, 『김일성 전집 12』, 평양: 조선로동당출판사.
김일성(1995), 「조선민주주의인민공화국 정부대표위원회를 설치하며 후방복구련대를 조직할데 대하여」, 『김일성 전집 12』, 평양: 조선로동당출판사.
김일성(1996), 「당면한 사회주의 건설 방향에 대하여」, 『김일성 저작집 44』, 평양: 조선로동당출판사.
김일성(1996), 「인민군대 중대 정치지도원들의 임무에 대하여」, 『김일성 저작집 43』, 평양: 조선로동당출판사.
김일성(1996), 「조국통일의 유일한 출로는 전민족의 대단결이다」, 『김일성 저작집 44』, 평양: 조선로동당출판사.
김일성(1996), 「캄보쟈 주석과 한 담화」, 『김일성 저작집 43』, 평양: 조선로동당출판사.
김일성(1996), 「평양시를 복구건설하는데서 나서는 몇가지 문제에 대하여」, 『김일성전집 15』, 평양: 조선로동당출판사.

김정은(2012), 「위대한 김정일동지를 우리 당의 영원한 총비서로 높이 모시고 주체혁명위업을 빛나게 완성해나가자」, 조선로동당 중앙위원회 책임일군들과 한 담화, 2012년 4월 6일(https://han.gl/Wgfyd).
김정은(2013), 「김정일동지의 위대한 선군혁명사상과 업적을 길이 빛내여나가자」, 선군절에 즈음하여 당보 『로동신문』, 군보 『조선인민군』에 준 담화, 2013년 8월 25일(https://han.gl/igHLs).
김정일(1987), 「전당과 온 사회에 유일사상체계를 더욱 튼튼히 세우자」, 『김정일 주체혁명 위업의 완성을 위하여 3』, 평양: 조선로동당출판사.
김정일(1995), 「조선로동당은 위대한 수령 김일성동지의 당이다」, 1995년 10월 2일(https://han.gl/jeSEZ).
김정일(1998), 「당사업과 경제사업에 힘을 넣어 사회주의위력을 더욱 강화하자」, 『김정일 저작집 13』, 평양: 조선로동당출판사.
김정일(1998), 「인민군대를 강화하며 군사를 중시하는 사회적기풍을 세울데 대하여」, 『김정일 저작집 13』, 평양: 조선로동당출판사.
김정일(2000), 「당의 두리에 굳게 뭉쳐 새로운 승리를 위하여 힘차게 싸워나가자」, 『김정일 저작집 14』, 평양: 조선로동당출판사.
김정일(2003), 「기자, 작가들은 혁명의 필봉으로 당을 받드는 선군혁명투사가 되여야 한다」, 기자, 작가들과 한 담화, 2003년 2월 3일(https://han.gl/IuCzJ).
김정일(2003), 「선군혁명로선은 우리 시대의 위대한 혁명로선이며 우리 혁명의 백전백승의 기치이다」, 조선로동당 중앙위원회 책임일군들과 한 담화, 2003년 1월 29일(https://han.gl/bdapm).
김정일(2008), 「조선민주주의인민공화국은 불패의 위력을 지닌 주체의 사회주의국가이다」, 당보 『로동신문』과 정부기관지 『민주조선』에 준 담화, 2008년 9월 5일(https://han.gl/mLgpI).

김정일(2011ㄱ), 「군수공업을 더욱 발전시킬데 대하여」, 『김정일 선집 9』, 평양: 조선로동당출판사.
김정일(2011ㄴ), 「인민군대를 위대한 수령님의 군대, 당의 군대로 더욱 강화발전시켜나가자」, 『김정일 선집 10』, 평양: 조선로동당출판사.
김정일(2012), 「당사업을 더욱 강화하며 사회주의건설을 힘있게 다치자」, 『김정일 선집 14』, 평양: 조선로동당출판사.
김진옥(2016), 「선군정치의 법적담보는 어디에 있는가」, https://han.gl/aWnhy (검색일: 2016년 9월 24일).

다. 언론 기사 및 기타

『로동신문』, **1950년** 8월 5일; 1951년 1월 5일; 1951년 1월 14일; 1952년 4월 25일; 1953년 6월 28일; 1958년 9월 28일;

1960년 6월 24일; 1960년 10월 14일; 1960년 12월 27일; 1961년 9월 12일; 1962년 12월 16일; 1966년 10월 6일;

1970년 11월 3일: 1972년 12월 23일; 1972월 12월 28일; 1972년 12월 29일; 1973년 2월 6일; 1973년 3월 15일; 1973년 4월 14일; 1973년 9월 5일; 1973년 9월 18일; 1973년 9월 21일; 1974년 1월 22일; 1974년 2월 14일; 1975년 1월 5일; 1975년 1월 8일; 1975년 7월 8일; 1976년 8월 20일; 1976년 9월 11일; 1976년 12월 26일; 1977년 7월 1일; 1977년 8월 1일; 1977년 12월 1일; 1977년 12월 16일; 1978년 3월 30일; 1978년 5월 1일; 1978년 7월 15일; 1978년 8월 4일; 1978년 9월 9일; 1978년 10월 4일; 1979년 4월 7일; 1979년 10월 18일;

1980년 1월 31일; 1980년 4월 13일; 1980년 6월 13일; 1980년 5월 7일; 1980년 10월 11일; 1980년 10월 14일; 1980년 10월 15일; 1980년 12월 20일; 1981년 2월 20일; 1981년 4월 3일; 1981년 10월 7일; 1982년

2월 15일; 1982년 4월 6일; 1982년 4월 10일; 1982년 6월 15일; 1982년 9월 1일; 1982년 11월 14일; 1983년 2월 22일; 1984년 1월 11일; 1984년 2월 4일; 1984년 2월 5일; 1984년 4월 7일; 1985년 4월 14일; 1986년 6월 21일; 1986년 10월 13일; 1986년 10월 22일; 1986년 12월 30일; 1987년 5월 12일; 1987년 10월 7일; 1988년 1월 14일; 1988년 4월 23일; 1988년 11월 8일; 1988년 11월 27일; 1989년 7월 11일; 1989년 11월 11일;

1990년 5월 25일 1990년 9월 23일; 1990년 11월 3일; 1991년 2월 1일; 1992년 2월 15일; 1992년 4월 14일; 1992년 4월 21일; 1992년 6월 5일; 1992년 9월 23일; 1992년 11월 7일, 1992년 12월 17일; 1993년 1월 1일, 1993년 2월 16일; 1994년 7월 9일; 1994년 7월 11일; 1994년 7월 12일; 1994년 7월 13일;

1995년 1월 2일; 1995년 2월 26일; 1995년 5월 20일; 1995년 6월 13일; 1995년 10월 1일; 1995년 10월 9일; 1995년 11월 17일; 1996년 3월 6일; 1996년 3월 15일; 1996년 10월 23일; 1996년 10월 28일; 1997년 1월 20일; 1997년 3월 14일; 1997년 5월 24일; 1997년 7월 8일; 1997년 7월 10일; 1997년 8월 20일; 1997년 9월 22일; 1997년 10월 1일; 1997년 10월 9일; 1997년 10월 18일; 1997년 12월 8일; 1998년 5월 26일; 1998년 7월 26일; 1998년 8월 20일; 1998년 9월 12일; 1998년 9월 27일; 1999년 4월 24일; 1999년 5월 16; 1999년 5월 24일; 1999년 6월 16일; 1999년 9월 15일;

2000년 1월 29일; 2000년 2월 5일; 2000년 2월 25일; 2000년 3월 8일; 2000년 6월 24일; 2000년 6월 27일; 2000년 7월 9일; 2000년 7월 20일; 2000년 7월 21일; 2000년 10월 3일; 2001년 8월 5일; 2002년 4월 14일; 2002년 9월 18일; 2005년 10월 29일; 2006년 1월 1일; 2007년 1월 1일;

2007년 10월 17일; 2008년 1월 1일; 2009년 1월 1일;

2011년 1월 16일, 2011년 1월 19일, 2011년 4월 8일, 2011년 4월 23일; 2011년 10월 30일, 2011년 11월 4일;

2012년 1월 1일; 2012년 2월 16일; 2012년 3월 3일; 2012년 4월 12일; 2012년 4월 19일; 2012년 4월 14일;

2013년 1월 1일; 2013년 2월 15일; 2013년 3월 26일; 2013년 3월 29일; 2013년 6월 11일; 2013년 11월 28일; 2013년 12월 13일;

2014년 1월 1일; 2014년 2월 16일; 2014년 3월 17일; 2014년 3월 26일; 2014년 3월 31일; 2014년 4월 15일.; 2014년 4월 27일; 『로동신문』, 2014년 5월 3일; 2014년 5월 18일; 2014년 6월 13일; 2014년 7월 13일; 2014년 7월 26일; 2014년 8월 29일; 2014년 12월 8일; 2014년 12월 29일;

2015년 1월 1일; 2015년 2월 2일; 2015년 2월 3일; 2015년 2월 16일; 2015년 2월 23일; 2015년 3월 14일; 2015년 3월 27일; 2015년 4월 25일; 2015년 7월 14일; 2015년 8월 15일; 2015년 8월 21일; 2015년 8월 25일; 2015년 8월 28일; 2015년 9월 18일; 2015년 10월 6일; 2015년 10월 8일; 2015년 10월 11일; 2015년 12월 24일;

2016년 1월 1일; 2016년 1월 3일; 2016년 1월 4일; 2016년 1월 5일; 2016년 1월 6일; 2016년 1월 7일; 2016년 2월 13일; 2016년 2월 21; 2016년 2월 27일; 2016년 3월 11일; 2016년 4월 9일; 2016년 5월 7일; 2016년 5월 8일; 2016년 5월 10일; 2016년 6월 30일; 2016년 7월 27일; 2016년 9월 11일;

2017년 10월 8일; 2017년 11월 29일;

2018년 4월 21일; 2018년 5월 18일; 2018년 9월 29일;

2020년 6월 16일; 2020년 6월 17일; 2020년 6월 29일; 2020년 7월 23일;

2021년 1월 6일; 2021년 1월 10일; 2021년 2월 25일; 2021년 2월 26일; 2021년 3월 11일; 2021년 6월 12일; 2021년 6월 25일; 2021년 6월 27일; 2021년 6월 29일; 2021년 6월 30일; 2021년 7월 3일; 2021년 7월 7일; 2021년 7월 30일; 2021년 9월 17일; 2021년 10월 16일; 2021년 12월 2일;

2022년 5월 21일; 2022년 6월 11일; 2022년 6월 24일; 2022년 9월 9일; 2022년 9월 26일; 2022년 10월 10일.

『조선중앙통신』, 1998년 4월 21일; 1998년 6월 3일; 1998년 9월 5일; 1998년 9월 8일; 1998년 9월 27일; 1999년 3월 30일; 2001년 8월 4일; 2003년 4월 21일; 2007년 4월 21일; 2009년 2월 11일; 2009년 2월 20일; 2009년 12월 9일;

2010년 1월 1일; 2010년 1월 15일; 2010년 1월 20일; 2010년 2월 6일; 2010년 3월 10일; 2010년 4월 14일; 2010년 5월 13일; 2010년 5월 20일; 2010년 7월 24일; 2010년 8월 30일; 2010년 9월 27일; 2010년 9월 28일; 2010년 9월 29일;

2011년 1월 1일; 2011년 3월 16일, 2011년 4월 7일; 2011년 9월 22일; 2011년 9월 23일; 2011년 9월 26일; 2011년 10월 17일; 2011년 10월 19일; 2011년 10월 20일; 2011년 12월 30일; 2011년 12월 31일;

2012년 3월 2일; 2012년 4월 13일; 2012년 4월 14일; 2012년 4월 18일; 2012년 4월 11일; 2012년 7월 16일; ; 2012년 7월 17일; 2012년 7월 18일; 2012년 8월 24일: 2012년 10월 20일; 2012년 10월 29일; 2012년 11월 27일; 2012년 12월 29일;

2013년 1월 24일; 2013년 2월 3일; 2013년 2월 21일; 2013년 6월 16일; 2013년 8월 25일 2013년 3월 5일; 2013년 3월 26일; 2013년 3월 30일; 2013년 8월 25일; 2013년 8월 29일; 2013년 10월 12일;

2014년 2월 6일; 2014년 2월 12일; 2014년 3월 5일; 2014년 3월 15일; 2014년 3월 31일; 2014년 7월 4일; 2014년 8월 20일; 2014년 10월 16일; 2014년 11월 23일; 2014년 12월 19일;

2015년 1월 7일, 2015년 2월 4일; 2015년 5월 20일; 2015년 7월 14일; 2015년 8월 21일; 2015년 8월 26일; 2015년 8월 28일; 2015년 10월 25일;

2016년 1월 1일; 2016년 9월 2일; 2016년 9월 6일;

2020년 6월 4일; 2020년 6월 9일;

2021년 3월 14일: 2021년 9월 6일.

『조선중앙TV』, 2013년 3월 5일; 2015년 8월 25일; 2016년 6월 29일.

우리민족끼리 홈페이지: www.uriminzokkiri.com.

조선중앙통신 홈페이지: www.kcna.kp.

1980년 개정; 2010년 개정; 2012년 개정; 2016년 개정, 2021년 개정 『조선로동당 규약』

1972년 개정; 1992년 개정; 1998년 개정; 2009년 개정; 2012년 개정, 2013년 개정, 2016년 개정, 2019년 4월 개정, 2019년 8월 개정 『조선민주주의인민공화국 사회주의 헌법』.

북한이탈주민 ○○○ 면담(2016. 7. 8).

3. 외국문헌 및 역서

Coit D. Blacker(1983), "Military Forces", edited by Robert F. Byrnes, *After Brezhnev: sources of Soviet conduct in the 1980s*, Bloomington: Indiana University Press.

Condoleezza Rice(1987), "The party, the military, and decision authority in the soviet union", *World politics*, Volume XL, Number 1(Princeton University Press, October, 1987).

Dale R. Herspring and Ivan Volgyes(1977), "The Military as an Agent of Political Socialization in Eastern Europe: A Comparative Framework", *Armed Forces and Society*, 3(2), Sage Publications, Inc.

David E. Albright(1980), "Comparative Conceptualization of Civil-Military Relations", *World Politics*, Vol. XXXII, No. 4, Princeton University Press, July, 1980.

Hariet Fast Scott, William F. Scott(1981), *The Armed Forces of the USSR*(Second Eedition), Colorado: Westview Press.

Hitchner. D. G, Levine(1981), *Comparative Government and Politics*, New York: Haper and Row.

Kenneth M. Currie(1987), "The Soviet general staff: its impact on military professionalism and national security decisionmaking", Thesis(Ph.D.), George Washington Univ.

Roman Kolkowicz(1967), *The Soviet military and the Communist Party*, Princeton, N.J.: Princeton University Press.

A. A. 코코쉰(2016), 한설 역, 『군과 정치: 러시아 군사정치·군사전략 사상사(1918~1991)』, 육군군사연구소.

David M. Glantz & Jonathan M. Hause(2007), 권도승·남창수·윤시원 역, 『독소 전쟁사: 1941~1945』, 열린책들.

John Keegan(2007), 류한수 역, 『2차 세계대전사』, 청어람미디어.

Paul Collier 외 8명(2008), 강민수 역, 『제2차 세계대전: 탐욕의 끝, 사상 최악의 전쟁』, 플리닛미디어.

Peter Simkins & Geoffery Jukes & Michael Hickey(2008), 강민수 역, 『모든 전쟁

을 끝내기 위한 전쟁: 제1차 세계대전 1914~1918』, 플래닛미디어.
Samuel P. Huntington(1990), 박두복·김영로 공역, 『군인과 국가』, 탐구당.
Zbigniew K. Brzezinski & Carl J. Friedrich(1972), 최운지 역, 『전체주의독재정치론』, 정임사.
김계수 역(1986), 「소련공산당 강령(2)」, 『중소연구』 10(1), 한양대학교 중소연구소.
김경순 역(1988), 「소련 개정헌법 관련자료; 개정헌법 수정 보완부분」, 『중소연구』 12(4), 한양대학교 아태지역연구센터.
김경순 역(1990), 「소련공산당 제28차 대회 관련자료: 소련공산당 규약」, 『중소연구』 14(2), 한양대학교 중소연구소.
중국공산당중앙당사연구실(2014ㄱ), 홍순도·홍광훈 역, 『중국공산당역사』(상), 서교출판사.
중국공산당중앙당사연구실(2014ㄴ), 홍순도·홍광훈 역, 『중국공산당역사』(하), 서교출판사.
중국공산당중앙당사연구실(2016), 홍순도·홍광훈 역, 『중국공산당역사』 제1권(상), 서교출판사.
『인민넷』: http://korean.people.com.cn/78529/15274855.html
인민망 한국어판 홈페이지 http://kr.people.com.cn/

지은이 **이수원**

동국대학교 북한학 박사

전) 합참 정보본부 사무관

현) 안양대학교 통일사회정책연구소 상임연구위원

북한의 군사·국가 지도기관

: 당중앙군사위원회, 국방위원회, 국무위원회

1판 1쇄 발행_2022년 12월 10일

1판 1쇄 발행_2022년 12월 20일

지은이_이수원

펴낸이_양정섭

펴낸곳_경진출판

등록_제2010-000004호

이메일_mykyungjin@daum.net

사업장주소_서울특별시 금천구 시흥대로 57길(시흥동) 영광빌딩 203호

전화_070-7550-7776 팩스_02-806-7282

값 20,000원

ISBN 979-11-92542-16-4 93340